高职高专旅游与酒店管理专业"十三五"规划教材

旅行社经营与管理

高职高专旅游与酒店管理专业教材编写组 编

主 编 史丽娜
副主编 张淑萍

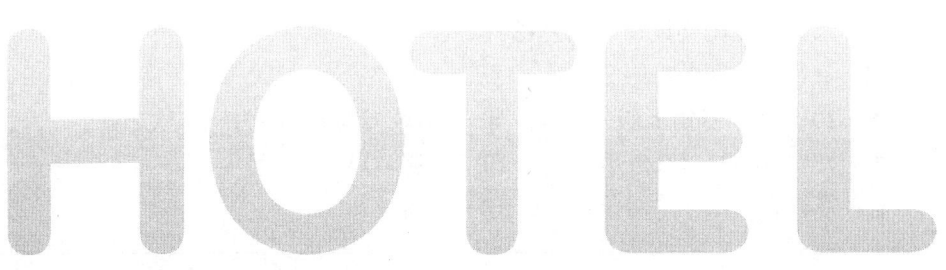

·郑州·

图书在版编目（CIP）数据

旅行社经营与管理／高职高专旅游与酒店管理专业教材编写组编. —郑州：河南大学出版社，2017.6

ISBN 978－7－5649－2946－6

Ⅰ.①旅…　Ⅱ.①高…　Ⅲ.①旅行社—企业经营管理—高等职业教育—教材　Ⅳ.①F590.63

中国版本图书馆 CIP 数据核字(2017)第 158271 号

责任编辑　陈晓林
责任校对　林方丽
封面设计　郭　灿

出版发行	河南大学出版社
	地址：郑州市郑东新区商务外环中华大厦2401号　邮编：450046
	电话：0371－86059715（高等教育与职业教育出版分社）
	0371－86059701（营销部）
	网址：www.hupress.com
排　版	郑州金点图文设计有限公司
印　刷	许昌中信印务有限公司
版　次	2017年8月第1版	印　次	2017年8月第1次印刷
开　本	787×1092　1/16	印　张	15
字　数	384 千字	定　价	36.00

（本书如有印装质量问题，请与河南大学出版社营销部联系调换）

前　言

　　进入21世纪,旅游业已成为世界第一大产业和重要的经济增长点,作为旅游业三大支柱产业之一的旅行社业也取得了长足进步。据国家旅游局发布的《关于2015年度全国旅行社统计调查情况的公报》显示,截至2015年底,全国旅行社总数为27621家,同比增长3.64%。2015年度全国旅行社营业收入4189.01亿元,同比增长3.96%;营业成本3901.77亿元,同比增长2.08%;所得税8.58亿元,同比增长13.49%;旅游业务营业收入3747.77亿元,同比增长10.29%;旅游业务利润198.79亿元,同比增长16.72%。另据世界旅游组织预测,到2020年,我国将成为世界第一大旅游目的地国和世界第四大旅游客源国。随着旅游经济的迅猛发展,旅行社从业人员的教育和培训需求更加迫切,在此情况下,我们编写了本教材,以满足高等旅游院校学生以及旅游从业人员的需要。

　　本教材遵照《旅游法》《旅行社条例》等相关法律、法规和条例的规定,以当前最新、最实用的方法与旅行社操作技能为主要内容,全面系统地阐述了旅行社经营管理的理论知识和操作实务。

　　本教材共分为十个项目,内容包括导论、旅行社组织、旅行社促销、旅行社销售管理、旅行社计调、旅行社接待业务、旅行社票务业务、旅行社财务管理、旅行社人力资源管理、旅行社电子商务。

　　本教材的编者有来自高职高专院校旅游管理专业教学一线的教师,更有来自旅行社、票务公司、旅游信息公司的副总经理、经理及全国优秀导游。他们具有深厚的理论知识、丰富的教学经验以及来自一线的操作实践。在编写过程中,我们尽量根据高职高专学生的特点,融合旅行社业务及岗位的实际需要,深入浅出,引用案例,力争编写出一本实用的教材。

　　本教材由史丽娜任主编,张淑萍任副主编,参与编写的有余楠、王忠伟。具体编写分工如下:周口职业技术学院的史丽娜编写项目一、项目三和项目五,河南农业职业学院的张淑萍编写项目二、项目八和项目九,黄河水利职业技术学院的余楠编写项目四、项目六,黄河水利职业技术学院的王忠伟编写项目七、项目十。全书初稿完成后,由史丽娜审稿、统稿和定稿。但由于编者水平有限,本教材难免有不足之处,恳请使用的师生、企业行家提出宝贵意见,以便修改及完善。

　　本教材在编写过程中,多次听取企业行家、教学专家的意见,并得到诸多旅行社、票务公司、旅游信息公司等企业领导和员工的大力支持和帮助,在此一并表示衷心的感谢!

编者
2017年5月

目　录

项目一　导　论 　　　　　　　　　　　　　　1
　任务一　旅行社的产生与发展　　　　　　　　2
　任务二　旅行社概述　　　　　　　　　　　　8
　任务三　旅行社的类型　　　　　　　　　　　14
　任务四　我国旅行社行业管理　　　　　　　　17

项目二　旅行社组织　　　　　　　　　　　　　26
　任务一　旅行社的设立　　　　　　　　　　　26
　任务二　旅行社组织机构设计　　　　　　　　30
　任务三　旅行社分支机构的管理　　　　　　　34
　任务四　旅行社门市部的管理　　　　　　　　36
　任务五　旅行社委托业务的管理　　　　　　　40
　任务六　旅行社经营战略管理　　　　　　　　41

项目三　旅行社促销　　　　　　　　　　　　　49
　任务一　旅行社促销概述　　　　　　　　　　49
　任务二　旅行社促销实施关键步骤　　　　　　51
　任务三　旅行社促销方式选择　　　　　　　　54
　任务四　旅行社促销管理　　　　　　　　　　62

项目四　旅行社销售管理　　　　　　　　　　　66
　任务一　旅行社销售概述　　　　　　　　　　67
　任务二　旅行社销售的渠道　　　　　　　　　69
　任务三　旅行社销售的流程　　　　　　　　　78
　任务四　旅行社销售的技巧　　　　　　　　　79

项目五　旅行社计调　　　　　　　　　　　　　89
　任务一　旅行社计调概述　　　　　　　　　　89
　任务二　旅行社产品的开发与设计　　　　　　92
　任务三　旅行社产品价格的制定　　　　　　　102
　任务四　旅游服务采购　　　　　　　　　　　108
　任务五　旅行社计调管理　　　　　　　　　　116

项目六　旅行社接待业务　119
- 任务一　团队旅游接待　119
- 任务二　散客旅游接待　124
- 任务三　旅行社接团人员管理　126
- 任务四　旅游突发事件处理及预防技巧　131

项目七　旅行社票务业务　143
- 任务一　旅行社票务业务概述　143
- 任务二　航空销售代理人　145
- 任务三　航空票务　146
- 任务四　铁路交通　154
- 任务五　旅行社票务管理　155

项目八　旅行社财务管理　158
- 任务一　旅行社财务管理概述　159
- 任务二　旅行社筹资和投资管理　163
- 任务三　旅行社营运资金管理　168
- 任务四　旅行社的成本费用管理　171
- 任务五　旅行社营业收入与利润管理　174
- 任务六　旅行社财务评价　178

项目九　旅行社人力资源管理　182
- 任务一　旅行社人力资源管理概述　182
- 任务二　旅行社人力资源的开发　184
- 任务三　旅行社人力资源的绩效考评和激励机制　188
- 任务四　旅行社企业文化构建　191
- 任务五　旅游投诉及旅游事故处理　195
- 任务六　旅行保险及处理程序　203

项目十　旅行社电子商务　208
- 任务一　旅行社电子商务概述　209
- 任务二　旅行社外部电子商务应用　214
- 任务三　旅行社内部电子商务应用　223

参考文献　230

项目一 导 论

学习目标

知识目标：1. 了解旅行社产生和发展的过程。
2. 掌握旅行社的定义、性质、职能。
3. 掌握旅行社的分类及业务。

能力目标：1. 熟悉旅行社的业务。
2. 了解中国旅行社行业的发展趋势。

技能目标：对一家旅行社进行调研，掌握旅行社的相关知识。

案例导入

美国运通公司的发展历程

美国运通公司是美国最大的旅行社，也是世界上最大的旅行社之一。该旅行社于1850年在美国的纽约州包法罗市成立，起初经营货物、贵重物品和现金的快递业务。1882年，美国运通公司推出自己的汇票，并且很快获得成功。1891年，美国运通公司推出第一张旅行支票。

美国运通公司以其良好的信誉为其所发行的旅行支票做担保，并且保证接受这种支票的人不会蒙受任何损失。假如支票被盗或是支票上的签名被人仿冒，美国运通公司保证承担相应损失。公司不靠发行旅行支票的手续费赢利，而是靠每年数十亿美元的浮存金进行投资。同年，美国运通公司建立欧洲部，并于1895年在巴黎建立了第一家分公司，随后又在伦敦、利物浦、南开普敦、汉堡、不来梅等城市建立了分公司。很快，美国运通公司的办事处和分公司遍布整个欧洲。

在旅游市场巨大发展潜力的诱惑下，美国运通公司于1915年设立了旅行部。1916年，旅行部组织了很多旅游团，其中包括分别前往远东地区和阿拉斯加的旅游客轮以及前往尼亚加拉大瀑布和加拿大的包价旅游团。1922年，美国运通公司开始经营通过巴拿马运河的环球客轮旅游。在整个20世纪30年代，美国运通公司开始实施大规模的国内旅游业务计划，并开发了著名的乘火车前往美国西部地区旅游的"旗帜旅行团"，项目包括交通、住宿、游览观光和餐饮等。

第二次世界大战结束以后，美国运通公司得到了巨大发展，现已成为世界上最大的旅行和金融集团之一。除了旅行部和旅行支票部之外，美国运通公司还设有银行部、投资部和保险部。另外，美国运通公司发行的信用卡还是国际上使用的主要信用卡之一。

1995年，鉴于商业机构使用互联网的数量增多，旅行社咨询人员的短缺以及传统运作方式成本增加等，美国运通公司着手开辟网上业务，成为旅行商中使用电子商务技术的领先者。在客户沟通方式上，它率先推出以电子邮件为基础的支出报告系统和预订系统，并于当年接受了第一个由代理商发出的预订。1996年7月，美国运通与微软合作，领先开发了名为 AEI Travel——美国运通互动旅行（American Express Interactive Travel）的网上预订系统。从此，公司致力于电子商务，开始了由传统旅行商到 E 化旅行商的方向性转变。在此期间，美国运通积极与客户沟通，宣传旅游电子商务的理念及其便利特性，引导已有客户使用网上预订,并在对互联网熟悉程度较高的电子科技公司中拓展新的网上客户群体。到1999年,美国运通预订网已拥有240个长期合作的网上企业客户。AEI Travel 网上预订系统之所以能取得如此骄人的成绩,是因为它致力于了解不同的顾客群,设计方案迎合其期望和需求。同时,AEI Travel 还帮助那些原来总是通过电话选择最合适航班的商务旅行者,让他们按照计算机屏幕上一目了然的优惠项目来调整他们的旅行时间。这能使每位旅行者平均节省20%的旅行费用。除此之外,美国运通公司的代理预订费用低于电话预订,各大公司可以进一步节约资金。

追溯历史,旅行社起源于19世纪40年代的英国,它的产生与发展给人类的旅游活动带来了重大变革。如今,旅行社业已成为现代旅游业的支柱产业,在旅游业中占据了重要地位,发挥着重大的作用。本项目主要介绍旅行社的产生与发展、概念、性质、类型、职能及基本业务等知识。

任务一　旅行社的产生与发展

一、旅行社的产生

旅行社不仅是旅游业的重要组成部分,而且是旅游业中最具有代表性的行业。从社会发展的角度来看,它是经济、技术和社会分工发展的直接产物。从旅游发展的角度来看,它产生于人类旅游活动的发展过程中,伴随着旅游活动的发展而发展,又大力地推动着旅游活动及旅游业的发展。

在古代社会,由于社会生产力和生产方式的限制,人们很少远行。即使有行商、迁居、避乱或是出使、探险,但在当时的经济条件下,由于旅途中的安全问题和交通、住宿等设施的简陋和不健全,出外旅行是一件艰苦的事情,甚至很危险。在英语中,"travel"就源于"travail",即艰辛。我国自古就有"父母在,不远游"的说法,也从侧面反映出远游可能隐藏的危险。

(一) 国外旅行社的产生背景

虽然旅行社的产生与政治、经济、社会发展都有着密切的关系,但是,其产生的直接背景是产业革命。产业革命又称工业革命,指资本主义工业化的早期历程,它既是生产技术上的革命,又是社会的重大变革。工业革命不仅极大地改变了整个世界的经济和社会结构,为现代旅游业的产生创造了基本条件,而且改变了世界范围内旅行和旅游的发展方向。旅行社是社会经济发展到一定阶段的产物,是人类旅行活动长期发展的必然结果。就世界范围而言,人类历史上第一家旅行社产生于19世纪40年代,这与当时特定的社会背景是密不可分的。

1. 工业革命为旅行社的产生奠定了坚实的物质基础

18世纪中叶,在英国首先开始了工业革命。到19世纪工业革命逐渐传播到欧洲大陆和世界其他国家和地区。工业革命以世界性的规模有效地利用人力资源和自然资源,使生产力史无前例地得到了提高,而且对人类旅游活动产生了直接的影响。

工业革命带来了技术进步,特别是蒸汽机技术在交通运输领域的应用,使得大规模的人员流动成为可能。1769年瓦特发明的蒸汽机技术很快应用于新的交通工具的制造,至18世纪末,蒸汽机轮船就已问世,但对近代旅游的诞生影响最大、最直接的还是铁路运输技术的发展。1825年,在英国享有"铁路之父"之称的乔治·史蒂芬森所建造的斯托克顿至达林顿的铁路正式投入运营,此后各地的铁路陆续建设起来,并向更远的地区延伸。铁路运输的发展,极大地提高了运输能力,缩短了运输时间。因此人们将其归结为推动近代旅游活动规模扩张的技术原因。交通运输业的革命、旅行服务设施的兴建极大地促进了旅行活动的发展,为旅行社的产生奠定了坚实的物质基础。

2. 旅游需求普遍化为旅行社的产生提供了现实的可能性

首先,产业革命造就了工业资产阶级,使有产阶级的规模日趋扩大,从而有效地扩大了旅游活动的人数规模。工业革命促使生产力迅速发展,社会财富急剧增长,并且社会财富不再只流向贵族和大土地所有者,也流向新兴的工业资产阶级和金融食利阶层。因此,有产阶级规模日益扩大,他们具备了旅行的经济条件。以后通过不懈的斗争,工人阶级逐渐争取到一些带薪假日的权利,使他们也有了外出旅游的可能。

其次,工业革命加速了城市化发展,并且使人们工作和生活的重心从农村转移到城市。人们工作、生活环境的改变最终导致人们需要适时逃避节奏紧张的城市生活和拥挤嘈杂的环境,产生了回归自由、回归大自然的追求。这种变化成为刺激当时旅游活动发展的重要因素。

最后,工业革命改变了很多人的工作性质。随着大量人口涌入城市,原先那种随农时变化而忙闲有致的多样性农业劳动开始被枯燥、重复的单一性大机器工业劳动所取代,人们开始怀念往昔的乡村生活,产生了回归自然的愿望,致使人们产生了强烈的度假要求,以便能从中获得短暂的休息和调节。离开工作去进行短暂旅游成为人们普遍的需求,这样,旅行社的产生便有了现实基础。

3. 市场经济的发展为旅行社的产生创造了必要的社会条件

随着工业革命的发展,市场经济得到进一步繁荣,交换方式也产生了深刻的变革。伴随各类有形贸易的往来,出现了以服务为主体的无形产品的交易活动,尤其是人们对以消遣娱乐为主要目的的旅游产品的需求急剧上升,旅游市场逐渐形成,这就为旅行社的产生提供了必要的社会条件。

(二)国外旅行社的产生

工业革命所带来的经济的繁荣、交通的便利、生活方式的改变,极大地刺激了人们外出旅游的需求。但是在当时,大多数人缺少旅行经验,不了解外面的世界,不知道如何办理旅行手续,加上语言不通、货币兑换等问题的困扰,人们的实际出行在较大程度上受到了限制。在这种情况下,富有经营头脑的托马斯·库克(Thomas Cook)作为世界上第一位专职的旅行代理商登上了历史舞台。

英国人托马斯·库克意识到当时正是大规模团体旅行的开始,而社会上却没有一家专门为旅游者提供旅游活动的服务机构,经营这样的服务机构必将会有良好的发展前景。

1841年7月5日,托马斯·库克利用包租火车的方式组织了世界上第一次团体火车旅行,他组织了570人,租了几节火车从莱斯特到洛赫伯勒参加禁酒大会。往返22英里,每人收费一先令。这次旅行不仅使托马斯·库克声名大噪,而且也增强了他在这个领域继续开拓的信心。之后,应米德兰铁路公司和禁酒大会的要求,1842年至1844年间,他又多次组织禁酒会成员和学校的孩子们在假期或周末进行铁路旅游。1845年托马斯·库克在其家乡莱斯特成立了世界上第一家旅行社——托马斯·库克公司(Thomas Cook Company),托马斯·库克也成了世界上第一位专职的旅行代理商。同年夏天,托马斯·库克首次组织了纯粹消遣性的观光旅游,从莱斯特到利物浦,为期一周。他对这次活动做了周密计划,不仅先期考察,确定沿途各参观游览点,对当地住宿和餐饮也做了安排,回来后又编写了一本《利物浦之行手册》发给游客,而且沿途还专门雇用了地方导游员。这次活动被视为托马斯·库克公司旅游业务的真正开端。1851年,托马斯·库克通过为旅客代办交通和食宿方式,共组织了16.6万人次去伦敦参加在水晶宫举办的"世界博览会"。1855年,他又创造性地以一揽子包价形式组团从莱斯特到法国加莱,然后再赴巴黎参加世界万国博览会的5日往返旅游,包括食、宿、行、游在内,每人支付36先令。他先后组织了50万人次参加此类活动。托马斯·库克公司的业务不仅从英国拓展到了欧洲大陆,而且初次尝试了出境旅游业务。1865年,托马斯·库克与儿子约翰·梅森·库克联合,在原有公司的基础上创建了托马斯·库克父子公司,将营业地点迁往伦敦,并先后在美洲、亚洲等地设立分公司。1872年,在成功地组织9人历经222天、途经10多个国家的环球旅游之后,托马斯·库克父子公司名声远扬,托马斯·库克也成为旅游的代名词享誉世界。考虑到游客在旅途中携带现金既不方便又不安全,托马斯·库克又于1874年推出了流通券,持券人凭券不仅可在指定的运输公司和饭店中用于支付,而且还可以在外国的一些银行兑取现金。后来的旅行支票即由这种流通券发展而来。1929年,托马斯·库克父子公司与欧洲国际卧车公司合并,成为全球最大的旅行社之一。

尽管在托马斯·库克以前,为别人安排旅行的组织和个人就已经存在,但是由于托马斯·库克开创了旅行社经营模式的先河,如规模化组团出行、随团陪同照顾、提供导游服务、设立各地分社等,在开创近代旅游业和推动旅游社会化等方面对旅游业发展做出了突出贡献,因此,他被尊称为"近代旅游业之父"。

继英国的托马斯·库克父子公司之后,欧美各国不断涌现出类似的旅行社组织。在欧洲,英国相继出现了登山俱乐部(1857年)和帐篷俱乐部(1885年),德国和法国则成立了观光俱乐部(1890年)。在北美,美国运通公司于1850年从事旅行代理业务,并在1891年发售了第一张旅行支票。1915年,该公司正式设立了旅行部。次年,旅行部组织了许多旅游团,其中包括分别前往远东地区和阿拉斯加的旅游客轮和前往尼亚加拉大瀑布和加拿大的包价旅游团。1922年,美国运通公司开始经营通过巴拿马运河的环球客轮旅游。日本则相继成立了"喜宾会"(1893年)和日本交通公社(1912年)。20世纪初期,世界旅行社行业出现了美国运通公司、英国托马斯·库克父子公司和以比利时为主的铁路卧车公司三巨头,国外的旅行社行业进一步发展。

(三)中国旅行社的产生

与欧美旅游发达国家相比,受近代历史条件的影响,中国的旅行社出现较晚。20世纪初期,英国的通济隆旅游公司(前身即托马斯·库克父子公司)、美国运通公司等外国旅行社开始在上海等地设立旅游代办机构,总揽中国旅游业务,并雇用中国人当导游。

中国的第一家旅行社是由上海商业储蓄银行的陈光甫先生于1923年8月在上海创立的该行的旅行部。本着"发扬国光、便利旅行、阐扬名胜、提倡游览、辅助工商、服务社会"的宗旨,旅行部为旅客办理代售车船票、预订旅馆、派遣导游、代管行李和发行旅行支票等事宜。1927年6月,上海商业储蓄银行旅行部独立出来,成立了中国旅行社。在之后的10年间,中国旅行社在市场开拓、经营规模、经营实力、社会影响等各方面都取得了辉煌的业绩,旅行社职工发展到900多人,旅行社分支机构遍布华东、华北、华南等15个城市,达到66处,并且在印度、越南、缅甸、菲律宾、新加坡、美国等国家和中国香港地区设有办事处。虽然近代中国还出现过不少类似的旅游中介机构,如中国汽车旅行社、萍踪旅行社等,但就当时的旅行社发展状况来看,无论规模还是社会经济影响都不足以构成一个独立的行业。

二、旅行社的发展

(一)国外旅行社的发展

1. 国外旅行社行业的成长

第二次世界大战结束后,随着各国经济的恢复和发展,人们的经济收入,尤其是可自由支配的收入大幅度增加,使他们拥有了前所未有的旅游支付能力。20世纪60年代以后,西方经济发达国家及一些经济发展比较迅速的发展中国家和地区普遍实行了带薪假期,从而使人们有了更多的余暇时间,能够进行较长时间的旅游活动。另外,科学技术的发展和应用,尤其是交通工具的改善和预订网络的建立,极大地方便了人们的外出旅行。旅行环境的改善,史无前例地刺激了社会大众的旅游需求。而旅游需求的大量产生又反过来推动了旅行社行业的迅速成长。在第二次世界大战结束后至20世纪80年代初的40年里,旅行社的业务经营范围不断扩大,管理水平和服务质量明显提高,产业规模和营业额大幅度增长。

随着大众旅游的兴起,旅行社进入一个高速发展时期,旅行社数量急剧扩增,旅行社的产业品质和地位大幅度提升,不仅全世界已经形成由数万家旅行社组成的庞大的世界性旅游服务网络,而且全球性的旅行社行业组织也应运而生,如1949年和1966年相继诞生的世界旅行社协会(WATA)和世界旅行社协会联合会(UFTAA)等。旅行社在全球范围的快速发展和普及为人们的旅游提供了诸多的方便,进而大大地促进了世界旅游业的发展。

2. 国外旅行社行业的成熟

20世纪80年代后期以来,以欧美地区经济发达国家的旅行社行业为代表的国外旅行社行业开始从成长阶段向成熟阶段过渡,其显著标志是旅行社产业的集中化趋势不断加强。到1987年,世界旅行社协会联合会已拥有83个国家的全国旅行社协会成员,代表了30000多家旅行社和旅游企业。到如今,它已拥有114个国家的旅游代理协会,会员遍及121个国家。

据中国旅行社发展现状与发展对策研究课题组的研究结果显示,发达国家的旅行社行业正在从过去以私人企业为主体、以国家为界限的分散的市场,逐步向以少数大企业集团为主体的国际化大市场发展,并通过价值链进行纵向整合。同时,以美国、德国、英国等国家的大型旅行社为主导的企业兼并、收购与战略联盟,使得发达国家旅行社的所有权发生了极大的变化,形成了一批能够对整个市场产生重要影响的旅行社行业巨头。

（二）中国旅行社的发展

中国旅行社真正发展成为一个具有一定规模的行业是在1978年实行改革开放之后。纵观中国旅行社发展，可以将其发展进程与运行特征归纳为：一是业务发展方面从单一的入境旅游业务发展到入境与国内旅游并重，再到入境、国内与出境三大市场并举；二是宏观上从事业型到产业化；三是行业管理上从行政管理到法制化、规范化。虽然关于中国旅行社发展阶段的划分目前尚无定论，但是为了帮助大家更清楚地了解中华人民共和国成立之后的旅行社发展状况，我们将中国旅行社的发展划分为政治性接待、初步形成、快速增长、结构调整、全面开放和宽进严管六个阶段。

1. 政治性接待阶段（1949～1978年）

中华人民共和国成立后的第一家旅行社是1949年11月在厦门成立的华侨服务社，当时是为了满足华侨和侨眷出入探亲旅游等需要设立的。最初许多服务是免费的，不以营利为目的。其后，出于外事工作的需要，经国务院同意，1954年成立了中国国际旅行社（简称"国旅"）总社及分支社，由国务院及地方政府的外事部门领导，负责接待外国自费旅游者，其机构性质为"在尚难做到自负盈亏和上缴利润的情况下，先实行企业化管理的事业机构"。1957年以各地的华侨服务社为基础组建了华侨旅行服务社（1974年更名为中国旅行社，简称"中旅"）总社及分支社，归属于政府侨务系统管理，以外籍华人、海外华侨、港澳同胞和台湾同胞为接待对象。直至改革开放以前，中国仅有"国旅"和"中旅"两大旅行社体系。其发展特点是政府将旅行社视为事业单位，主要服务于外事活动。

2. 初步形成阶段（1979～1989年）

改革开放以后，中国的海外游客以每年20%的速度递增。急剧膨胀的国际旅游需求，为中国旅行社发展创造了良好的市场机会。1980年，成立了隶属于共青团系统的中国青年旅行社总社及分支社。在20世纪80年代一度形成了国旅、中旅、青旅寡头垄断的格局。1984年国务院做出了对我国旅行社未来走向具有重大意义的两项决策：一是打破垄断，下放旅游外联权，允许更多的企业经营国际旅游业务，并授予业务经营所需的签证通知权；二是规定旅行社应由行政事业单位改为企业单位。1985年国务院颁布了我国旅游行业的第一部管理法规——《旅行社管理暂行条例》。《旅行社管理暂行条例》不仅以法律形式明确了旅行社的企业性质、类别划分等，而且明确了只要符合条件并经旅游行政主管部门批准，中央和地方各部门均可开办旅行社，使我国旅行社发展的制度环境得到了很大改善。此后，我国旅行社数量迅速扩增，旅行社作为一个独立的经济行业就此浮出水面。1987年全国旅行社数量发展到1245家，其中一类旅行社17家，二类旅行社677家，三类旅行社551家。这一阶段旅行社的运行特征主要表现为：整个旅行社的产业需求基础基本是建立在入境旅游市场上，产品结构以自然和文化观光型为主，产品运作以"团进团出"的批量方式为主，产业规模的增长主要建立在二类旅行社数量的增长。在行业发展上呈现出的特点是：政府已经开始将旅行社作为相对独立的经济行业实施有效的管理，市场规模和制度环境两个方面推动着旅行社产业供给规模的扩大，旅行社的业务发展成国际入境旅游业务与国内旅游业务并举。

3. 快速增长阶段(1990~1994年)

1990~1994年,中国的旅行社业经历了短暂的衰退时期。但是由于三大因素的推动,不但使旅行社业很快恢复,而且还进入了前所未有的快速增长时期。一是在我国入境旅游市场出现负增长时,我国台湾地区和苏联游客的急剧增加(见表1-1),使得我国国际入境旅游人数和旅游收入很快恢复并超过1988年的历史最高水平。二是国内旅游市场因经济发展而形成高涨之势。据国家旅游局统计资料显示,1994年我国国内旅游人数达到5.24亿人次,比1993年增长27.8%;国内旅游收入达1023.51亿元,比1993年增长18.5%,城镇居民国内旅游出游人均花费414.67元。持续增长的国内旅游为旅行社的进一步发展提供了更为广阔的市场空间。三是政府政策因素的推动。在本阶段,我国政府开始允许中国公民出国探亲和旅游,这不但使我国出境旅游市场开始形成,为旅行社提供了一个新的市场空间,更重要的是使我国旅行社由过去的只能单方面要求客源地旅行社输送客源转变为可以互送客源,极大地改变了我国旅行社在国际旅游合作中的地位,为我国旅行社巩固和发展与客源地旅行社的合作关系创造了有利条件。

表1-1 1988~1993年中国台湾地区和苏联来华入境旅游人数　　单位:千人次

年份 客源地	1988	1989	1990	1991	1992	1993
中国台湾	437.7	541.0	947.6	946.6	1317.8	1527.0
苏联	34.8	81.3	109.8	284.9	895.2	928.2

资料来源:根据《中国旅游统计年鉴》1995年整理。

快速增长阶段旅行社业的发展呈现出两大明显特点:第一是国际入境旅游的恢复和发展、出境旅游的崛起和国内旅游的持续增长,有力地促进了中国旅行社行业的发展;第二是一类旅行社和三类旅行社快速扩张,二类旅行社则迅速萎缩。

4. 结构调整阶段(1995~2001年)

随着20世纪90年代初期一类、三类旅行社的快速扩张,旅行社行业出现明显的分散化趋势。在宏观经济体制改革的不断深化、旅行社行业进入壁垒降低、入境旅游和国内旅游人数逐年增加的背景下,我国旅行社业的市场供给主体不断扩张,直接导致了市场竞争程度趋于完全化。从制度变迁的角度来说,这意味着我国旅行社行业达到了一个新的高度;从行业经营角度看,也出现了无证无照经营、超范围经营,旅行社内部产权不明晰,导致旅行社经营效益低,各地旅行社市场出现不同程度的混乱局面,地方保护主义严重,障碍旅行社的网络化经营,以及旅行社经营管理水平和竞争能力不足等一些不利于行业发展的现象。为此,政府于1996年开始,对旅游市场进行专项治理,致力于建立与完善外部市场环境。依赖市场体制调整供需矛盾,按照市场规律开展经营活动,建立有序的市场秩序,依赖市场的力量使旅行社企业做到优胜劣汰。1996年10月15日,国务院颁布实施了《旅行社管理条例》;1996年11月28日,国家旅游局发布了《旅行社管理条例实施细则》;1997年3月,国务院批复了由国家旅游局和公安部联合上报的《中国公民自费出国旅游管理暂行办法》;1998年10月,国务院批准了《中外合资旅行社试点暂行办法》;1999年5月,国务院发布了《导游人员管理条例》等。特别是《旅行社管理条例》对全国的旅行社进行转类,即把原来的一类、二类、三类旅行社转为国际和国内两大类旅行社,有效地调整了旅行社的行业结构,规范了旅行社市场秩序。

结构调整阶段旅行社业的发展主要具有三大特征:一是中国旅行社的市场运行基础更加完善;二是一些非政府的投资机构开始进入这一领域;三是产业环境净化,市场秩序逐渐向好的方向转化。

5. 全面开放阶段(2002~2008年)

20世纪90年代是中国旅游业逐步实现由入境旅游单点支撑到入境旅游、国内旅游和出境旅游相互融合、互补互促的时期,中国旅游市场的规模不断扩大。同时,经过90年代末期中外合资旅行社的试点,一定程度上改变了原来旅行社行业面对加入WTO(世界贸易组织)的"狼来了"的认识。不仅比"入世"谈判中承诺的时限提前开放旅行社行业,而且以更大力度开放出境旅游市场和国内市场。旅行社行业迎来了全面开放的发展阶段。

全面开放阶段旅行社业的发展主要呈现出三大方面的特点:一是开放体现在政府的价值取向和行为导向上;二是旅行社业的对外开放步伐正以前所未有的力度展开;三是在对外开放程度越来越高的同时,中国旅行社业也在积极地对内开放。

6. 宽进严管阶段(2009年至今)

2009年5月1日,国务院颁布实施《旅行社条例》,进一步降低了旅行社行业的市场准入门槛,减轻了旅行社的经营负担,优化了市场机制;明晰了利益相关者的权责,加大了对违法经营行为的打击力度,保护利益主体的合法利益,为旅游者创造良好的旅游消费法制环境;下放旅行社审批权,加强和规范了各级行政管理部门,特别是各级旅游行政管理部门对旅行社行业和旅游市场的监管职能。

《旅行社条例》对旅行社行业长期以来存在的主要问题做出了重大修改,明晰了对旅行社"宽进严管"的管理思路,一方面有力地促进了经营旅游业务的迅速发展,活跃旅游经济;另一方面又营造了更为公平的市场竞争环境,鼓励旅行社做大做强,促进行业分工体系的合理化,进一步提升行业服务质量,倡导企业诚信经营理念,营造一个良好的消费环境,引导了行业健康持续的发展。

伴随着旅游宏观环境和旅游市场的改善,旅行社的行业规模日益壮大。截至2015年年底,全国旅行社总数为27621家。2015年度全国旅行社营业收入4189.01亿元(其中全国旅行社国内旅游营业收入1790.24亿元,出境旅游营业收入1683.69亿元,入境旅游营业收入273.83亿元),全国旅行社直接从业人员334030人。中国旅行社行业规模的扩大和经营效益的增长,使旅行社的旅游服务供给能够更好地满足国内外旅游市场日益增长的旅游需求。

任务二 旅行社概述

一、旅行社概念

(一)发达国家对旅行社的定义

在发达国家,旅行社从一开始就是企业的特殊形态。著名学者卢瓦皮迪提出了旅游企业不同于其他企业的多样性特征：第一，旅游企业属于服务部门；第二，旅游企业能够促成生产者与消费者直接接触；第三，旅游企业要求能够迅速地转产，以适应顾客爱好和需求生产的技术；第四，旅游企业容易受到经济、政治和社会形势以及自然环境的直接影响。具体地说，旅行社是属于旅游企业的一种类型。西方国家关于旅行社的定义也有很多种表述，其中最有代表性的定义分别是世界旅游组织关于旅行社的定义和欧盟关于旅行社的定义。

世界旅游组织将旅行社定义为：旅行社是零售代理机构向公众提供关于可能的旅行、居住和相关服务，包括服务酬金和有条件的信息。旅行组织者或制作商或批发商在旅游需求提出以前，以组织交通运输，预订不同方式的住宿和提出所有其他服务为旅行和旅居做准备。

欧洲是现代意义上旅行社的发源地，它们认为：旅行社是一个以持久营利为目标，为旅客提供有关旅行及居留服务的企业。其主要服务是出售或发放运输票证，租用公共车辆，办理行李托运，提供旅馆服务，组织参观游览，提供导游，提供租用剧场、影剧院等服务。

（二）中国对旅行社的定义

中国关于旅行社的认识是随着旅行社行业的发展而不断成熟的，经历了"事业单位到行政部门企业"的演化过程。根据我国 2009 年颁布的《旅行社条例》第一章第二条的规定，旅行社是指从事招徕、组织、接待旅游者等活动，为旅游者提供相关旅游服务，开展国内旅游业务、入境旅游业务或者出境旅游业务的企业法人。

二、旅行社的性质

旅行社是为人们外出旅游提供服务的专门机构，是我国旅游业三大支柱产业之一。除国务院于 2009 年颁布的《旅行社条例》对旅行社的性质做出明确规定外，《旅行社条例实施细则》对旅游业务的含义也做了明确的规定："招徕、组织、接待旅游者，提供的相关旅游服务主要包括：安排交通服务；安排住宿服务；安排餐饮服务；安排观光游览、休闲度假等服务；导游、领队服务；旅游咨询、旅游活动设计服务。"从上述的有关规定中，我们可以总结出旅行社的几个基本性质。

1. 服务性

服务性是旅游产业中所有企业的共性，也是旅游企业与工业企业的区别所在。作为向旅游者的空间转移提供旅游产品的旅游企业，旅行社始终离不开服务这一核心内容。同时，由于旅游产业的关联性决定了旅游产业的发展不仅仅具有经济属性，而且涉及许多社会问题，旅行社作为旅游产业中典型而重要的组成部分，其经营产品的出发点和归宿点正是旅游者在空间移动中的需求及其满足，所以在旅行社的发展过程中，其服务性正是经济效益与社会效益的双重体现。因此，旅行社也代表着一个国家、一个地区的形象，因而我们也将旅行社行业称为"窗口行业"。

2. 营利性

旅行社的企业性质决定了其营利性，也是旅行社的根本性质。企业的最终目的是追求利润的最大化，旅行社也是一个独立核算、自负盈亏的经营性组织，因而也担负着盈利的重任。

3. 中介性

旅行社是旅游客源地与目的地之间,以及旅游消费者与旅游服务供应商之间的桥梁和纽带,在促进旅游产品销售和活跃旅游市场方面具有非常积极的作用。旅行社不仅自身的运作主要依托各类旅游吸引物和旅游要素生产部门,而且其存在和发展还创造了一种新的信息传递方式和资源组合方式。它不但代替了个体旅游服务的零散性和游击性,而且简化了市场销售,为旅游要素生产者和旅游消费者带来便利和利益。

旅行社这类企业存在和发展的根本原因在于创造了一种新的信息传递方式和资源组合方式。这两种方式的结合形成了在这一领域的富有效率的经济组织,以企业的规模性替代了个体旅游服务的零散性和游击性;以企业的整体形象降低了市场销售变化的冲击;以集团化、网络化、高新科技化创造了更新、更好的信息传递机制,从而在旅游市场竞争中得以生存和持续发展。

三、旅行社的职能

旅行社作为为旅游者提供旅游服务的专门机构,它的最基本职能是设法满足旅游者在旅行和游览方面的各种需要,同时协助交通、饭店、餐馆、游览景点、娱乐场所和商店等旅游服务供应部门或企业将其旅游服务产品销售给旅游者。具体地讲,旅行社一般都具有以下五种基本职能,即生产职能、销售职能、组织协调职能、分配职能和提供信息职能。

(一)生产职能

旅行社的生产职能是指旅行社设计和组装各种旅游产品的职能。旅行社产品具有综合性,它是由众多旅游服务要素组合而成的。从形式上看,旅行社好像工厂里的装配线,以批量购买的方式按照优惠价格从其他旅游服务供应部门和企业购进旅游产品的各种基本要素,然后根据旅游市场需求,将这些要素组装成不同的旅游产品。从实质上看,旅行社的产品设计和组装是一个创新过程。作为专业媒介,旅行社一方面以旅游业销售系统的地位深层次地联系着旅游要素各生产方,从而对旅游资源和旅游要素有着专业化的把握;另一方面,旅行社直接面对市场,对旅游需求也有着专业化的把握。其产品组合过程不是将旅游服务要素进行简单的叠加,而是以不同的主题创造性地为旅游者设计一个系统化的旅游休闲体验过程。

随着信息技术的进步和旅游服务设施及服务要素的发展,越来越多的旅游者能够不经过旅行社,直接向旅游要素生产的部门或企业预订并自己组装旅游产品。但是,一方面可能由于旅游者信息的不完整性,导致其产品的不完整性和设计上的缺陷;另一方面可能由于旅游者往往因购买数量较小而难以从旅游服务供应部门或企业那里获得优惠的价格,从而导致旅游价格偏高。另外,旅行社产品中所包含的以导游服务为核心的人性化服务也是不可替代的。

(二)销售职能

旅游者对旅游服务的需要是多方面的,最主要的有行、住、食、游、购、娱六大类,通常称为旅游业六要素,它们分别由航空、铁路、车船公司、酒店、餐馆、景点、剧场、商店等单位供应。旅游者的一次旅游常常要去几个地方甚至几个国家,每到一处都需要这几方面的服务。如果都要旅游者本人直接向众多而又分散的供应者购买这些服务,将是极为费时费力的。而旅行社可以根据旅游者的需要,把有关的服务采购一次性地销售给旅游者,从而使旅游者获得很大的方便。旅行社在加强旅游者和旅游服务供应部门、企业之间联系上起到了很好的沟通作用,从而使旅游服务产品能够更加顺利地进入旅游消费领域,同时使旅游产品的销售渠道得以拓宽。因此,旅行社在旅游产品销售中起着十分重要的作用。

销售是企业性质的组织所共有的职能。旅行社把旅游者需要的多种服务集中起来,一次性地销售给旅游者,从而为其旅游提供方便。旅行社可以在旅游者动身之前就提供预订等有关服务,从而保证行程的顺利进行。对于旅行社而言,其销售职能主要表现在以下两大方面。一方面,旅行社是通过销售产品而获利。由于旅行社在旅游业中的特殊地位,旅行社能够以较低的价格采购获取各种旅游服务要素,从而使旅行社不但能够给旅游消费者提供价格上的便利,而且能够通过销售旅游产品获取利润。另一方面,旅行社除了销售本旅行社设计和生产的旅游产品外,还经常在旅游服务供应部门和企业与旅游者之间充当媒介,代理旅游服务供应部门和企业向旅游者销售单项旅游服务项目。据世界旅游组织统计,全球航空业机票的70%、全球住宿行业中客房的67%以及全球景区门票的61%是通过旅行社销售出去的。可以肯定地说,旅行社已经成为旅游业的销售系统,在旅游产品销售中起着十分重要的作用。

(三)组织协调职能

旅行社产品的组合性特点决定了其组织协调的重要性。仅就旅行社接待业务而言,旅游活动不仅涉及交通、住宿、餐饮、游览、娱乐、购物等旅游服务供应部门和企业,还涉及海关、边防检查、卫生检疫、外事、侨务、公安、交通管理、旅游行政管理等政府机关。旅行社的接待过程好比一条流水生产线,而且生产线上各个环节的任务分别由众多的企业和部门承担,各个企业和部门需要在不同的时间、地点,按照计划提供不同服务,任何一个环节的失误都可能导致整个经营活动的失败。为了确保旅游者的旅游活动能够顺利进行,旅行社必须在旅游业各部门和企业之间及旅游业与其他相关部门之间,在确保合作各方实现各自利益的基础上,进行大量的组织和协调工作,保障旅游者旅游活动过程中每一个环节的衔接和落实。组织协调好相关企业和部门是顺利完成旅行社业务的前提。

(四)分配职能

旅游者旅游活动过程中的消费是多种多样的,特别是在包价旅游的情况下,旅游者通常为其各种旅游活动一次性预付全部或部分费用。旅行社的分配职能主要体现在以下两大方面。一方面,旅行社为了最大限度地提高旅游者对整个旅行的满意度,必须在不同旅游服务项目之间合理分配旅游者支付的旅游费用,以维护旅游者的利益。从本质上讲,这种分配是旅行社的产品创意设计,因为不同的分配会导致旅游服务要素的不同组合,进而导致旅游者产生不同的旅游体验。另一方面,旅行社在旅游活动结束后,根据事先与各相关部门或企业签订的协议以及各部门或企业提供服务的实际数量、质量合理分配旅游收入。

(五)提供信息职能

旅行社作为旅游产品重要的销售渠道,始终处在旅游市场的最前沿,其能够及时而专业化地把握市场需求及发展变化。旅行社将这些信息及时地反馈给旅游要素的生产企业和部门,有利于它们调整产品结构、提高产品质量和改善经营管理,从而促进旅游产业的有序发展。另外,旅行社又能依托行业优势,全面系统地掌握旅游要素生产方面的信息,将旅游供给方面的信息传递给广大旅游消费者,一方面可以满足旅游市场的需求,另一方面还能够引导市场需求。

四、旅行社的业务

按照旅行社的操作流程,其基本业务主要有五大项,即产品设计与开发业务、服务采购业务、产品销售业务、接待服务业务和中介服务业务。

(一)产品设计与开发业务

按照旅行社业务操作流程,其第一项基本业务是产品设计与开发。旅行社的产品设计与开发业务包括产品设计、产品试产与试销、产品投放市场和产品效果检查、评估四项内容。首先,旅行社在市场调查的基础上,根据对旅游市场需求的分析和预测,结合本旅行社的业务特点、经营实力及各种旅游服务供应的状况,设计出各种能够对旅游者产生较强吸引力的产品。其次,旅行社将设计出来的产品进行小批量的试产和试销,以考察产品的质量和旅游者对其喜爱的程度。再次,当产品试销成功后,旅行社应将产品批量投放市场,以便扩大销路,加速产品投资的回收和赚取经营利润。最后,旅行社应定期对投放市场的各种产品进行检查和评估,并根据检查与评估的结果对产品做出相应的完善和改进。

(二)服务采购业务

旅行社的第二项基本业务是旅游服务采购。旅游服务采购业务是指旅行社为了生产旅游产品而向有关旅游服务供应部门或企业购买各种旅游服务项目的业务活动。旅行社的服务采购业务主要涉及交通、住宿、餐饮、景点游览、娱乐和保险等部门。另外,组团旅行社还需要向旅游路线沿途的各地接待旅行社采购接待服务。

(三)产品销售业务

旅行社的第三项基本业务是产品销售,包括制定产品销售战略、选择产品销售渠道、制定产品销售价格和开展旅游促销四项内容。旅行社根据其所处的外部环境和企业内部条件,制定其产品销售战略,确定产品的目标市场并选择适当的产品销售渠道。在此基础上,旅行社根据其所确定的利润目标,综合考虑其产品的成本、市场的需求状况、竞争者状况等情况,制定出各项产品的销售价格。旅行社通过各种形式推销自己的旅游产品,激发潜在旅游者对旅游产品的兴趣。旅行社还要采取各种不同的销售策略和销售手段,推广旅游产品以招徕众多的旅游者,使旅游消费者认识到旅游产品所能带给他们的利益,从而达到激发其购买旅游产品的目的。

(四)接待服务业务

旅行社产品销售不同于一般有形产品的销售,它是一种预售。旅游者购买了旅行社的产品之后,按照约定踏上旅程时,旅行社产品才进入实质性的生产阶段。换言之,旅行社的接待过程实质上就是旅行社产品的生产过程,是旅行社经营管理水平的直接反映,同时也是旅行社实现价值转移和创造新价值的重要途径。旅行社需要尽全力保证旅游者在旅途中和旅游地逗留期间所有活动的顺利进行,提供高质量的导游讲解服务,使旅游者满意,最终实现旅游产品的价值。旅行社的接待业务可分为团体接待和散客接待。

团体旅游接待业务是指旅行社通过向旅游团队提供接待服务,最终实现包价旅游的生产与销售。团体旅游接待业务由生活接待服务和导游讲解服务构成。

散客旅游接待业务是一项以散客旅游者为目标市场的旅游服务业务。散客旅游业务包括单项旅游服务业务、旅游咨询业务和选择性旅游服务业务。

(五)中介服务业务

当今旅行社主要提供以下中介服务项目:接受旅游者的委托,代订交通客票,代订住宿以及代办出境、入境、签证手续等;接受机关、事业单位和社会团体的委托,为其差旅、考察、会议、展览等公务活动,代办交通、住宿、餐饮、会务等事务;接受企业委托,为其各类商务活动、奖励旅游等代办交通、住宿、餐饮、会务、观光游览、休闲度假等事务。

旅行社所起的作用与其他行业的大多数零售商不同,因为旅行社并不购买产品以转售给其顾客,只有在一个顾客决定购买旅游产品的时候,旅行社才代表该顾客向其委托人采购。因此,旅行社从不携带"库存"的旅游产品进行推销。可以说,旅行社的主要作用是为旅游产品的销售和购买提供一个便利的场所或条件,其中介组织的特征是非常典型的。

五、旅行社的业务特点

(一)旅行社是劳动密集型企业

判定一个企业或行业是否属于劳动密集型的标准不是其雇用职工人数的多少,也不是其投资额与职工人数的比例大小,而是其工资成本在全部营业成本和费用中所占比例的高低。旅行社的产品是以提供劳务为主的旅游服务,营业中原材料成本很少,从而使得工资成本在全部营业成本和费用中占据了较高的比例。在学术界,无论是旅游学家还是经济学家,无一例外地都称旅行社是劳动密集型企业。

（二）旅行社属于知识密集型企业

旅行社提供的产品主要是以劳务形式表现的服务。虽然旅游产品中包含了某些物质因素，但就一次完整的旅游经历或旅游体验而言，旅游者从中获得的乃是对某种心理或精神需要的满足。简而言之，旅游者追求的是文化体验和精神上的满足。这就决定了旅行社经营管理人员和一线的服务人员需要具备历史、地理、文学、美学、心理学、管理学、营销学等多方面的知识，在很大程度上，旅行社员工的素质高低决定着其经营的成败。

（三）旅行社是依附性、脆弱性很强的企业

旅行社的中介性质决定了它一方面要依附于旅游资源和众多的旅游服务要素生产企业和部门，与相关行业和部门的密切协作是旅行社成功经营的基础；另一方面旅行社又要依附于旅游消费者，客源是旅行社的生命线。高度的依附性导致旅行社的经营随时会受到多种因素的影响。从行业内部来看，各相关企业和部门中任何环节的脱节或滞后，都会直接导致旅行社经营困难，从而影响旅行社经济效益的实现。从其经营的外部环境来看，各种自然的、政治的、经济的和社会的因素一旦出现不利变化，也都可能直接导致旅行社行业蒙受损失。例如，1998年的"亚洲金融危机"、2003年的"非典"、2008年的"汶川大地震"均给我国旅行社行业造成了不同程度的损失。这些都充分地反映了旅行社脆弱性的特点。

（四）旅行社业务的季节性强

一般情况下，旅行社产品必然依托一定的旅游吸引物，而无论是自然的吸引物还是人文的吸引物，其自身的吸引力均会因为季节所带来的环境条件的改变而发生变化。此外，世界各地的人们在长期生活中所养成的出游时机选择也有一定的季节性，双重因素导致旅行社业务具有较强的季节性。

（五）旅行社产品的易仿制性

旅行社产品是各种旅游服务要素的组合，由于产品中所涉及的大多数服务要素并非旅行社自己生产，又难以通过有效手段对相关服务要素进行控制，这些都使得旅行社产品比较容易被仿制甚至被直接复制。

任务三 旅行社的类型

由于各国、各地区的情况不同以及旅游发展目标不同，旅行社的经营规模、经营范围和方式方法各有特色，旅行社的分类也不尽相同。

一、旅行社的分工体系

生产分工是划分旅行社类型的标准之一,分工体系是指不同类别的旅行社在各个市场区域和旅游产品流通环节中所扮演的角色及相互之间的关系。目前世界范围内主要存在三种旅行社分工体系:市场经济体制的内生力量,经过自发演进而成的垂直分工体系;政府行政管理部门主导下分割而成的水平分工体系;由市场因素和政府主导共同作用而成的混合分工体系。

(一)垂直分工体系

在多数市场经济体制发挥主导作用的西方国家,旅行社的分类不同于一些亚洲国家和地区按业务范围来划分的方法,而是以旅行社在向旅游者提供旅游服务的流程中所起的作用作为划分依据。有的旅行社专门从事旅游咨询和产品销售,有的旅行社专门从事面向零售商的组团工作,也有的旅行社专门从各单项产品的供应商批量购买,然后组合成新包价旅游产品再向组团旅行社进行销售。这种分工是在市场经济社会里依据旅游者的消费流程自然形成的,并呈"相关旅游企业—经营批发—零售旅游者"这样一种垂直状态,所以也称旅行社的自然或垂直分工体系。这种垂直分工体系既是对工业领域产业组织分工的移植,也是为适应旅游业中旅游者分布广、人员流动性强等特点而进行的制度创新。这种市场经济体制内生的分工体系通过专业化分工、规模经济、协作与联盟等途径最大限度地发挥了资源优化配置功能。

(二)水平分工体系

与市场机制主导下演进而成的垂直分工体系相对应的是旅行社的水平分工体系,它是在政府行政管理力量的干预下形成的。在政府行政管理部门主导下,把旅行社分成若干等级和类别,同时把统一的旅游市场划分为入境旅游、国内旅游和出境旅游等若干市场,每一类别或等级的旅行社对应经营相应的市场。中国大陆地区、中国台湾地区、韩国等东亚国家和地区,以及其他一些发展中国家多采用此种分类体系。水平分工体系可以较好地实现国家的旅游发展目标,但是,这一非市场经济内生的分工体系也可能由于其对市场主体的差别待遇,导致优势企业的低效率运行和整个行业的无序运行。

(三)混合分工体系

所谓混合分工体系是指在市场因素和政府主导的共同作用下,各旅行社仍被划分为不同的等级,并被规定了各自的业务经营范围。但是不同类别的旅行社之间又根据垂直分工的原则进行分工,构建批发经营、零售和代理体系。日本旅行社采用的就是混合分工体系。

综上所述,世界范围内旅行社的生产分工,既存在以批发经营和零售代理为代表的、在时间上先后承接、具有互补关系的垂直分工,又存在在批发经营和零售经营各自内部同一操作层面上,针对操作的不同特点进行的水平分工,并由此形成了世界范围内具有一般意义的旅行社行业的垂直分工体系和水平分工体系。这两种分工体系在实际中交叉存在,如一些旅游批发商和旅游零售商根据市场状况和企业实力,在各自的领域中参与了水平分工,以此实现专业化经营。

二、西方国家旅行社的分类

欧美国家的旅行社的历史较长,发展也很成熟。人们按照旅行社在市场中的主要职能,将其划分为旅游批发商、旅游零售商(即所谓的二分法),或者将其划分为旅游经营商、旅游批发商和旅游零售商(即所谓的三分法)。欧美国家旅行社类型划分源于旅行社在市场发展中逐渐形成的不同市场职能,实质上是对不同市场职能旅行社的归类。

(一)旅游批发商

旅游批发商是指那些专门安排包价的规模较大和实力较强的旅行社。旅游批发商通过市场调研,充分把握客源市场的需求及发展变化趋势,并根据需求设计包价旅游产品,通过同饭店、交通运输部门、旅游景点以及涉及包价旅游的其他部门签订协议,以批量购买的价格向相关旅游服务供应部门或企业采购各种单项旅游服务,并将这些内容组装成包价旅游产品。其利润主要来自旅游服务要素生产方的佣金和在各组成部分净成本基础上的加价。而其包价旅游产品则通过旅游代理商和航空公司进行营销,批发商付给旅游代理商佣金。

(二)旅游零售商

旅游零售商又称旅游代理商,是主要从事旅游零售业务的旅行社,一般情况下其规模较小、实力比较弱。它是旅游批发商与旅游者之间的纽带。它们的主要业务是代理旅游批发商招徕与组织旅游者,为旅游者提供旅游咨询和旅游接待服务,代理旅游者直接向旅游服务供应部门预订零散服务项目。旅游零售商的收入全部来自销售佣金。根据所提供的服务项目和内容,旅游代理商还可以进一步划分为全面服务型旅游代理商、商务型旅游代理商、驻厂型旅游代理商和团体/奖励旅游代理商四个类型。

(三)旅游经营商

根据查尔斯·J.麦特尔卡所著《旅游词典》的解释,旅游批发商、旅游批发经营商和旅游经营商是同一个概念,它们之间可以互换使用。但是,在市场运作中旅游批发商与旅游经营商还是有着比较明显的区别。其实上述的三分法也就在于强调旅游经营商与旅游批发商之间的差异:

(1)旅游批发商一般不从事旅游零售业务,而旅游经营商则经常通过自己的零售机构销售产品;

(2)旅游批发商通常通过购买并组合现成的服务形成新的包价旅游产品,而旅游经营商通常设计新产品并提供自己的服务;

(3)旅游批发商一般不从事实地接待业务,而旅游经营商则相反。

三、中国旅行社的分类

在中国,旅行社是水平分工分类,并随着旅游业的发展而逐步变化的。

第一次分类源于1985年公布的《旅行社管理暂行条例》,将旅行社分为一类社、二类社、三类社。一、二类社为国际旅行社(其中一类社可经营出境旅游、入境旅游和国内旅游,二类社可经营入境旅游和国内旅游),三类为国内旅行社,只能经营国内旅游。

第二次分类根据1996年公布的《旅行社管理条例》,将旅行社分为国际旅行社和国内旅行社两类,出境旅游为部分国际旅行社的特许经营业务。有特许经营出境旅游业务的国际旅行社相当于原先的一类社,一般的国际旅行社相当于二类社,国内旅行社相当于三类社。

第三次分类根据2009年公布的《旅行社条例》,此时将旅行社划分为国际旅行社和国内旅行社两类已经不具备任何意义。所以,此次将旅行社分为经营国内和入境旅游业务的旅行社和经营国内、入境和出境旅游业务的旅行社。边境旅游业务适用《边境旅游暂行管理办法》的规定,须单独申请。

四、日本旅行社的分类

日本的旅行社采取的是混合分工体系,其旅行社类别也是按业务范围划分的,但具体名称及各类旅行社的业务范围却有所不同。日本的旅行社根据1996年日本《旅行业法》划分为三类,即一般旅行业、国内旅行业和旅行业代理店。其中,一般旅行业可从事国际旅游、国内旅游和出国旅游三种业务,主要开展对外旅游业务;国内旅行业仅从事国内旅游(包括部分接待外国人的日本国内旅游)业务;旅游业代理店则依照注册登记所批准的业务范围,可作为一般旅行业的代理店,或作为国内旅行业的代理店。

任务四 我国旅行社行业管理

一、我国旅行社行业的发展现状

(一)行业规模

截至2015年底,全国旅行社总数为27621家(按2015年第四季度旅行社数量计算),同比增长3.64%。

新疆、宁夏、河南等7个省份旅行社数量减少,减幅最大的新疆为4.44%;其余25个省旅行社数量都有不同程度的增长,增幅最大的西藏为92%,另有兵团、吉林、湖南3个省份增长超过10%。江苏、山东、浙江等3个省份旅行社数量超过2000家,数量最多的江苏为2160家;有9个省份旅行社数量少于500家,数量最少的宁夏为111家。

全国旅行社资产合计为1342.95亿元,同比增长2.47%。其中,负债898.02亿元,同比增长5.89%;所有者权益426.93亿元,同比减少4.03%。全国旅行社直接从业人员334030人,同比减少2.13%,其中大专以上学历244112人,同比增长0.30%。签订劳动合同的导游人数111903人,领队人员45503人。

(二)经营规模和效益

2015年度全国旅行社营业收入4189.01亿元,同比增长3.96%;营业成本3901.77亿元,同比增长2.08%;营业利润18.60亿元,同比减少29.41%;利润总额21.88亿元,同比减少34.14%;营业税金及附加16.12亿元,同比减少2.89%;所得税8.58亿元,同比增长13.49%;旅游业务营业收入3747.77亿元,同比增长10.29%;旅游业务利润198.79亿元,同比增长16.72%。

(三)旅游业务分类

1. 国内旅游业务

2015年度全国旅行社国内旅游营业收入1790.24亿元,同比增长0.37%,占全国旅行社旅游业务营业收入总量的47.77%;国内旅游业务利润91.06亿元,同比增长0.86%,占全国旅行社旅游业务利润总量的45.81%。

2. 入境旅游业务

2015年度全国旅行社入境旅游营业收入273.83亿元,同比减少3.25%,占全国旅行社旅游业务营业收入总量的7.30%;入境旅游业务利润为19.58亿元,同比增长22.30%,占全国旅行社旅游业务利润总量的9.85%。

3. 出境旅游业务

2015年度全国旅行社出境旅游营业收入1683.69亿元,同比增长26.47%,占全国旅行社旅游业务营业收入总量的44.93%;出境旅游业务利润为88.16亿元,同比增长37.69%,占全国旅行社旅游业务利润总量的44.34%。

(四)旅行社区域分布

截至2015年底,全国旅行社总数为27621家。其中,旅行社数量排名前十位的省市依次为江苏(2160)、山东(2109)、浙江(2028)、广东(1901)、北京(1397)、河北(1360)、辽宁(1253)、上海(1225)、河南(1082)、安徽(1068),上述省市旅行社数量占全国旅行社总量的56.42%。

(五)旅行社经营状况分布

2015年度全国旅行社组接指标排名前十位的省市依次为广东、山东、江苏、浙江、福建、北京、辽宁、上海、湖南、湖北。

2015年度全国旅行社主要经济指标(旅游业务营业收入、旅游业务利润、实缴税金三项综合)排名前十位的省市依次为北京、广东、上海、浙江、山东、江苏、福建、湖北、辽宁、重庆。

(六)旅行社类别分布

2015年度全国出境旅游组团社旅游业务营业收入2922.30亿元,同比增长16.33%,占全国旅行社总量的75.35%;旅游业务利润144.49亿元,同比增长15.30%,占全国旅行社总量的74.24%;实缴税金18.65亿元,同比增长12.28%,占全国旅行社总量的74.36%。

2015年度全国外商投资旅行社旅游业务营业收入35.02亿元,同比增长7.26%,占全国旅行社总量的0.90%;旅游业务利润2.82亿元,同比增长15.57%,占全国旅行社总量的1.42%;实缴税金0.44亿元,同比增长22.22%,占全国旅行社总量的1.75%。

二、我国旅行社行业的发展趋势

虽然世界各国旅行社行业具有不同的特点,其发展也呈不同的趋势。但纵观主要旅游接待国旅行社业近年来的变革,大致可将我国旅行社主要发展趋势归纳为五点,即集团化、组织虚拟化、信息化、品牌化和国际化。

(一)集团化——大型旅行社发展的主思路

近年来,随着旅游市场规模的不断扩大,旅行社规模不断扩张,行业内企业大规模重组已成为一种必然趋势。我国旅行社行业要构建的是金字塔形结构,高居塔尖的是少数大集团,占有比较大的市场份额,形成市场的主导力量,靠自己的资金、品牌、规模、特许权等方方面面的优势在市场上竞争。处于金字塔中间的是一批中型专业化的旅行社,这些中型专业化的旅行社主要开发专业化的产品,针对专门的市场进行竞争,市场分工比较细。居于金字塔塔基的是绝大多数的小旅行社,这些小旅行社主导性的出路就是当大集团的网络。大型旅行社集团化,中型旅行社专业化,小型旅行社网络化,这是行业结构合理化的轮廓性描述。

(二)组织虚拟化——旅行社的主要演进方向

虚拟企业组织的概念最早是由美国著名学者肯尼思·普瑞斯提出的。按照肯尼思·普瑞斯的定义,虚拟企业组织是由各种企业单位形成的一种企业集群,其中工作人员和工作过程都来源于这些企业单位,它们彼此紧密联系、相互影响、相互作用,为了共同的利益而奋斗。虚拟组织可能出现于企业之间,也可能出现于企业内部的各经营单位之间。虚拟经营的内容主要包括人员虚拟化、功能虚拟化和生产虚拟化等方面。

考察世界范围旅行社的发展趋势,不难发现,虚拟企业组织的雏形已经显现。例如,在人员虚拟化方面,大型旅行社聘请不同领域的专家组成高级智囊团,参与企业发展战略的制定,并帮助解决企业经营过程中的具体问题,从而发挥了企业的内外人才优势互补和集成的作用。此外,一些旅行社通过聘请兼职导游,有效解决了淡旺季导游人员需求差异的问题。在功能虚拟化方面,国外一些大的旅游批发商集中资源,专攻附加值高的产品设计和营销,而接待业务则委托给旅游零售商。目前我国一些国际旅行社也呈现出接待业务虚拟化的态势,即旅行社在有限的资源条件下,为取得竞争中的最大优势,仅保留旅行社最核心的外联和采购业务,通过联合、委托、外包等资源整合手段来完成接待业务,以获取更多的核心竞争优势。同时,以网络为平台的真正意义上的虚拟旅行社也开始出现。

虚拟企业是网络时代的骄子。虚拟企业组织给旅行社带来的好处是显而易见的。首先,旅行社可以借助外部力量来改善自身较弱部门的功能,使之与其他企业的优势功能相结合来提高自身的竞争力,避免因局部功能弱化而影响和阻碍企业的快速发展。其次,虚拟企业组织是基于核心能力的企业外部资源整合,可以避免重复投资,可在短时间内形成较强的竞争能力,实现对旅游市场需求的敏捷响应。最后,虚拟企业组织是一个"市场机会驱动型"的组织,它从组成到解散完全取决于市场机会的存在与否,这样一来能够实现成本共担,大大降低经营风险。

(三)信息化——旅行社管理的重要工具

信息化对旅行社业的发展具有深远的影响。信息技术的发展,改变了人们对时间和空间的理解,促进了经营方式和管理方式的革命性变革。电子货币、电子商务的出现,"虚拟企业"的产生,多媒体通信的发展等,都使旅行社行业面对着一个全新的环境。面对新环境,旅行社只有运筹于"键盘"之间,充分运用信息化带来的好处,才能取胜于千里之外。具体来说,在经营管理方面,首先,我国旅行社应充分运用计算机在文字处理、会计记账、分发文件及票据资料库存、自动账务处理、电子邮件、旅游光盘等方面的作用,实现办公、业务的自动化;其次,要与世界通用的计算机预订系统接轨联网;最后,要实施以开发计算机网络为核心的科学管理,实施科学决策,彻底改变过去"拍脑袋"、碰运气的经验主义做法。

旅游业的生产过程是随旅游者的流动而推进的。因此,网络化程度越高,服务功能就越强。分析世界实力雄厚的旅行社的发展史,不难发现,网络化发展是旅行社扩张的秘诀。国外旅行社就单体来说,很少有大规模的,但往往是网络化的。而科技进步及计算机的普及为旅行社网络化发展创造了良好的条件。在信息时代,以计算机为信息实时传播的手段,通过网络壮大旅行社实力,这是中外旅行社做大做强的必经之路。

(四)品牌化——打造旅行社核心竞争力的重要手段

菲利普·科特勒在其《营销管理:分析、计划、控制》一书中将品牌定义为:"一个名字、名词、符号或设计,或是上述的总和,其目的是要使自己的产品或服务有别于其他竞争者。"

如今,品牌正在成为主宰市场的重要砝码。旅游产品的品牌是最为关键、最强劲的竞争力,是旅行社在市场竞争中战无不胜的王牌。品牌化是旅行社业发展的一个大趋势。在竞争威胁层出不穷的时代,中国旅行社已别无选择。只有走品牌化道路,创立和发展属于世界的优秀旅游品牌,才能使中国旅游产品在风云变幻的国内、国际旅游市场上立于不败之地。但是,对目前旅行社业的情况稍加分析,不难发现,我国旅社行业还停留在以削价竞争为主的价格竞争上,大部分旅行社缺乏品牌意识,没有明确的市场定位,更缺少品牌竞争的手段。

现代旅游业的竞争,更是精品和品牌的竞争。质量是品牌的保证,管理是品牌的基础,特色是品牌的生命,创新是品牌的灵魂,营销是品牌的手段,效益是品牌的目的,人才是品牌的根本。

(五)国际化——行业发展的必然趋势

旅行社的国际化是指旅行社在发展过程中,随着中国改革开放的推进和国外资本的逐步渗入,在企业投资主体、投资方式、经营模式以及市场份额等方面出现的与国外企业互相融合、交流、渗透的过程。旅行社的国际化,应该包括两个方面:一是外资进入形成的国内旅行社的改变,二是国内实力派旅行社在国外的扩张。

中国旅行社的国际化过程,有以下几个特点:第一,总体上随着国家政策的调整而逐步推进;第二,这种逐步推进的过程体现了国家保护本国旅行社行业的过程;第三,近年来国际化进程呈逐步加快的趋势。具体地说,中国旅行社的国际化是随着改革开放的步伐逐步推进的。总体来看,中国旅行社的国际化应该包括三个阶段。

1. 第一阶段——完全对外封闭阶段

从中国旅游业发展之初到1993年,为对外封闭阶段。这一阶段,中国为保护国内旅行社的发展壮大,禁止外资进入旅行社行业。按照当时的法规规定,旅行社的投资主体限定于国有单位,因此,旅行社也完全是国有企业。

2. 第二阶段——有条件的国际化阶段

从1993年到2009年5月,我国旅行社一直都处于有条件的国际化阶段。在这一阶段,中国旅行社行业逐步对外放开。首先是1993年10月,国家旅游局发布了《关于在国家旅游度假区内开办中外合资经营的第一类旅行社的审批管理暂行办法》,这一办法规定在国家级旅游度假区内,可以设立中外合资经营的旅行社,但条件比较高,对所设立合资旅行社的度假区、投资的主体、合资方式、合资旅行社的规模和经营业绩都有严格的限定。以此文件为依据,只有云南成立了一家合资旅行社。其后,为适应中国旅游业发展的新形势,经国务院批准,1998年12月,国家旅游局、原外经贸部又发布了《中外合资旅行社试点暂行办法》。这一规定打破了原有的限制,给予设立合资旅行社更为优惠的条件。但由于是试点阶段,在地域、投资主体、投资条件等方面还有较严格的限定。在加入世界贸易组织的过程中,尽管对旅行社的投资条件是谈判重点,中国也做出让步,但对外资的准入限制仍然存在。

3. 第三阶段——基本自由的国际化阶段

从这一阶段,政府基本不再保护,大多限制都将取消,中国的旅行社业将充分地在国际资本市场和客源市场上参与竞争。代表性的法规为2009年5月颁发的《旅行社条例》及国家旅游局和商务部于2010年8月颁发的《中外合资经营旅行社试点经营出境旅游业务监管暂行办法》,虽然《旅行社条例》规定外商投资旅行社不得经营中国内地居民出国旅游业务以及赴香港特别行政区、澳门特别行政区和台湾地区旅游的业务,但是国务院决定或者我国签署的自由贸易协定和内地与香港、澳门关于建立更紧密经贸关系的安排另有规定的除外,中国旅游业基本放开。

中国旅行社业的国际化是指旅行社顺应经济全球化的潮流,跨出国界开展旅游经营活动。旅游活动的国际化、资本流向的国际化使得世界各国的旅行社越来越相互依赖、紧密联系,旅游产品和旅游服务也越来越趋于标准化,跨国经营已成潮流。

新《旅行社条例》七大亮点

新《旅行社条例》(以下简称《条例》)已于2009年1月21日国务院第47次常务会议通过,自2009年5月1日起施行。新《旅行社条例》有以下七大亮点。

[亮点一]

旅行社报价,严禁"掺水"。"境外游3天600多元""黄金周出游零团费""550元海南双飞5日游"……为争取游客,赚得利润,这是一些旅行社以超低报价吸引公众眼球的宣传。

严禁旅行社低于成本报价。针对此类问题,《条例》明确规定,严禁旅行社低于成本报价。旅行社向旅游者提供的旅游服务信息必须真实可靠,不得进行虚假宣传。如果旅行社向旅游者提供的旅游服务信息含有虚假内容或者进行虚假宣传,工商行政管理部门将依法对旅行社进行处罚。旅行社以低于旅游成本的报价招徕旅游者的,则由价格主管部门依法给予处罚。

[亮点二]

擅改行程,最高可罚50万。去年7月张女士带2岁女儿报名参加省某旅行社山东日照两日一晚游,行程表和报名单上均注明"××、×××两天团"。但在实际行程中,旅行社却在没有任何告知的情况下擅自增加自费太空岛景点,结果导致张女士的2岁女儿全身衣服湿透生病。

无独有偶,某年国庆黄金周期间,某旅行社在收取了费用后,组织王小姐等人到北京旅游。按照行程计划,到达北京的第二天游长城,但导游未与王小姐等游客协商就擅自将游长城的行程改为去天坛公园,旅游结束返回后,王小姐等人提出要求旅行社按照规定给予赔偿。旅行社却振振有词地说,他们在合同中早有声明:"旅行社在保证不减少行程的前提下,保留调整行程的权利。"

不得改变旅游合同安排的行程。从法律角度来说,旅游合同是旅游服务人员向旅游者提供旅游服务,旅游者给付费用的一种合同。在旅游中,旅行社擅自减少旅游项目,提供的交通、导游、食宿、购物不符合约定的条件,都应当赔偿旅游者的损失。新《条例》就此明确规定,旅游合同订立后,旅行社非因不可抗力不得改变旅游合同安排的行程。否则,有关旅行社将被处以最高50万元的罚款,情节严重的,还将吊销旅行社业务经营许可证。

[亮点三]

强迫购物,导游下岗。何女士和家人跟团去香港旅游,结果被地接导游和随团导游带到珠宝店、钟表店、小食店等,强制购物时间加起来有一整天。"导游带我们去的购物点不像普通的商场,进了商店全部关着门,在里面购物的人几乎都是观光客。"

诱骗旅游者在旅途中购物。诱骗旅游者在旅途中购物,导游、司机可谓各出奇招。"一些旅行社的驾驶员甚至不忘在途中发笔小财。"某先生说,在游玩香港的途中,就连他乘坐的大巴也成了旅行社"搜刮"钱财的阵地——一驾驶员在半路上当起了推销员。据某先生向我们反映:"在乘车从海洋公园回来,上车后,驾驶员拿出一套钥匙图,号称在海洋公园内一个要卖80元,他这一套5个才卖100元。说罢,他就拿着钥匙图在车上兜售起来。"在他的一番说辞下,大家尽管不乐意,我们导游也帮腔称司机很辛苦、不容易等,面子上过不去,只好每人都买了一套。几分钟之内,驾驶员就卖出了十几套钥匙图。

　　导游欺骗、胁迫游客购物或参加另付费项目。景点走马观花,店铺却一去再去,这几乎已经成为旅游业的"潜规则",而这一现象也成为新《条例》整治的对象。新《条例》规定,在旅游行程中,旅游者有权拒绝参加旅行社在旅游合同之外安排的购物活动或者需要旅游者另行付费的旅游项目。如果导游欺骗、胁迫游客购物或者参加需要另行付费的游览项目,旅游行政管理部门或者工商行政管理部门将对旅行社处10万元以上50万元以下罚款,对导游人员、领队人员处1万元以上5万元以下罚款。情节严重的,可吊销旅行社业务经营许可证、导游证或者领队证。

[亮点四]

　　拼团受损,游客享有索赔权。钱女士曾参加省直某旅行社"港澳游"双飞五日游,原本应是快乐之旅,结果被旅行社不负责任地拼团到淮南某旅行社,还被忽悠买了假货,弄得怨声载道。

　　有一位张先生电话反映对参加的一次云南行记忆深刻。去年,张先生一家人欢欢喜喜地去云南旅游。到了昆明后,和他们一起出发的几名游客接连遭遇拼团,最终,旅行团成了一个"大联盟"——来自河南、江苏、安徽等多个省市不同旅行团的游客们莫名其妙地成了同游者。由于来自不同地方的游客常常提出不同的旅游要求,这个人数众多的旅行团在游玩过程中始终矛盾不断。

　　服务委托须征得旅游者的同意。组团社将接待服务委托给其他旅行社,是旅游业的普遍做法。但交接过程不能以损害游客的权益为代价。对此,新《条例》明确规定,组团社需要将接待服务委托给其他旅行社的,必须征得旅游者的同意。在进行委托时,应当选择具有相应资质的旅行社,并签订委托合同,明确接待旅游者的各项服务安排及标准,约定委托双方的权利、义务。接受委托的旅行社违约,造成旅游者合法权益受到损害的,做出委托的旅行社应当承担相应的赔偿责任。做出委托的旅行社赔偿后,可以向接受委托的旅行社追偿。但是,接受委托的旅行社因故意或者重大过失造成旅游者合法权益损害的,应当与做出委托的旅行社一同对旅游者承担连带责任。

[亮点五]

　　游客信息,不得随意泄露。近年来,旅游部门接到游客有关旅行社向不法商家、机构泄露自己手机号码、身份证号码、家庭住址等个人信息的投诉越来越多。

　　前不久,有位钱先生打来电话反映:有位保险公司的推销员白天黑夜打他的手机推销保险,弄得他无法正常工作休息、家庭不和。经多方打听,得知保险推销员是从某旅行社那里拿到他的电话号码的。

　　新《条例》规定,旅行社不得向其他经营者或者个人泄露旅游者因签订旅游合同提供的个人信息;超过保存期限的旅游者个人信息资料,应当妥善销毁。违反有关规定的旅行社将被没收违法所得,处违法所得3倍以下最高不超过3万元罚款;没有违法所得的,处1万元以下罚款。

[亮点六]

　　三年未被处罚保证金退一半。新《条例》在旅行社准入条件上没有强行规定,但旅行社在取得旅行社业务经营许可证之日起3个工作日内存入质量保证金。质保金金额为20万元(国内、入境)或140万元(国内、出境、入境),比老《条例》的10万元(国内)、60万元(入境)、100万元(出境)整体有所减少。质保金不再缴给旅游行政主管部门,而是向质量保证金专门账户存入现金或向旅游行政管理部门提交银行担保。也就是说,只要有银行担保,旅行社可以不用缴纳质保金。

实行质保金动态管理。新《条例》实行质保金动态管理机制,旅行社3年内未受到行政机关罚款以上处罚的,质量保证金的缴存数额会降低50%。这是比较人性化的规定,也会激励旅行社将服务做得更好。

[亮点七]

"出境社"可委托普通旅行社宣传。新《条例》实施后,旅行社再无以前的国际社和国内社之分,所有的旅行社都可以经营国内游和入境游业务,但如果要经营出境游业务,必须有服务质量上的条件以及多加120万元的质量保证金。旅行社可以在其业务经营范围内,委托其他旅行社代理招徕国内旅游、出境旅游(不含赴台湾地区旅游)和边境旅游的旅游者。做出委托的旅行社为组团社,接受委托的旅行社为代理社。

新《条例》开始实施后,有经营出境游业务资质的旅行社可以委托普通旅行社以及酒店等机构帮忙宣传、招徕,但组团必须由"出境社"来做,普通旅行社则不能自己操作。当然,委托关系必须保证游客的知情权。一旦旅游发生问题,游客起诉的是组团社,并非"招徕社"。旅行社可以在其业务经营范围内,委托其他旅行社代理招徕国内旅游、出境旅游(不含赴台湾地区旅游)和边境旅游的旅游者。

组团社可以将下列事项委托给代理社:

(1) 招徕宣传;

(2) 为旅游者提供旅游行程咨询;

(3) 与旅游者签订旅游合同;

(4) 收取旅游费用;

(5) 向旅游者通知有关行程事项。

新《条例》还规定,游客一定要知道并同意地接社是哪家,一旦旅游出现问题,地接社负有连带责任。避免了旅行社"转卖"旅游团而造成服务质量差的事情发生。

项目小结

本项目主要阐述了旅行社的产生与发展、概念、性质、职能、业务、业务特点、类型以及中国旅行社行业的发展现状,使学生了解旅行社产生和发展的过程,中国旅行社行业的发展现状及趋势,掌握旅行社的定义、性质、职能、类型,熟悉旅行社的基本业务。

综合能力训练

······ 基本训练 ······

1. 托马斯·库克对旅行社行业有哪些贡献?
2. 旅行社的职能有哪些?
3. 旅行社有哪些基本业务?
4. 中国旅行社行业的发展趋势如何?

••••• ••••• ••••• 技能训练 ••••• ••••• •••••

1. 实训目的:熟悉旅行社的业务。
2. 实训内容:在实习指导教师的带领下,走访当地一家旅行社集团,调查该旅行社集团业务的运作方式。
3. 实训要求:实训完成后,根据实训情况撰写实训报告。

项目二 旅行社组织

📖 学习目标

知识目标：1. 通过本项目的学习,熟悉旅行社设立的条件和程序。
2. 了解旅行社组织机构的设计。
3. 了解旅行社对分支机构的管理。
4. 掌握旅行社门市部的选址、选员工和日常管理的操作流程以及被委托业务的操作等。
5. 了解旅行社经营的战略管理。

能力目标：1. 加深对旅行社的了解和认识。
2. 清楚明确旅行社从设立所涉及的各个因素,到与其相关的各个联系机构组织管理的操作流程。
3. 熟悉旅行社的各种业务和经营战略。

技能目标：能根据设立旅行社及其相关组织机构的条件与程序,具备相应的设立机构的能力;并能按照一定规章原则管理门市部、分支机构的日常事务;能运用正确的战略决策管理旅行社。

🌐 案例导入

据新华网报道,新的《旅行社条例》颁布后,天马假期国际旅行社河北分社在省会石家庄成立,随后也推出了更多的美国、俄罗斯、中东等地的旅游线路,这意味着今后河北省省内游客赴美国、俄罗斯、中东旅游将更加便利。

据了解,根据新实施的《旅行社条例》,旅行社分社的设立不再受地域限制,分社的经营范围与设立分社的旅行社经营范围相同。天马假期国际旅行社河北分社是新《旅行社条例》实施后,第一家在石家庄成立的出境旅行社。至此,在石家庄市经营出境旅游业务的旅行社已达 13 家。天马假期国际旅行社是中国出境游十大批发商之一,主力旅游产品为美国游、俄罗斯游、中东游等。其河北分社的成立,将给河北旅游市场带来更加丰富多彩的旅游线路。

任务一 旅行社的设立

一、旅行社的设立条件

（一）营业场所

为了经营旅游业务,旅行社必须拥有与其旅游业务规模相适应的固定营业场所。所谓"固定营业场所",是指在较长的一段时间里能为旅行社所拥有或使用,而不是短期内频繁变动的营业场所。旅行社营业场所既可以是旅行社自己拥有的固定资产,又可以是旅行社从其他单位租用的营业用房。申请者拥有产权的营业用房,或者申请者租用的、租期不少于1年的营业用房,营业用房应当满足申请者业务经营的需要。

(二) 营业设施

设立国内旅行社,必须拥有两部以上的直线固定电话、传真机、复印机,具备与旅游行政管理部门及其他旅游经营者联网条件的计算机等办公设备。这四种办公设备是旅行社开展旅游业务经营活动所必需的基本条件,没有这些现代化的办公设备,旅行社难以在竞争日益激烈的市场条件下生存下去。

(三) 资金筹措

资金筹措是旅行社可以自行控制的最主要和最关键的内部条件。在外部条件许可的前提下,要开设一家旅行社,首先要面临的就是资金问题。《旅行社条例》对旅行社的注册资本最低限额提出了具体的要求——不少于30万元的注册资金。在许多情况下,这一数额未必一定能满足旅行社业务发展的需要,这就要求各旅行社根据自己的实际情况确定自己的资金需要量,并通过多种渠道筹措资金。资金筹措的渠道主要有自有资金、合股资金和银行贷款三种。

(四) 客源渠道

客源是旅行社的生命线,客源组织情况将最终决定旅行社的经营情况。在外部条件具备之后,旅行社能够通过建立行之有效的销售网络,保证旅行社客源的稳定性,是旅行社应该努力营造的软环境。

(五) 协作网络

在旅游业发展水平较高的情况下,旅行社能否联络到各有关部门和行业,形成能为旅游者提供相关服务的网络,也是旅行社能否顺利运营的关键因素。

二、旅行社的设立程序

(一) 准备阶段

申请设立旅行社,经营国内旅游业务和入境旅游业务的,应当向所在地省、自治区、直辖市旅游行政管理部门或者其委托的设区的市级旅游行政管理部门提出申请。为了能够顺利地办理设立旅行社的申办手续,申请人应当准备好申办过程中所需的各种文件和证明材料。

1. 设立申请书

申请书内容包括申请设立的旅行社的中英文名称以及英文缩写、设立地址、企业形式、出资人、出资额和出资方式、申请人、受理申请部门的全称、申请书名称和申请的时间。

2. 可行性研究报告

可行性研究报告是申请设立旅行社的重要文件,反映了申办人对旅游市场情况、自身实力、旅行社发展前景等情况的预测和估计。申办人应在可行性研究报告中重点说明:

（1）全面分析和评估所申请设立旅行社的市场条件、资金条件和人力条件；

（2）具体说明该旅行社客源市场或潜在客源市场、现有资金或筹措资金能力；

（3）证明旅行社已经达到国家对旅行社在管理人员及相关专业人员数量和职业资格方面的规定和要求。

3. 旅行社章程

（1）普通旅行社。

普通旅行社是指非股份制旅行社,其章程主要包括:

① 旅行社的经营范围、旅行社的设立方式和经营方式；

② 旅行社的经营性质、注册资金数额及其来源；

③ 旅行社的组织机构及其职权；

④ 法定代表人产生的程序和职权范围；

⑤ 财务管理制度和利润分配方式；

⑥ 劳动用工制度；

⑦ 章程修改程序和终止程序。

（2）股份制旅行社。

① 旅行社注册资本、股份总数和每股金额；

② 股东名称、认购股份数、权利和义务；

③ 董事会的组成、职权、任期和议事规则；

④ 利润分配方法；

⑤ 旅行社解散事由与清算办法；

⑥ 通知和通告办法。

4. 法定代表人及相关人员履历表及身份证明

申办人在申请设立旅行社时,应提交旅行社经理、副经理、部门经理、财务人员等的履历表及相关的职业资格证书。

5. 验资证明

（1）验资方式。

旅行社应通过下列三种方式之一进行验资:

① 银行；

② 会计师事务所；

③ 审计师事务所。

（2）验资程序。

① 旅行社申办人将货币资金汇入有关银行、会计师事务所或审计师事务所所指定的账户上；

② 由该机构出具书面的验资证明及资本金入账凭证的复印件或验资报告；

③ 申办人将验资证明或验资报告送交受理申请的旅游行政管理部门。

6. 经营场所证明

旅行社应向旅游行政管理部门提交旅行社营业场所的产权证明或租赁期限在一年以上（含一年）的租房协议。

7. 经营设备情况证明

旅行社应提供属于其自有资产的经营设备证明，包括投资部门出具的经营设备使用证明或商业部门开具并具有申办人或该旅行社名称的发票、收据。其中，国际旅行社需提供：传真机、直线电话机、电子计算机和业务用汽车等经营设备的证明；国内旅行社需提供：传真机、直线电话机、电子计算机等经营设备的证明。

8. 工商行政管理部门出具的《企业名称预先核准通知书》

省级旅游行政管理部门可以委托设区的市（含州、盟，下同）级旅游行政管理部门，受理当事人的申请并做出许可或者不予许可的决定。受理申请的旅游行政管理部门可以对申请人的经营场所、营业设施、设备进行现场检查，或者委托下级旅游行政管理部门检查。

受理申请的旅游行政管理部门应当自受理申请之日起20个工作日内做出许可或者不予许可的决定。予以许可的，向申请人颁发旅行社业务经营许可证，申请人持旅行社业务经营许可证向工商行政管理部门办理设立登记；不予许可的，书面通知申请人并说明理由。

旅行社取得经营许可满两年，且未因侵害旅游者合法权益受到行政机关罚款以上处罚的，可以申请经营出境旅游业务。

旅行社申请出境旅游业务的，应当向国务院旅游行政主管部门提交原许可的旅游行政管理部门出具的、证明其经营旅行社业务满两年，且连续两年未因侵害旅游者合法权益受到行政机关罚款以上处罚的文件。

旅行社取得出境旅游经营业务许可的，由国务院旅游行政主管部门换发旅行社业务经营许可证。旅行社持旅行社业务经营许可证向工商行政管理部门办理经营范围变更登记。

国务院旅游行政主管部门可以委托省级旅游行政管理部门受理旅行社经营出境旅游业务的申请，并做出许可或者不予许可的决定。旅行社申请经营边境旅游业务的，适用《边境旅游暂行管理办法》的规定。旅行社申请经营赴台湾地区旅游业务的，适用《大陆居民赴台湾地区旅游管理办法》的规定。

（二）旅行社经营许可审批

根据《旅行社条例》，旅行社申办人应将设立申请书及其他相关文件、证明材料呈交具有审批权的省、自治区、直辖市旅游行政管理部门，并由该旅游行政管理部门审核批准。根据《旅行社条例实施细则》，省、自治区、直辖市旅游行政管理部门将审批设立国内旅行社的权利授权或委托给地、市旅游行政管理部门，则应直接向被授权或委托的地、市旅游行政管理部门提出申请，并由该部门做出审核批准。

(三) 办理工商注册登记

旅游行政管理部门审核批准旅行社的设立申请后,旅行社的申办人应在60个工作日内持旅游行政管理部门的批准文件及《旅行社业务经营许可证》,向工商行政管理部门申请领取营业执照,办理登记注册手续。工商行政管理机关收到申办人提交的全部文件后,进行登记注册,并应在30个工作日内做出核准登记或不予核准登记的决定。经核准登记的,工商行政管理部门发给旅行社《企业法人营业执照》或《营业执照》。

(四) 办理税务登记

旅行社在领取营业执照后30个工作日内,持《营业执照》《旅行社业务经营许可证》、旅行社章程和协议书、旅行社银行账号证明、申办人居民身份证及税务机关要求提供的其他有关证件和材料向当地税务部门办理开业税务登记,申请税务执照。税务机关应自收到申报材料之日起30个工作日内审核完毕,并对符合规定条件的旅行社予以登记,核发税务登记证或注册税务登记证。

税务登记结束后,旅行社即可依据营业执照刻制公章、开立银行账户、申领发票。至此,旅行社正式成立,并可签订合同,进行经营旅游业务的活动。

任务二 旅行社组织结构设计

一、影响旅行社组织结构设计的因素

任何一个组织的管理都有一个共同点,即一旦该组织成立而且其目标得以确立,就要通过设计任务结构和权力关系来协调各方面人员的行动,以确保组织目标的实现,这就是组织设计。组织设计属于管理中的组织职能。影响旅行社组织结构设计的因素是多方面的,主要包括以下几个方面。

(一) 旅行社业务的特点与生产的专业化程度

生产的"专业化"就是一个人或组织减少其生产活动中不同职能的操作的种类,或者说,将生产活动集中于较少的几种职能的操作上;而"分工"作为专业化生产的基础,则是指两个或两个以上的个人或组织,将原来一个人或组织生产活动中包含的不同职能的操作分开进行。专业化和分工越是发展,一个人或组织的生产活动越集中于更少的、不同职能的操作上。

生产专业化的优点在于:

(1) 使复杂的工作变得简单,有助于操作精度与速度的提高;在事业心、责任感的驱使下,成绩显而易见;

(2) 使每一个具体操作环节易于掌握;

(3) 便于对从事每一具体环节的人进行工作考核与业绩考评。

与此同时,生产专业化也存在有不足之处,主要表现在:

(1) 工作变成了简单机械的重复,容易使员工心理上过度放松,产生厌烦情绪;

(2) 从事具体环节工作的人,难以看到自己工作的完整意义,无法体验成就感,这样旅行社就难以激励员工上进;

(3) 旅行社的业务分工过细,造成旅行社部门之间交叉性的协调障碍,增加经营成本。旅行社通常以低于市场的价格,向住宿、交通和参观游览点等旅游服务供应商批量购买旅游者在旅行过程中所需的服务要素,并经过自己的组合加工,形成自己的最终产品,销售给旅游者。旅行社并不是其产品各主要"零部件"的生产者,而是采购者,是实现重新组合的"组装者"。这样,其工作负荷和工作重心与那些"零部件"生产者就有所不同。在许多情况下,由一个人扮演"采购者""组装者"和"销售者"三种角色是可能的。即一个人或一个部门负责对外销售、采购和接待等旅行社产品的整个生产与销售过程。这就要求旅行社在进行生产专业分工时,必须充分考虑旅行社业务的特点,避免人为地过度细化旅行社的专业分工,造成旅行社部门间不必要的协调障碍,导致经营成本的增加。

此外,旅行社工作的繁杂性和联系的广泛性,使得旅行社始终处于与其他部门错综复杂的关系之中。为保证合作关系的稳定与巩固,旅行社采取专人协调的做法显然具有很大的优势。

(二) 部门化的基础

部门化是对细分工作按照某种需要进行组织。古典管理理论中部门化具有以产业为中心的三种形式,即产品导向的部门化、顾客导向的部门化和地理位置导向的部门化。同时,部门化还具有以内部作业为基础的两种主要形式,即职能导向的部门化和生产过程导向的部门化。

产品导向的部门化是将企业生产的产品划分为几大类别,然后围绕产品进行各种职能活动。其特点是便于在工艺、组织和销售等方面发挥专业化的优势。

顾客导向的部门化,则是以其服务的顾客为基础进行部门划分。这样做便于企业对生产、需求和相应的配套服务实行有针对性的管理。

地理位置导向的部门化,是按其业务涉及的地点进行部门划分。这使得每一部门能对特定地区全面负责,便于活动的组织和区域市场的巩固与发展,有利于部门业务的总体策划,同时,也有利于部门发掘潜力,强化责任观念,并便于上级部门对该部门实施业务考核与管理,减少内部恶性竞争和管理、协调的难度。

职能导向的部门化,是以每个单位所进行的作业内容为划分部门的基础,对某一大项工作中有关联的几大环节分解后的结果;生产过程导向的部门化,是根据作业技术将工作进行分组。在工业企业中,这两种部门化的运作方法是有明显区别的,这主要是因为在工业企业中,技术与作业有较明显的区别。我国旅行社传统的部门化方法既含有职能导向的成分,又包括了生产过程导向的成分,但基本都属于以内部作业为基础的部门化形式。

(三)管理的跨度

管理跨度也是影响旅行社组织结构设计的因素之一。管理跨度通常是指一个管理人员所拥有的直接下属的数量。跨度小意味着直接下属的人数少,也意味着管理工作负荷量小;跨度大,则相反。在组织设计中,需要明确的关键是如何确定合适的管理跨度。这里所说的"合适",意指既能使管理工作易于进行,又利于专业化分工优势的发挥。要确定这样一个合适的标准,就要考虑不同组织的具体情况。

1. 管理工作的复杂度

管理工作的复杂度越高,需要投入的时间和精力就越多,则管理跨度就会相应变窄,反之则变宽。管理工作的复杂度与下属人员工作的不确定性有关,如果下属的工作是创新性极强的研究工作,复杂多变,需要与上级经常接触、反复磋商,这就需要上级主管投入很大的精力。如果下属的工作具有很大相似性,即使比较复杂,管理起来也不太困难,管理跨度则可以适当加宽。

2. 任务性质

一般而言,任务本身需要的协调与统筹工作量与管理跨度呈现反比关系。任务的难度与类型对管理跨度有一定的影响。如果任务比较复杂且需要很强的协调性,那样就需要缩小管理跨度。

3. 管理人员和员工的素质

管理人员和员工的素质都会对管理跨度造成影响。当工作人员素质较低时,管理跨度不宜过大;而当工作人员素质较高,工作自律性较强时,管理跨度即可放宽。管理人员的管理能力较强时,其管理跨度便可以适当扩大;相反,则应适当缩小。如果管理人员精力充沛,工作能力强,管理跨度宽些也是可以的;同样,如果员工的素质较高,能很好地领会领导的意图,这样的员工,多几个也不会增加管理难度。

(四)社会适应性

社会适应性指旅行社的组织结构设计应当与当地政治、经济及社会制度保持同步,同时为便于业务联系,旅行社的组织结构设计应与其他相关旅行社具有一定的相似性。

二、我国旅行社组织结构的设计

我国旅行社传统的组织结构模式是按内部生产过程进行的部门划分(见图2-1)。

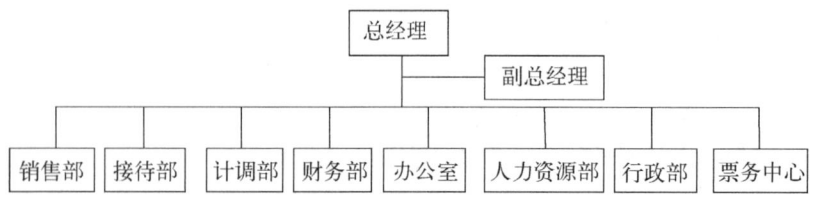

图2-1 我国旅行社现行常见组织结构设置

这种传统组织结构模式的运作机制有以下几方面具体特征。

（1）根据旅行社的业务特点，计调、销售、接待是一个密不可分的过程，高质量的旅游服务需要这三个环节之间的密切配合。然而在它们分别成为独立的部门之后，彼此之间的协调会因为部门界限的存在而发生困难，这种困难将因各部门规模的扩大而增加。各部门的职员也可能因为部门利益而忽视了企业的整体利益。不仅如此，在发生责任事故的时候，企业通常也因为这种密不可分的关系而难以追查责任承担者。与之相适应的，总经理对各部门的业绩考核也很难做到公正。

（2）传统模式下的外联、计调、接待和综合业务四部门之间往往存在职能的重复。例如，接待部通常是兼有外联和接待双重职能，计调部也具有外联的职能，综合业务部更是集外联、接待和后勤等业务于一身，故而被称为旅行社中的"小旅行社"。这说明我国旅行社传统的组织结构设置模式未能充分发挥组织的分工协作优势。

（3）卖方市场条件下产生的传统模式中，接待部门是旅行社的业务重心和利润指标的重头所在，因此使得接待部门在所有部门中居于突出而重要的地位，破坏了部门之间的平衡，不利于部门之间的协调。尤其对于像旅行社这样的企业，它必须依靠各服务环节的相互协调与配合提供服务和保证质量，任何环节的过度被重视都容易造成部门之间的不满与不合作情绪。

此外，在传统模式的组织结构中，大旅行社的外联部门与接待部门常相互对应地分市场设部，这也表明了旅行社按细分市场专业化设置部门的必然性。

与大旅行社的组织结构对应的，是我国的中小型旅行社普遍采取"一条龙"的部门设置方式，即从产品组织、外联采购到实际接待，所有业务均在一个部门内部，全过程部门设置方式在实际运作过程中又存在两种不同的模式。

1. 按市场划分部门

按市场划分部门的旅行社将外联、计调和接待三项主要业务按细分市场进行部门设置，在此基础上同时设置人事和财务两个职能部门，具体形式如图2-2所示。

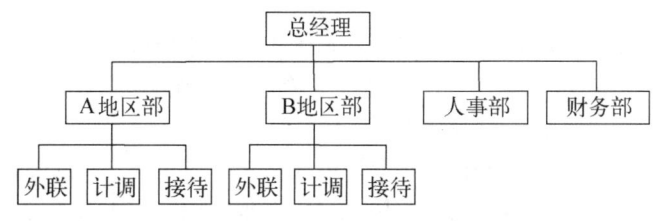

图2-2 按市场划分的中国中小型旅行社组织结构示意图

2. 混合设置部门

混合设置部门的旅行社没有考虑市场分工情况，而是混合设置旅游业务一部、二部、三部等，其组织结构形式如图2-3所示。

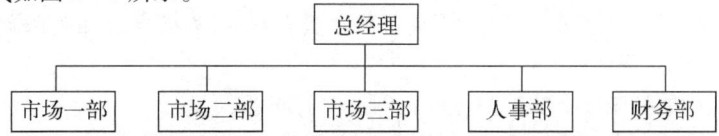

图2-3 混合设置部门的中国中小型旅行社组织结构示意图

上述"一条龙"部门设置中按市场设置部门的优点主要在于三项主要业务之间的协调因内部化而容易达到,利润责任下放,按细分市场实现专业化,部门间有相互竞争的动力等。其缺点在于增加了最高管理层对下属部门的控制难度,产生重复设置成本,失去批量优势,要求企业有更多的全面管理人才,部门间的竞争过度会破坏企业的整体性等。

具体地说,由于外联、计调、接待三项业务均在部门内进行,因此彼此之间的协调配合等于是从传统模式下的部门间转为部门内,这样协调要容易得多,这是按市场设置部门的突出优点。当然,这种组织结构仍然存在着部门之间的协调需要,只是在这种结构下部门之间的协调要少得多,所以不会成为重大问题。而且,这种设置使得各个细分市场部门能够成为相对独立的利润中心,既可减轻总经理的利润责任,又有利于对他们进行较为公正的业绩考核与奖惩。部门间不平衡问题仍会不可避免,不过此时可以较客观公正地考核各部门的工作努力与其利润贡献之间的关系,而且部门的重要性不再完全由工作的重要性决定,还可以通过部门内员工的努力而得到改善。按市场设置部门还因为会在企业内部形成可比较的部门,从而有助于在各个细分市场部门之间形成竞争的动力。

任务三 旅行社分支机构的管理

一、设立分支机构的条件与程序

旅行社根据业务经营和发展的需要,可以设立非法人分社和门市(包括营业部)的分支机构。依照中国法律规定,只有年接待人数超过 10 万人次的旅行社才能设立不具备独立法人资格、以设立社名义开展旅游业务经营活动的分支机构,具体设立程序如下。

(1)向原审批的旅游行政管理部门办理核准该旅行社每年接待旅游者达 10 万人次以上的证明文件。

(2)按条例规定数额到设立地有质量保证金管理权的旅游行政管理部门缴纳质量保证金。国际旅行社每设立一个分社,应当增缴质量保证金 30 万元;国内旅行社每增设一个分社,应当增缴质量保证金 5 万元。

(3)到原审批的旅游行政管理部门领取许可证。

(4)凭证明文件和许可证到工商行政管理部门办理登记注册手续。此外,国际旅行社每增设一个分社,应增加注册资本 75 万元;国内旅行社每增加一个分社,应增加注册资本 5 万元。

(5)旅行社应当在办理完分社登记手续之日起的 30 个工作日内,报其主管的旅游行政管理部门和分社所在地旅游行政管理部门备案。

此外,旅行社还可以根据业务发展需要设立门市部。旅行社门市部是指旅行社在注册地的市、县行政区以内(不准在区外)设立的不具备独立法人资格,为设立分社招徕游客并提供咨询、宣传的分支机构,设立程序如下:

(1)征得拟设地县级以上的旅游行政管理部门的同意;

(2)在办理完工商登记注册手续后的 30 个工作日内,报原审批的旅游行政管理部门、主管的旅游行政管理部门和门市部所在地的旅游管理部门备案。

二、通过设立分支机构实现旅行社网络化经营

旅行社网络化经营是指旅行社将经营点建成网络状分布的经营方式，也就是最大化发挥分支机构和门市的规模和辐射作用。这种经营方式在旅游业发达国家的旅行社已经得到广泛运用，他们利用城市中发达的信息技术和先进的通信手段，广泛设立旅行社的营业网点（包括代理机构），占据区域性的市场，利用营业网点的辐射能力，方便、快捷地为旅游者提供服务，最大限度地招徕客源。

中国很多旅行社不注重网点的布置，只有一个营业点的单体旅行社在数量上占绝对优势。目前形成的网络多是区域性的或局部网络，这和中国旅行社的规模现状直接相关。在卖方市场，旅行社可以选择旅游者，因而可以适当地减少营业网点的数目。但是随着旅游市场的稳步发展，进入买方市场后，旅游者开始挑选旅行社，营业网点数量不足将严重地影响旅行社业务的开展和业务量的扩大。

20 世纪 90 年代初期，部分旅行社尝试着将旅行社的营业网点布置到中高收入的居民区、商业区、超市、车站、码头等客源集中的地区。旅游者可以在较近的销售点咨询和预订旅游服务。比较典型的是上海春秋国际旅行社的网点布置，使各个销售网点连成一个整体，具有规模效益。整体统一开发旅游产品、统一促销、统一加工、统一采购、统一接待，形成了强有力的组团、接团、集中采购和品牌优势，从而最大限度地降低了旅游运作成本，充分发挥品牌效益，尽可能地接近目标市场，提高了旅行社的竞争能力，客观上促进了中国旅行社管理水平的提高。

 阅读材料

上海春秋国际旅行社分支机构的布局

上海春秋国际旅行社通过网络实现总社与遍布各地之间分社的协作，经营上首先实现了全国范围内的联网，由总社对分社和销售点实施统一管理和协调。该网络设一级网站（中心旅游城市分设网站）、二级网站（分设销售点网页），覆盖全国主要旅游城市，在华东地区更是龙头老大。网络内容涉及旅游的各个方面，如旅游路线、包价、订房、订餐、订票、订车等。操作时，顾客只需通过旅行社服务价格、费用一目了然，真正实现了对分社的销售点统一控制，降低了通信费用和运营成本，完成在"春秋"内部的网络经营。

三、对相关机构的管理

（一）与导游公司的合作管理

导游公司对于旅行社而言既是合作者，又可能成为竞争者。如果导游公司只从事导游培养和提供服务，两者是合作关系；如果导游公司业务向消费者延伸，向散客提供全程服务，在一定意义上就成为旅行社的竞争者。导游职业本身的客观性质决定了它具有自由职业者的特点，现在很多导游基本上处于半自由职业化的状态，导游自由职业化将成为未来发展的趋势。导游协会

和导游公司将成为导游管理的部门,两者之间既合作又竞争的关系使得旅行社对导游公司的管理难度加大。合理处理两者之间利益分配关系是合作的基础。

(二) 与保险公司的合作管理

旅游保险是指对旅游团(者)在旅游过程中因发生各种意外事故造成经济损失或者人身伤害时给予经济补偿的一种制度,它有利于旅行社减少因灾害、事故造成的损失。总体而言,旅行社是高风险的企业,责任风险巨大,面临的风险多数是可以管理的风险——可以预测和控制的风险。但是目前中国旅游险种有限,保险公司操作规范有待完善,加之旅行社缺乏风险管理的机构和人员,员工风险管理意识淡薄,这些因素综合作用的结果使得许多可以预测和控制的风险也时有发生。

鉴于此,旅行社应当树立员工的风险意识,培训理赔常识,在内部设立风险管理组织或专人负责与保险公司进行合作,掌握相关风险估测和评价技术,熟悉保险公司业务流程和有关规定,对保险公司的工作进行协助并监测。

(三) 与广告公司的合作管理

同保险公司一样,广告业也属于拥有专业技能的行业。旅行社可以根据需要建立广告的档案,记录有关广告公司与旅行社合作的情况和效果,并熟悉不同广告公司和业内信誉、收费标准、专业方向和工作效率等。大型促销活动应当采取投标方式寻求合作伙伴。

任务四 旅行社门市部的管理

一、旅行社门市部的管理方法

(一) 制度管理

1. 旅行社门市部的性质

旅行社门市部是指旅行社设立的,为旅行社招徕旅游者,并以旅行社的名义与旅游者签订旅游合同的机构。旅行社对其设立的门市部负有管理职责并承担相应的法律责任。

2. 旅行社门市部的区域范围

旅行社设立门市部的区域范围,应当在旅行社所在地的行政区划分区域内,不得在该区域范围外设立门市部。

3. 规章制度的建立

旅行社应当建立和完善门市部管理的规章制度，切实加强门市部管理，确保门市部依法从事经营活动。此外，旅行社还应加强对门市部的管理，实行统一管理、统一财务、统一招徕和统一咨询服务规范。

4. 旅行社门市部的财务管理

门市部须使用旅行社统一的税务发票、收据和旅游合同。旅行社须对所属门市部所使用的发票、收据、旅游合同、印章等进行统一管理。团款结算应由旅行社财务部门统一负责。

（二）运营管理

1. 旅行社门市部的业务范围

旅行社的门市部在设立社的经营业务范围内，为旅行社组织招徕旅游者，并向旅游者提供旅行社统一印制的旅游宣传资料。

旅行社门市部不得从事以下的业务范围：

（1）不得从事旅行社经营范围以外的招徕咨询活动；
（2）不得以门市部的名义制作发布旅行社业务广告；
（3）不得为该旅行社以外的其他旅行社招徕游客；
（4）不得采取变相承包、挂靠经营等形式非法转让旅行社业务经营权；
（5）不得设置计调、导游、领队岗位；
（6）不得以门市部名义聘用、委派导游人员运作旅游团队；
（7）不得自行发布旅游广告；
（8）不得以门市部的名义与旅游者签订旅游合同或协议书；
（9）不得以门市部的名义与旅游饭店、旅游车船公司、旅游景区（点）、旅游购物点等经营单位以及其他旅行社开展业务活动。

2. 旅行社门市部的投诉管理

旅行社门市部接到游客投诉后应向旅行社汇报，并由旅行社协调处理。过后，旅行社门市部的负责人或接待人员应及时将旅行社的投诉处理意见通知给游客。

二、旅行社门市部的选址原则

旅行社门市部的设立需要考虑选址，选址应该遵循以下原则。

（一）靠近目标市场

旅行社在选择门市部地点时应该首先考虑其产品的目标市场，并根据其产品的目标市场来设立门市柜台。例如，以过往客人作为主要目标市场的旅行社应该在飞机场、火车站、长途汽车站、客运码头等处设立门市柜台;以商务游客为主要目标市场的旅行社,宜把门市柜台设在商务饭店内或附近地区;以当地居民为主要目标市场的,旅行社可以把门市部建立在人口稠密的居民区等。总之,门市部的选址不可距离其目标市场所在地方太远。

(二) 方便顾客

方便顾客是旅行社选择门市部地点时需要考虑的第二个因素。一般来说,旅游者很少愿意到距离自己居住场所或工作单位较远的旅行社门市部进行旅游咨询,他们也不愿意为了解旅行社产品而耽误时间。因此,旅行社在设立门市部时,就应该选择商业区、居民区、机关企业等人流较为集中的地方,而且一般都选择临街的门面房或楼房的一楼。旅行社很少会将门市部设在闹市区或商场里,因为那里人群的流动速度太快,不利于旅游者停下脚步寻找旅行社的门市部。如果旅行社将门市部设在饭店里,应该选择在前厅比较显眼的地方,最好能够有临街单独出入的门,以方便旅游者进出。

(三) 位置醒目

旅行社在选择门市部地点时,还要考虑所选择的地点是否容易被旅游者找到。通常,旅行社会把门市部设在主要交通干线上,而不会设在偏僻的小巷子里。即使是在交通干线上,也要选择适当的位置,挂起醒目的招牌或是引路指示牌,使旅游者能够从较远的地方清楚地看到。

(四) 相对集中

由于地处同行相对集中的地区,旅行社门市部可以借鉴同行的经营经验,变压力为动力,促使旅行社在改善产品质量、降低经营成本、提高服务水平等方面下功夫,以吸引更多的旅游者。同时,旅行社相对集中的地区本身就是吸引旅游者前来咨询和购买旅行社产品的一个重要因素。

三、旅行社门市部的人员素质

(一) 熟悉散客旅游产品知识

门市部接待人员的岗位职责就是向到访的旅游者介绍旅行社的各种旅游产品,因此必须要熟悉产品的内容、什么时候以什么价格获得这些散客旅游产品。另外,门市部接待人员还应该能够准确判断各种散客旅游产品的质量,并能够清楚地了解产品的哪些特色能满足旅游者的需求。为了做好这项工作,门市部接待人员必须做到以下两点。

1. 熟悉主要旅游目的地的有关情况

(1) 主要旅游景点的名称、坐落地点、门票价格、开放时间;
(2) 饭店、旅馆、餐馆、市内交通等旅游服务设施的类型、价格;

（3）抵离目的地的交通工具类型、价格和有关订票、乘坐、行李等方面的规定；
（4）旅游目的地国家或地方政府的有关法律、法规、政策；
（5）旅游目的地的民俗风情、当地居民的生活习惯、宗教信仰和对外来旅游者的态度；
（6）旅游目的地的主要接待旅行社情况，如拥有哪些语种的导游员、接待散客旅游者的基本价格、能够提供的散客旅游活动项目等。

2. 掌握本旅行社的主要散客旅游产品情况
（1）散客旅游产品的种类、价格；
（2）办理单项旅游服务的手续、费用；
（3）提供选择性旅游活动的内容、价格、出发日期和时间；
（4）本地区旅游服务设施的基本概况，如饭店客房价格、地方风味餐馆的菜肴特点和价格、市内交通的主要运输工具种类和票价等；
（5）本地区主要旅游景点情况，如坐落地点、开放时间、主要特色、门票价格等；
（6）本地区主要娱乐场所、购物商店情况等。

（二）善于推介散客旅游产品

门市部接待人员必须具备较强的产品推销能力，在旅游者的咨询过程中，要积极主动向旅游者介绍本旅行社的散客旅游产品。在提供咨询服务时，接待人员应该做到以下几点。

1. 热情接待，微笑服务

旅行社作为一个服务行业，要求每个员工必须对客人主动热情。特别是门市部人员，即使业务能力很强，但坐在门市冷若冰霜或呆头呆脑，都是对公司形象的一种破坏。门市部人员要性格外向，热情主动，真诚待客，微笑服务，决不能冷落任何一位进入门市部的客人。即使客人未表示要购买本旅行社产品的意向，仍要热情对待，不能流露出不满的情绪。

2. 注意倾听，耐心回答

运用所掌握的业务知识，耐心认真地回答客人的提问。有时客人的提问非常幼稚或者对一个简单的问题刨根问底，又或者在做决定时犹豫不决。这时，门市部接待人员必须保持不急躁和耐心的态度，绝不能表现出任何不耐烦情绪，或者对客人的咨询爱理不理，敷衍了事。

3. 了解需求，因势利导

门市部接待人员必须能够深刻地理解散客旅游者的需求，根据客人的具体情况，如年龄、职业、喜好等因素，因势利导地向其推荐本旅行社的散客旅游产品。能够从旅游者的回答中抓住问题的实质，发现散客旅游者的真正旅游需求。当客人流露出购买某种旅游产品的意愿时，要积极引导其做出购买的决定。

4. 加强沟通，细心接待

首先，门市部是一个对客沟通部门，因此要求门市部接待人员要有良好的沟通能力和沟通技巧。良好的语言表达能力是沟通的基本要求，不仅在面对面的咨询中需要，而且在接听客人的咨询电话时也需要。其次，门市部工作是团队操作的前奏，粗心可能会导致业务做团、导游带团出现一系列的错误。因此，门市部接待人员的细心必须在以下几个环节充分体现：一是客人的特殊要求，二是客人名单和证件，三是客人联系电话，四是收费。

 案例

李先生放假准备出去旅游一趟,走进一个旅行社门市部,发现整个旅行社的人员都在忙着操作计算机,过了许久都没人理睬他。他自己从架子上拿下一份宣传资料看了一会儿,被资料上的"昆大丽双飞五日游"吸引住了。李先生正想去询问,门市部接待人员冷丁不丁地说了句"这条线路很贵的"。听了这句话,李先生顿时觉得自己受到了很大的侮辱,和门市部接待人员吵了一架,最后李先生向旅行社进行投诉。

在这个案例中,旅行社门市部接待人员哪里做得不合理?正确的做法应该是什么?

分析:

旅行社门市部接待人员的服务是顾客对旅行社服务质量的第一印象,是公司销售产品的关键环节,因此在服务接待工作中,门市部接待人员应该严格遵守前台接待礼仪,专业地为客人介绍产品,时时体现出"一切为了顾客",使游客心情愉悦地接受本社产品。

任务五 旅行社委托业务的管理

单项委托服务也称委托代办服务,是指旅行社根据旅游者的需求所提供的单一服务项目的有偿服务。旅游者需求的多样性,决定了旅行社单项服务内容的广泛性,但常规性的服务项目主要包括导游服务,抵离接送,代订饭店,代办行李托运,代租汽车,代订、代购、代确认交通票据,代办签证,代办旅游保险等。旅行社单项委托服务的对象除了以散客为主外,旅游团内个别旅游者有时也会要求提供接待计划以外的个别委托代办服务项目。

一、办理散客旅游者来本地旅游的委托业务

旅游者在外地委托当地的旅行社办理前来本地旅游的业务,并要求本地的旅行社提供该旅游者在本地旅游活动的接待或其他旅游服务。旅行社散客部工作人员应在接到外地旅行社的委托通知后,立即按照通知的要求办理旅游者所委托的有关服务项目。如果旅游者要求旅行社提供导游接待服务,散客部应及时委派本部门的导游员或通知接待部委派导游员前往旅游者抵达的地点接站,并提供相应的导游讲解服务和其他服务。

如果旅行社认为无法提供旅游者所委托的服务项目,应在接到外地旅行社委托后24小时内发出不能接受委托的通知。

二、办理散客旅游者赴外地旅游的委托业务

多数旅行社规定,散客旅游者应在离开本地前三天到旅行社办理赴外地旅游的委托申请手续。旅行社散客部在接到旅游者提出的委托申请后,必须耐心询问旅游者的旅游要求,认真检查旅游者的身份证件。如果旅游者委托他人代办委托手续,受托人必须在办理委托时出示委托人的委托信函及受托人的身份证件。

旅行社散客部人员在为旅游者办理赴外地旅游委托手续时,应根据旅游者的具体要求,逐项

填写《委托代办支付券》。填好后,散客部人员将《委托代办支付券》的第一联和第二联交给旅游者,将第三联和第四联留下。

旅游者在旅行社办理旅游委托后又要求取消或变更旅游委托时,应至少在出发前一天到旅行社办理取消或变更手续,交纳加急长途通信费并承担可能由此造成的损失。对于取消旅游委托的旅游者,旅行社经办人员应收回《委托代办支付券》,并将其存档。

三、办理散客旅游者在本地的单项旅游委托业务

有时候,散客旅游者在到达本地前并未办理任何旅游委托手续,只是当他到了本地后,由于某种需要到旅行社申请办理在本地的单项旅游委托手续。旅行社散客部人员在接待这些旅游者时,应首先问清旅游者的委托要求,并讲明旅行社所能提供的各项旅游服务项目及其收费。然后,根据旅游者的申请,向其提供相应的服务。如果旅游者委托旅行社提供导游服务,旅行社应在旅游者办妥委托手续并交纳费用后,及时通知接待部门委派导游员或委派本部门的导游员为旅游者服务。

任务六 旅行社经营战略管理

在旅行社管理中要时刻把握企业前进的方向,保证旅行社的发展导向符合时代与行业的要求。旅行社发展战略管理在旅行社经营管理中起着十分关键的作用。只有在正确战略决策基础上,旅行社的各项内部管理、智能管理才能够实现预期目标。

一、战略管理的概念与基本内容

所谓战略管理是对战略目标形成、战略对策的制定和战略方案实施的整个过程进行计划、组织、指挥、协调、控制的活动。它大致可以分为战略制定和战略实施两个阶段。

从20世纪60年代开始,战略管理的概念开始出现。此时战略管理的概念局限在制定战略规定本身,而对其实施工作却不够重视。20世纪70年代末80年代初,企业界开始认识到企业经营战略的制定仅仅是经营战略管理的一部分,战略实施比战略计划、战略方案设计更为重要。企业的最高决策层应该重视战略制定,更重视战略实施。在战略制定方面,要注意战略的灵活性与适应性,使战略能够适应外界经营环境的变化,更具有实际价值;在战略实施方面要注意调整企业内部结构以适应战略的实施,从而最终实现战略目标。

在风云变化的市场竞争中,管理者必须要牢固把握企业的战略方向。经营战略正确与否,对企业经营成功与否至关重要。经营战略的成功是企业最大的成功,旅行社要谋求长期发展,就必须审时度势,准确把握未来发展趋势,制定出正确的经营战略。

经营战略是要解决对企业成败有长期的、决定性影响的和带方向性的重大问题。战略计划与长期计划有某些相同之处,但又不完全等于长期计划。第一,从时间上来看,二者都是具有一定的时间跨度,但战略计划的制定没有具体时域,也没有固定的制定程序;而长期计划的指定时

间是例行化的,并且有一定固定程序。第二,战略计划只是涉及企业发展方向的重大问题,如转变产品方向、开拓新市场、寻求新财源等,不涉及具体细节;而长期计划则同时具有详细内容。第三,战略计划是只由企业高层参与制定的,而长期计划的编制则是由各层管理人员参与。第四,战略计划的着眼点在外部环境的变化,根据外界环境提供的机会或挑战来确定企业的发展目标;而长期计划则着重于企业内部,强调使企业整体目标长期保持协调一致。

二、旅行社战略管理的作用

在旅行社中,战略管理的作用突出体现在以下几个方面。

(一) 有利于协调各部门之间、各种业务之间的关系

在旅行社内部存在许多业务或职能部门,各部门之间虽然存在共同利益,但由于各部门思考问题的角度不同,在现实中也存在着一些互相不理解、不配合的现象。由于旅游业的脆弱性,现在也有很多旅行社为降低经营风险而开展了多种经营,在这种情况下,各种业务之间也存在一个协调发展的关系。随着旅行社规模的扩大,多角度经营的情况会更加普遍。与这种多部门、多业务的共同存在相对应的是,旅行社的人力、物力、财力等资源都是有限的,旅行社管理者必须合理分配资源,以实现企业经营业绩的最优化。

(二) 有利于企业适应外界环境的变化

中国旅游业发展之初,旅行社受政府保护比较多,又处于计划经济体制的外界环境中,经历的外界经营环境变化相对有限。而在现在市场经济的社会中,各种变革都呈现出来前所未有的情况,政治、经济、社会方面的新问题与新现象层出不穷。中国加入世界贸易组织,与国际发展联结了起来,国际上的环境变化也将对旅行社产生巨大影响。

旅游业是一个受社会、政治、经济、军事、宗教等因素影响都较大的行业,外界环境的变化会使企业面对新的挑战,也可能为企业带来新的发展契机。因此,中国旅行社管理者必须要时时关注外界环境的变化,对未来做出预测,并及时做出战略部署。这样,才能保证企业成功地"抵挡风雨",并在机会到来时主动出击。

(三) 有利于满足市场日益变化的需求

随着中国社会经济的发展、人民生活水平的提高,国内旅游者的消费水平、消费结构以及对不同类型旅游产品的兴趣等都发生了巨大的变化。与此同时,经过中国旅游业多年的发展,曾经来华的外国旅游者的职业、年龄、消费结构也都发生了很大的变化。变化是永恒的,这种旅行社客源市场的变化将不断持续下去。

市场是旅行社生存的生命线。由于市场需求的变化,原本受欢迎的产品可能一下子就无人问津了。旅行社管理者必须要认清这种变化,树立忧患意识,不断分析市场变化,既着力于满足旅游者现实的旅游需要,又要针对其潜在需要进行产品开发的准备,以保证产品的长期销售。

（四）有利于增强企业竞争力

竞争是市场经济的本质之一。在中国，旅行社行业已成为低利润行业，业内竞争呈白热化状态。在激烈的竞争中，企业必须把握自身发展的方向，增强竞争力，在竞争中寻求有利地位。旅行社产品的差异性相对于其他产品比较小，而且容易模仿，这就使企业竞争在很多时候体现为价格竞争、服务竞争、品牌竞争。为提高竞争力，旅行社有必要从战略角度、长远发展角度重视提高服务水平，提高品牌知名度、美誉度，扩大客源规模。

（五）有利于企业适应新技术发展的要求

在当今社会中，技术对旅行社的经营管理乃至服务方式都产生了深远影响。计算机、网络已经成为旅行社业务运作与管理中不可或缺的重要工具。随着科学技术的飞速发展，科学技术转变为生产力的周期日益缩短，产品更新换代的速度大大加快。新技术的飞速发展使许多以前看来不可思议的事情变成了可能。新技术的发展促使企业管理者必须高瞻远瞩，树立发展战略观念，不断探索和预见未来技术发展可能带来的影响与挑战，做出正确的战略决策，引导企业发展方向。

（六）有利于促进旅行社的长期发展

旅行社经营管理的真正成功不是企业某一年赚了多少钱，而是在市场中树立了鲜明的品牌形象，具有无可替代的重要地位。这种成功应是旅行社职业经理人的追求。为了实现这一追求，旅行社管理者需要认真、审慎地决定企业发展战略。只有正确、负责的战略决策，加上旅行社管理者与员工共同的、长期的努力，才有可能使旅行社从一个高度迈上另一个高度，不断突破，长期发展。

三、旅行社战略管理的基本程序

旅行社进行战略管理大致需要经过以下程序：确定企业使命→制定发展方针→分析内外部因素→制定战略目标→确定战略重点→制定战略方案→战略方案的评价与决策→经营战略实施准备→经营战略实施推进→战略实施评审与控制。

（一）确定企业使命

企业使命是一个比较抽象的概念，它包括两项内容：其一是组织哲学，其二是组织宗旨。

组织哲学是一个组织为其经营活动方式所确定的价值观、信念和行为准则。一个成功的企业，必然有比较深厚的企业文化，而他们的企业文化中，必然有正确、坚强的信念。企业确立价值观，可以增强员工的心理归属感，增加企业凝聚力，促使员工朝一个方向团结奋斗。企业必须明确自身的价值观与信念,并将其作为企业一切活动的前提。旅行社行业是一个员工流动率相对较高的行业,这就意味着在旅行社中,组织哲学的作用更为重要。明确的组织哲学可以激励员工为企业目标而奋斗,培养员工对企业发展的信心,减少人才流失;同时,可以使新成员迅速了解企业精神的核心,更快进入角色。

所谓组织宗旨,是规定组织去执行或打算执行的活动,以及现在的或期望的组织类型。简单地说,组织宗旨首先要明确组织性质,然后确认所属行业,最后明确该组织在此行业内所处的地位或形象。旅行社可能将自己定位为向旅游者提供中介服务的企业,或是广义的旅游服务企业(涉及旅游活动各环节),或者是以旅游业为主导的综合性企业。不同的定位会使企业的服务范围、投资方向产生区别,从而导致发展方向迥异。确定组织宗旨还要明确企业的努力方向,如成为某地(范围可大可小,可能是某县、某市、全国,甚至是亚洲或全球)具有某一特征(如发展最快或规模最大或专业性最强或利润最高)的企业。这种对未来形象或地位的设计,会引起企业经营方针的变化。一个组织的宗旨需要在组织内部不断地加以确认。没有具体的组织宗旨,试图确定企业的目标与战略只能是纸上谈兵。同时,旅行社可以通过广告、企业简介、汇报交流、培训材料等进行宣传。

(二)制定发展方针

发展方针是企业根据既定的企业使命所确定的企业发展的总体方向。发展方针需要比较明确,不能模棱两可,但一般不涉及具体内容,通常只阐述一般性原则。发展方针应该是企业经过努力可以实现的,而不是空想。

(三)分析内外部因素

内部因素分析主要是分析旅行社自身的竞争优势、劣势、在行业中所处地位等。旅行社可以采用横向(与其他企业)、纵向(与历史水平)对比的方式,分析各项经营指标;也可采用自查、他查结合的方式对企业业务活动的效率与质量进行检查。内部因素分析可以使旅行社认清自己在市场中的位置,强化脆弱环节,选择竞争突破口,提高管理水平。

旅行社经营的外部环境比较复杂。总体而言,影响旅行社的外部因素主要有两大类:其一是对包括旅行社在内的任何企业都有影响的因素,如国家或地区的政治、经济政策,国际政治、外交关系等,由于旅游业的特点,旅行社比很多其他类型企业受此因素影响大;其二是只对本行业内的企业产生作用的因素,如行业性质、市场需求状况、竞争者状况等,这类因素对旅行社的作用更直接、更明显。

分析外部环境很重要的一点就是要分析市场状况。市场对旅行社至关重要。分析市场要素可以从市场类型、市场需求及其变化趋势、消费者行为等几个方面进行。对旅行社来说,尤其要重视对传统客源市场和目标市场的分析。

竞争状况分析应包括本地区市场中其他现有旅行社的规模、经营业绩,潜在竞争者的威胁,市场上现有本旅行社产品的替代品的价格、质量,旅行社产品购买者的讨价还价能力,旅游产品供应商的讨价还价能力。

（四）制定战略目标

企业使命在总体上明确了企业的经营业务、性质与发展方向，但其表述一般较为抽象，可操作性差。在旅行社战略管理过程中，还需要制定战略目标，以使企业使命更加明确化、具体化。

战略目标是企业在完成基本使命过程中所追求的最终结果。旅行社在分析市场状况、竞争者状况的基础上，根据自身优劣势制定发展战略目标。

战略目标的内容可以包括企业成长目标、收益性目标、社会性目标等，不论哪一类目标，都要具体、明确、具有可行性。为了便于管理与考核，战略目标一般应是量化的目标。

（五）确定战略重点

为了实现战略目标，企业需要从多方面进行努力。企业经营中有一些环节对目标实现极为重要，而且又是企业中较为薄弱的环节，这就是需要重点解决的；另一类要素虽然不是企业的薄弱环节，但是是企业的竞争优势所在或未来发展的重点，也是在企业战略计划的制定过程中尤其需要强调的。

（六）制定战略方案

在制定战略方案的过程中，旅行社管理者要对战略目标进行分解，依据战略重点对各种资源的匹配方案、战略步骤的选择等具体问题做出规划。战略决策者可以根据市场情况、企业资源状况制定出多种备选方案。

（七）战略方案的评价与决策

战略方案的评价要客观、公正，为了保证这一点，可以请旅行社之外的专家来进行。如果聘请专家，要注意在程序上做到严格保密。在对各种方案的利弊、可行性进行综合评价的基础之上，企业高层管理者要从中选择出一个最优方案，作为企业的最终战略计划。

一份完整的战略计划一般包括目标、实现手段、投入资源要素分析、日程进度、实施组织和预期结果等内容。

（八）经营战略实施准备

1. 计划上的准备

企业在实施战略前，要编制经营战略实施行动计划，明确由谁来执行计划以及如何成功实施战略。为了成功实施战略计划，需要企业员工在多环节、多层次上的努力，管理者对此要预先心中有数。

2. 组织上的准备

管理者要根据战略要求调整企业组织结构,避免部门间出现权责不清、扯皮、推诿等问题。同时,要重视战略计划实施关键岗位后备人才的培养。

3. 资源上的准备

旅行社管理者对旅行社的所有人力资源、资金、设备、设施进行统一调配,使其发挥最大效用。在此环节,旅行社还要根据战略目标及计划做出预算,并据此筹措资金。

(九)经营战略实施推进

经营战略实施推进是在经营战略实施的过程中,按照预先制订的战略计划向战略目标不断逼近的过程。经营战略实施推进的快慢决定企业能否最终实现战略目标。在这一环节,管理者要努力营造一个有利于战略计划实施的企业内外部环境,动员全体员工投入战略实施工作,并在实施过程中不断监督、管理、纠正员工工作,确保实现战略目标。为更好地实施战略,管理者要将战略计划与日常管理工作结合起来,对战略实施进行制度化管理。

(十)战略实施评审与控制

战略实施评审与控制是企业为了保证战略计划的有效实施,而对战略实施过程中采取的管理手段。战略实施评审与控制是一个动态的过程,由五个阶段组成:其一,确定经营战略计划的期望结果;其二,对战略计划的实施工作做出评价;其三,寻找期望结果与现实工作之间的差距;其四,针对差距确定改进措施;其五,改进战略实施活动。在战略实施过程中,战略实施评审与控制需要经常进行。只有这样,才能保证企业经营战略实施不会偏离方向,确保按计划完成目标。

四、旅行社战略管理的基本原则

(一)综合性原则

旅行社战略计划涉及企业内各部门、外部各方面,是一个总体性的计划,具有综合性的特点。在计划制订与实施过程中,都要牢固把握这一基本方针,时时注意各部门、各环节之间的协调配合,形成向企业战略目标前进的合力。

(二)灵活性原则

现代社会是一个充满了变革的社会。科学技术的发展、市场需求的改变、竞争条件的变化,甚至很多突发事件,都会对旅行社的战略计划产生影响。虽然在制订战略计划时,已经尽量去预见未来发展趋势,但人的智慧终究有限,面对众多不确定性,再高明的管理者也无法估计到一切变化因素。为了使战略计划具有长期指导意义,必须在制订战略计划时遵循灵活性原则,预留出一定的调整空间。

（三）前瞻性原则

战略管理计划是对未来发展的一种指导与规划。由于其是相当一段时间内企业发展的根本性计划，所以就应该对未来进行合理预测，才能对企业发展具有真正的指导意义。

（四）长期性原则

战略计划规定的是较长期的发展计划。战略计划的实现绝对不是一蹴而就的，而是需要旅行社全体员工长期的努力；战略管理的结果也不会像日常管理一样当年见效，而是长期显效。在这一过程中，由于时间较长，很多旅行社的管理人员可能发生变化，战略制定者与战略实施者不是同一批人，因此战略实施需要一批批企业管理者持续的努力。

项目小结

本项目以旅游业的发展进程和现状为基础，在对旅游组织有一个较为全面、客观的认识背景下，阐述了旅行社的设立和组织结构设计等要点，揭示了旅行社作为旅游企业产生的必要性和必然性。从现代公司理论的角度来阐述旅行社管理的基本要素与方法，引导掌握旅行社管理中的研究方法。通过学习本项目知识，学习者能够理论联系实际，对旅行社这一旅游企业类型以及当前旅行社管理中存在的主要问题有初步认识，以为以后各项目具体内容的展开和深入学习打下良好的基础。

综合能力训练

······ 基本训练 ······

1. 注册旅行社应具备什么条件？
2. 简述旅行社设立分支机构的条件和操作程序。
3. 面对日益激烈的市场竞争，如果作为所在社区的一家专业旅行社，你应该如何管理其相关机构？具体应该如何操作？
4. 战略管理对旅行社经营管理有哪些作用？
5. 旅行社应如何制订战略计划？

······ 技能训练 ······

1. 了解家乡的旅游发展状况，并根据所了解的情况为一家筹组中的旅行社拟定《可行性研究报告》，重点说明：

（1）所申请设立旅行社的市场条件：客源市场或潜在客源市场、资金条件和人力条件；

（2）所申请设立旅行社的资金条件：现有资金或筹措资金能力；

（3）所申请设立旅行社的人力条件：管理人员及相关专业人员的数量和职业资格方面的要求。

2. 到本地区一家旅行社实地参观,了解该旅行社的部门划分、部门职能和岗位设置,并画出该旅行社的组织结构图。

3. 到一家旅行社门市部,考察其选址情况和接待旅游者咨询的程序,从中发现一些合理的地方和需要改进的地方。

4. 模拟训练办理散客旅游者在本地的单项旅游委托业务。

项目三 旅行社促销

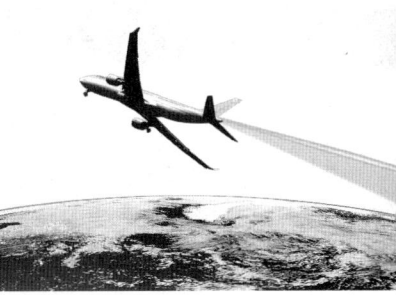

> **学习目标**
>
> 知识目标：1. 了解旅行社促销的基本概念和作用。
> 　　　　　2. 熟悉旅行社促销的阶段及主要任务。
> 　　　　　3. 掌握旅行社促销的工作流程。
> 能力目标：1. 拥有旅行社促销所需的信息搜集能力。
> 　　　　　2. 具备旅行社促销方案的写作能力。
> 　　　　　3. 锻炼旅行社促销的管理能力。
> 技能目标：1. 能运用广告促销、人员推销、营业推广、公共关系等方法进行旅行社促销。
> 　　　　　2. 能根据旅行社及顾客的具体情况进行促销方式的选择，形成促销策略。

> **案例导入**
>
> 　　每年年末岁初，是中国港澳地区及韩国、欧美等国家旅游促销力度最大的时间段。近日，记者走访宜宾多家旅行社获悉，受新《旅游法》明令禁止导游强制游客购物的影响，不少旅行社调整盈利新模式，主推自由行。
> 　　新《旅游法》出台后，自由行产品不受影响，在跟团游价格上涨的同时，主推自由行产品成了旅行社和游客的双赢法宝。某国际旅行社工作人员周航告诉记者："现在我们旅行社正在研究将旅游产品进行'拆零'处理，将整个行程中的住宿、交通、门票、当地游、接送机、签证等各个环节进行拆分，让客人自由组合，动态打包。时机成熟后，还将推出'半自助游'的旅游产品——与游客选中的目的地合作，让游客自由选择经典景点跟团，开拓半自助游产品市场。"

任务一　旅行社促销概述

　　由于我国旅行社行业发展起步较晚，市场机制不是很完善，行业管理也欠规范，因此，过去的旅行社产品促销特别依赖价格竞争。进入 21 世纪以后，随着我国旅游行业的不断发展，越来越多的旅行社开始注重研究旅游者的消费需求心理，对于不同消费者的兴趣、偏好、欲望等特定需求采取多种多样的促销策略，有针对性地与中间商和潜在旅游者进行信息沟通。新《旅游法》出台以后，旅行社促销也随之发生更多新的变化。

一、旅行社促销的概念和作用

　　旅行社促销是指旅行社为了鼓励消费者购买自己的旅游产品，利用各种方法与手段，通过各种渠道,将旅行社产品的有关信息及时传递给客源市场中间商和潜在的旅游消费者,从而促进旅游产品销售,实现旅游产品价值的过程。

促销的本质是信息沟通。具体来说,旅行社开展促销活动的作用包括:

(1) 向旅游者或旅游中间商传递产品信息;

(2) 向旅游者或旅游中间商强调本旅行社产品的特色,强化竞争优势;

(3) 向旅游者或中间商提供购买的优惠条件;

(4) 激发旅游者或中间商购买旅行社产品的欲望,引导旅游消费;

(5) 说服旅游者或中间商购买本旅行社的产品;

(6) 提高旅行社在市场上的知名度,提升品牌形象;

(7) 辅助分销商进行宣传推广。

二、旅行社产品促销的阶段及其主要任务

旅行社产品一般是由行、住、食、游、购、娱等要素组合而成,在现实生活中通常表现为一条条的旅游线路。因此,旅行社产品促销大体可分为三个阶段:市场开拓期、产品交易期和信誉巩固期。在不同阶段,旅行社的主要工作任务各有不同。

1. 市场开拓期

在市场开拓期,旅行社产品促销的主要任务是向中间商和潜在旅游者传递真实有效的旅游产品信息,实现良好的信息双向沟通。因此,外联促销人员就必须利用各种关系,通过各种渠道,想尽各种办法,采用各种手段,努力争取与客户交流感情,建立友谊,增加诚信,最后达成合作意向。为了达到信息传播效果的最优化,节省成本开支,旅行社需要针对不同的目标顾客群,根据其接受旅游产品信息的选择途径,全面评价各种信息传播工具,然后进行搭配,找出能够达到最佳效果的旅游产品促销组合。

2. 产品交易期

在产品交易期,旅行社产品促销的主要任务是制定合理的价格,让客户在满意的价格水平条件下与旅行社达成产品交易。为了促使旅行社产品销售成功,特别是在争取新客户的时候,应该实行薄利多销的促销策略,确定足以让对方心动的旅游产品价格。那么,在同等或者接近的质量保证前提下,消费者自然会选择费用最低的旅行社产品。当然,薄利多销并不等于恶性削价竞争,旅行社产品销售作为一种企业经营活动,其根本目的就是能够盈利。因此,在产品报价上采取"零团费"甚至"负团费"的做法是完全不可取的。

3. 信誉巩固期

在信誉巩固期,旅行社产品促销的主要任务是忠实履行旅游交易合同,确保旅游产品质量,搞好旅游接待服务,用诚信经营行为去赢得游客的满意度及良好的口碑,为企业培养大量忠诚顾客。作为组团社,在旅游活动结束后,需要特别重视消费者感受。假如游客提出问题,一定要及时进行沟通,给予圆满答复,并进行妥善处理,尽量避免游客投诉行为发生。作为地接社,必须珍惜促销成果,保证接待服务质量,为游客在整个旅游活动过程中提供至善尽美的优质服务。只有重视信誉的旅行社才能巩固促销成果,并进一步创造促销优势。

> **阅读材料**
>
> 随着三八妇女节的临近，旅游市场上也随即掀起了女性出游的热潮。记者从各大旅行社了解到，针对女性的旅游产品非常丰富，以赏花游、购物游为主，加上今年春季阴雨连绵，乍暖还寒，温泉游仍热度不减。而三八节前后，机票也打促销战，热门线路低至 2 折优惠。众多景区推出当日女性免票政策，同时，同程网还联合众景区推出特惠门票和买一赠一等活动。
>
> 根据同程网预订平台数据显示，三八节前后，已有不少游客开始预订赏花线路，自助游的游客也开始预订景点门票及附近酒店，为春游踏青赏花提前做好准备。杭州发出"婺源油菜花 2 日游"，打出了 200 元左右的特价；"首尔—济州 5 日游"，3 月份的价格更是低至 2000 元，预订比较火爆，成为热门的赏花线路。3 月也是冬春交替的季节，很多女性会借着三八节之际去港澳添置新衣、化妆品等，港澳购物游也成为热门线路。3 月份"港澳 5 日游"的报价在 1000 元左右，低于平日价格。由于今年的春天气温较低，三月份温泉游的热度仍旧不减，成为三八节短线出游的热门选择。

任务二　旅行社促销实施关键步骤

旅行社促销的目的就是通过与市场进行信息沟通，来引起消费者的购买兴趣，树立旅行社自身及其产品或者旅游目的地的良好形象，从而促进销售。其关键步骤如图 3-1 所示。

图 3-1　旅行社促销步骤

一、确定促销目标受众

促销的目标受众是指被挑选出来接受信息的人群，包括旅游产品或服务的潜在购买者、目前使用者以及某单位或企业的决策者和影响者，他们有可能是个人，也可能是组织。

确定促销的目标受众，首先要明确目标受众的范围，即要对哪些人群进行促销；其次要求旅行社了解促销对象的类型、需求特点和消费偏好，测定旅行社产品在目标受众心目中的形象，分析他们对产品的熟悉和喜爱程度等。只有针对不同的目标受众采用不同的促销信息、渠道、方式和媒体组合，才能达到促销效果。

二、明确促销目标

促销目标是指计划通过促销活动所要达到的效果。旅行社促销目标可分为直接目标和间接目标两大类。

直接目标是指寻求目标受众明显行为反应的目标。例如，旅行社通过调查了解到促销对象对于自己的产品处于"知晓"的阶段,那么旅行社的促销人员就可以将"喜爱"和"偏好"作为促销信息沟通的目标,并通过采取一系列的措施,向消费者宣传灌输有利于自己产品销售的言论和思想,来使他们的态度从"知晓"转变为"喜爱"。再如,旅行社把促销目标定为在两个月内提高10%的销售额等。

间接目标是指可以对旅行社起到积极的影响和促进作用,但并不直接导致消费者行为的目标,如提高产品知名度、改善形象等。

值得一提的是,旅行社促销目标受众除了直接消费旅游产品的旅游者外,还包括旅游中间商。面对不同的目标受众,旅行社应确定不同的促销目标。但总体而言,旅行社的促销目标应符合企业和市场实际,做到可行、具体、准确、量化、可测定,且各促销要素目标必须协调一致。只有明确了促销的目标,才能有方向、有目的地开展促销活动,以取得较好的促销效果。

三、设计促销信息

有效的促销信息应该能唤起旅游者或中间商对旅游产品的注意,引起消费兴趣,进而促使购买行为发生。一个有效的信息往往包含四个方面:信息内容、信息形式、信息结构和信息源。

信息内容即"主题",也被称作"诉求",应该体现旅行社产品的档次、价格、特点和线路安排等具体内容。针对不同细分市场的旅游者,信息内容的选取应有所侧重。

信息形式指信息的表达所采用的形式,如使用文字或者图画表达信息。

信息结构指的是表达信息内容时的逻辑结构,它和信息形式共同支持着信息内容的有效性和吸引力。

信息源是信息的发送者,信息发送者的形象和信誉越好,信息就越有说服力。应该强调信息源的专业性、可信性和可亲性。

四、选择信息沟通渠道

促销信息沟通渠道可分为人际沟通渠道和非人际沟通渠道。人际沟通渠道是两个或两个以上的人之间进行的信息沟通,包括人员推销和"口碑效应"两种。当产品价格昂贵、购买风险比较高、购买不频繁时,人际沟通渠道作用明显。例如,以亲戚、朋友向目标购买者进行旅游产品的宣传,比仅仅是广告宣传对目标购买者的影响要大。

非人际沟通渠道主要是通过媒体、事件、氛围等非人员因素达到沟通目的。其中,媒体的使用频率最高,大多数的促销活动通过媒体来完成。同时,旅行社门市部是旅行社与旅游者接触的重要场所,也是旅行社对外宣传的重要窗口,应该重视门市部氛围的营造,达到重要信息顺畅沟通的目的(见图3-2)。

图3-2 杭州公交旅行社湖墅南路旅行社接待门市

五、制定促销预算

促销预算是指企业计划在促销活动中投入的费用。在确定促销对象、目标、渠道和信息之后,投入多少资金开展促销活动才能取得最满意的效果,这也是促销过程中一个极为重要的步骤。既不能因为促销预算过多而影响旅行社的利润水平,又不能由于预算过少而致使宣传力度不够,影响销售量,从而影响旅行社的利润。同时,由于促销活动的效果事先很难预料,并且存在着很多不定因素,因此促销预算的决策往往比较困难。目前,在旅行社的实际运营中,制定促销预算的方法主要有以下几种。

(一)目标达成法

目标达成法首先要求旅行社制定出一个详细、明确、具有可行性的促销目标,然后列出要达到这个目标所要开展的促销活动,并分别估算开展这一系列活动所需要的费用,最后将这些费用相加,得出总的促销预算额。例如,某旅行社针对暑期的到来推出了"低价快乐广西游"的项目,制定了在两周内使了解该产品的顾客由2%增加到3%的促销目标,并选择了这两周在电视台旅游频道每天上6次15秒的电视广告,以及在市内主要报纸刊登平面广告的促销方式。那么,按照成本达成预算法,核算出两周内电视广告和报刊平面广告的费用,就能在此基础上确定这次促销活动的总体预算。

(二)销售额百分比法

销售额百分比法是旅行社将一定时期的销售额乘以一定的比例来确定促销预算的方法。其基本计算公式如下。

$$促销预算 = 销售额 \times 促销费用占销售额的比例$$

用销售额百分比法计算销售额,简单方便,但是却颠倒了销售额与促销预算的因果关系。因为促销投入的多少在很大程度上决定了销售额的多少,而销售额百分比法是用销售额的多少来决定促销预算的多少,在两者的逻辑关系上发生了错位。因此,这种方法一般应与其他预算方法共同使用。

(三)利润额百分比法

利润额百分比法是用旅行社一定时期的利润额乘以一定的比例来确定促销预算。其基本计算公式如下。

$$促销预算 = 选定利润额 \times 促销费用占利润额的比例$$

由于企业的利润状况与促销预算之间的联系是很紧密的,所以这种方法考虑了企业的经营状况,将利润和促销费用挂钩,是有一定道理的。但这一方法同样存在原理上因果倒置的问题。

（四）竞争对抗法

竞争对抗法又叫竞争对等法，这种方法是旅行社根据竞争对手的促销预算来确定自身的促销预算。其实质是把促销作为商业竞争的武器，实行针锋相对的促销策略，适合财力雄厚的大型旅行社使用。在实际应用中又可分为市场占有率法和增减百分比法，其计算公式如下。

（1）市场占有率法。

促销预算＝（竞争对手一定时期的促销预算/竞争对手的市场占有率）×本旅行社预计市场占有率

（2）增减百分比法。

促销预算＝（1±竞争对手促销预算增减率）×本旅行社上年度促销预算

竞争对抗法能够根据竞争对手的情况采取相应的针对措施，但是采用这种方法制定预算，具有相当的风险，并且在制定预算时依据的是对手的促销预算而非自身的情况，因此具有一定的盲目性，容易造成不必要的浪费和损失。

（五）支出可能法

支出可能法也称作全力投入法。它是旅行社在自己财力许可的最大范围内，来确定促销预算，并根据市场情况的变化加以调整。

以上几种促销预算制定方法都有其各自的优点与局限，因此在实际操作中，通常应根据实际情况，有选择性地将几种不同的方法结合起来运用，共同确定促销预算。

六、决定促销组合方式

旅行社可以采用广告、人员推销、营业推广和公共关系等多种促销组合方式。联合运用这些促销方式有助于旅行社整体促销目标的实现。

七、促销效果评估

促销效果评估是指评价促销活动是否实现促销目标和预期效果的过程。在旅行社进行促销活动的同时，要不断对已经进行的促销活动进行效果评估，考察是否收到预期效果，对好的经验进行总结并加以推广，如果发现问题，也要及时改进。一段时期的促销活动结束后，也要总结得失。

任务三　旅行社促销方式选择

在营销学上，促销主要包括广告、人员推销、营业推广和公共关系四种基本方式。旅行社应该根据具体情况,将这些基本促销方式组合成一个策略系统,使企业的全部促销活动互相配合、协调一致,最大限度地发挥整体效果,从而顺利实现企业目标。

一、广告

广告是由一个特定的主办人,以付款的方式进行的构思、商品和服务的非人员展示和促销活动。广告具有传播速度快、覆盖范围广、利用手段多、宣传效果好等许多优点,因此,对于多数行业,广告都是采用最多的一种促销方式。

旅行社的广告主要有两类:一是旅行社企业形象广告,目的在于树立良好的企业形象,使消费者产生信任感;二是具体旅游产品的广告,将产品的内容、特色、价格等信息提供给消费者,促进购买。根据广告内容的不同,旅行社可以选择不同媒体进行广告宣传。

(一)电视广告

在当今的大众媒体中,电视广告促销对潜在消费者的影响最大。电视作为旅游宣传媒体的优点是视听共存、图文并茂、传送及时、真实生动、覆盖面广、效果明显。不足的地方就是播放时间短,潜在消费者看到广告多属偶然,而且制作技术难度大,成本费用高,级别越高的电视台广告收费越贵。所以,一般中小型旅行社没有能力负担昂贵的广告费用,目前只有少数大型旅行社在地方电视台的特定旅游频道进行电视广告宣传。

(二)报纸杂志广告

报纸是普及率最高的传统大众媒体,一般可分为全国性报纸、地方性报纸和专业性报纸三大类。报纸广告的价格各不相同,旅行社应根据旅游产品的不同目标市场与自身的财力状况来选择不同的报纸作为广告宣传媒体。报纸作为旅游广告媒体的优点是传播面广、使用率高、传达信息迅速而准确、可保存且费用相对较低,大多数旅行社财力均可承受。缺点就是版面太多、内容繁杂,如果广告刊登不太显眼,较难引起读者注意。现在我国许多旅行社在报纸上进行旅游产品的促销,但一般只传达"某某旅游线路几日游多少钱"这样比较简单的信息,详细说明较少。

杂志广告是一种以一定阶层读者为宣传对象的特殊媒体,具有针对性强、保留时间长、制作质量好、信息量特别大等优点。尤其是旅游专业杂志,旅游消费者往往对其介绍的产品信息信赖度较高,是旅行社针对具体目标市场开展广告宣传促销的理想工具。不足之处就是出版周期太长,费用较高,并且传播范围有限。因此,豪华型的旅游产品,如邮轮游等,在杂志上做广告是合适的;有实力的旅行社做企业形象广告,杂志也是较好的选择。

(三)广播电台广告

广播电台广告是一种以地方性受众为主要宣传对象的传统媒体,具有信息播送快捷、重复率高、范围广、承载信息量较大、价格低廉等优点。其缺点是播放的声音转瞬即逝,不能产生视觉效果,很难使信息在听众头脑中长久保留。虽然随着其他传播媒体的普及,广播电台的听众有减少的趋势,但在很大范围内还是具有社会影响力的。只要旅行社的目标市场与其听众群相近,如出租车司机群体,广播电台广告也会取得良好效果。

(四)互联网广告和移动广告

互联网广告是利用互联网网站上的广告横幅、文本链接、多媒体和搜索引擎、电子邮件等方式来进行广告活动的方式。它具有信息传播速度快、覆盖面特别广、形式灵活多变、易于在青年人和广大知识分子中造成影响等诸多优点。自从电子商务应用到我国旅游经营领域以后,网络促销已经成为许多旅行社,特别是拥有国际旅游经营业务的大型旅行社极为重要的促销方法。这些旅行社通过建立自己的网页,宣传介绍旅游产品,发布各种优惠信息,以实现产品促销目标。

移动广告是面向移动终端(手机或平板电脑)用户,在移动终端上直接向分众目标受众定向和精确地传递个性化即时信息,通过与消费者的信息互动达到促销目标的行为。随着新媒体技术的发展,手机成为人们生活中重要的信息传递工具,成了人类的"影子媒体"。其传递信息的快捷、便利、准确超越了以往的任何媒体,并实现了精确的分众化传播——到达每个受众点,同时每个受众都可以成为信息的传递者。因此,越来越多的旅行社已经将短信、微博、微信、APP等平台都开辟成了促销的重要战场,并且获得了良好的效果。

(五)户外广告

户外广告包括广告画、广告牌、空中广告等,其位置一般选择在飞机场、火车站、长途汽车站以及水运码头等流动人口频繁出入的公共场所、公路侧旁、建筑物顶部等醒目地带。广告牌制作要求文字简洁,语言生动,字体大小适当,并配备相关彩色图片。另外,旅行社应加强对户外广告牌的维护,确保完好无损,否则就会影响视觉效果。

(六)印刷品广告

印刷品广告是旅行社传统的促销方式,至今仍被广泛运用。印刷品广告包括宣传单张、宣传活页、宣传小册子、招贴画、旅游手册、明信片等。尤其是旅游手册、明信片等,它们要么具有导游和服务功能等使用功能,要么精美有特色,可以让旅游者保留作为旅游纪念品,是深受旅行社青睐的促销工具。

(七)印有旅行社产品信息的纪念品

现在有许多旅行社通过载有企业或产品信息的旅游纪念品进行宣传促销。旅行社可以向消费者赠送印有自己名称、主要产品、通信地址以及电话号码等内容的旅行包、太阳帽以及T恤衫等纪念品。旅游者在日常生活中携带这些纪念品出入各种公共场所时,无疑就为旅行社做了免费的广告宣传。

二、人员推销

人员推销是指通过推销人员深入中间商或消费者进行直接的宣传介绍活动,使中间商或消费者采取购买行为的促销方式。人员推销具有可互动、人情味浓、能全面详细展示旅游产品特色、可根据旅游者要求量身定做旅游产品、易获得旅游者信任等优点,但是人员推销的成本较高,因此只能根据旅行社的情况来选择使用。旅行社的人员推销可以概括为以下几种形式。

(一)上门推销

上门推销是最常见的人员推销形式。它是旅行社在旅游旺季来临之前或者推出新的旅游线路的时候,派出外联人员直接上门介绍和推销旅游产品的促销行为。由于受到推销费用的制约,国际旅行社在派员出境推销方面一般采取比较慎重稳妥的态度。但国内旅行社每年一般需要派出外联人员主动上门向客户旅行社推销2~3次。对于新组建的旅行社,更是需要派人员到主要客源目标市场进行产品促销。人员推销一般以联络感情、达成合作意向为主要目的,能够草签合作协议当然更好。至于具体的旅游产品销售,双方需要通过电话协商和传真确认来进行。

(二)柜台推销

柜台推销又称门市推销,是指旅游企业在适当地点设置固定门市部,由营销人员接待进入门市部的顾客,推销产品。旅行社的门市部里的旅游产品种类齐全,能满足顾客多方面的购买要求,而且能营造一种顾客认可的有保障、值得信赖的氛围,因此也有很多旅游者会选择到旅行社门市部去选购旅游产品。

(三)展会、活动推销

展会、活动推销是指利用各种展会和大型活动,向与会人员宣传和介绍产品,开展推销活动,如新闻发布会、展览会、交易会、文化广场活动、旅游大篷车活动等。这种推销形式接触面广、推销集中,可以同时向多个推销对象推销产品,成交额较大,推销效果较好。下面简要介绍旅游展销会和旅游大篷车宣传促销方式。

每年国际与国内都会举办各种形式的旅游展销会,旅行社在展销会上租用展台进行促销是开辟新市场的重要促销方法。由于出席旅游展销会的代表均为业内人士,这种促销方法就节约了大量的外联差旅费用,为旅行社会晤老客户、增进老交情以及广交新朋友、建立新友谊提供了良好平台。因为出境外联成本非常高,各类旅游展销会就成为国际旅行社首选的促销阵地。

旅游大篷车宣传是近年来兴起的最新联合促销方式之一,它一般由旅游行政主管部门牵头,各旅游企业参与,乘坐旅游大巴或旅游专列巡游于旅游客源市场,或跨市、跨省,在主要城市通过多种手段大张旗鼓地开展促销活动,散发旅游宣传资料,解答潜在消费者的各种提问。旅行社参加旅游大篷车宣传可以节约促销开支,利用政府的高信誉度,扩大企业影响。但旅游大篷车往往只能起到提高知名度、引起旅游兴趣的作用,很难在当场促成交易,所以,主要着眼点应该放在未来。

由于人员推销需要营销人员和顾客进行直接沟通,因此旅行社营销人员在利用此种促销方式的时候应该注意自身形象仪表、守时、讲究礼节礼貌、语言有艺术感、态度亲切,平时还应该培养敏锐的观察能力,这样才能更好地完成推销任务。

三、营业推广

在市场营销学中,营业推广又称销售促进,是指对中间商、潜在消费者以及本企业销售人员提供短期激励,以达到促成购买或努力销售的各种行为活动。营业推广是一种在短期内可以迅速产生效果的促销活动。针对不同的推广对象,可以分为不同的营业推广类型。

(一)面向旅游者的营业推广

面向旅游者的营业推广主要包括价格促销、礼品促销、竞赛促销、会员促销、抽奖、免费试用等方式。下面主要介绍前三种方式。

1. 价格促销

价格促销是指旅行社通过短期内降低产品价格来吸引潜在旅游者和客户旅行社的一种促销方法。营业推广的价格促销不同于旅行社因市场需求变化而采取的降价行为。价格促销是临时性的,当消费者对产品产生良好印象或活动过后,旅行社还会将价格复原。旅行社的价格促销多集中在节假日以及新产品试销等特殊的时间段。

> **阅读材料**
>
> 以电商为主的"双11"促销战场,近年有了传统旅行社的身影。北京商报记者日前走访了中青旅、凯撒、捷达等传统旅行社发现,不少旅行社今年也加入了"双11"促销热潮。据了解,新《旅游法》实施后出境跟团游价格增长,不少旅行社出境跟团游销售量受到不同程度影响。面对即将到来的"圣诞""元旦"等出游契机,不少旅行社也意欲通过此次"双11"挽回人气。
>
> 据了解,在中短期、中低价出境产品市场上,"双11"产品降价幅度最少在千元左右。据佰程旅行网相关负责人介绍,某款北京自由行产品原价5999元,"双11"售价4599元,降幅达23%。中青旅相关负责人表示,其公司有些自由行产品降价幅度可达25%。东南亚旅游的龙头捷达旅游市场部经理杨维一透露,捷达假期的天猫旗舰店正在筹划中,最快将于一个月后上线。
>
> 业内人士表示,随着新《旅游法》实施带来的跟团游价格增长、单项服务产品增多,传统旅行社营销压力增大。考虑到出境旅游中,签证、酒店预订一般提前半个月到一个月,上述旅行社的促销活动不单是挽回淡季出境人气,更欲借"双11"的噱头瞄准"双蛋"(圣诞、元旦)市场。

2. 礼品促销

礼品促销是旅行社营业推广的另一种常见形式。旅行社可以赠送消费者各种各样的纪念品和土特产,在这些小礼品上一般都印有旅行社名称、详细地址、联系方式等具体内容。在赠送礼品的时间选择上,既可以在旅游购买活动之前或者旅游消费结束之后顺便赠送,又可以在逢年过节或者重大庆祝活动的时候上门特意赠送。礼品选择上要讲究深刻内涵和良好寓意,具有代表性或纪念意义。通过这些礼品赠送活动,旅行社能够收到对其自身及产品进行宣传的良好效果。

目前,旅行社的赠品很多都是帽子和旅行包,太俗太滥;要么就是跟风,你用了什么赠品,我明天也用这个赠品,结果大家都没收到什么好的效果。旅行社应该根据线路产品、促销目的、市场地位,选择合适的赠品,才能收获好的效果。

 阅读材料

旅行社赠品促销的成功案例

1. "旅游新三宝"

杭州的很多旅行社顺应时势,已对传统的旅游三宝进行了大变脸。例如,陈小姐报名参加十一期间的西藏游,旅行社没有送她传统的旅行袋、帽子,而是送了天目山一日登山游,以及100张数码照片网上免费冲印卡。登山游可为进藏前做些锻炼,至于免费冲印,还有比这更实用且实惠的吗?

可以说,杭州的部分旅行社正是瞄准了顾客的需求来翻新旅行用品的。海岛游送美容券(因为更易晒黑),去自然风光特别漂亮的地方就送数码照片冲洗;老人出游送斜挎包,方便安全;孩子出游送双肩包,美观实用,帽子也有鸭舌帽、渔夫帽等可供选择。

2. "心情胸牌"

交广传媒旅游策划营销机构为一家旅行社策划了"快乐生活、快乐工作"为营销主题、以赠品为形式的市场促销活动。他们找到一家塑料制品企业,订制了塑料胸牌,要求:以黄色为底,直径为8厘米的硬制塑料凸面圆盘,一面贴有五种"脸"型(源自QQ及MSN的心情图标,分为兴奋脸、摆酷脸、痛苦脸、郁闷脸、奋斗脸,共五种一套)及品牌标识、旅游热线及星期一至五的不同文字环绕在圆盘四周,而圆盘的背面则贴有不干胶及固定别针。

游客报名旅游后可以将获得的"心情胸牌"贴在自己的办公桌上、电脑前以及水杯、座椅甚至墙上。即使将它们放在家中,也是一组既可爱又能够缓和工作疲劳的"幽默"组图。一方面游客报名省内游,由于消费数额不大——"在哪里参团都差不多"(游客语);另一方面,赠品的含义与该旅行社的"快乐生活、快乐工作"理念相吻合,"心情胸牌"丰富的内涵与理解力,是提高赠品价值感的最好方法。

3. 竞赛促销

竞赛是旅行社经常用到的营业推广促销的一种形式,如针对某项旅游产品知识的有奖竞赛、关于某个旅游目的地情况的有奖竞赛等。在举办这种竞赛时,旅行社通常提供具有一定价值的奖品作为奖励。通过参加竞赛,公众对于举办竞赛的旅行社及其产品一定会产生深刻印象,并可能因此获得好感,有利于旅行社产品在后续时段的销售。旅行社举办各种竞赛时,需要注意内容和形式的群众性、知识性和趣味性,并且参加的人数越多,影响面就越大,竞赛促销的效果也就越好。

（二）面向旅游中间商的营业推广

面向中间商的营业推广对旅行社的生存发展影响极大，旅行社要努力处理好与中间商的关系，建立良好合作关系。

旅行社通常采取的面向中间商的营业推广方式有给予中间商交易折扣、联合进行广告宣传或给予广告津贴、举办旅游产品交易会或展览会、向中间商派遣工作人员协助工作、组织中间商进行考察旅游等。

组织中间商考察旅游也称为踩点促销，是国际上常用的面向旅游中间商的推销手段。踩点一般有两种具体形式：一种是利用旅游目的地的各种节庆活动，邀请所有重要客户统一前来进行踩点；另一种是当客户旅行社提出踩点要求时，邀请个别客户前来踩点。通过踩点，向中间商介绍旅游线路和活动，特别是新产品，使他们通过实地考察，了解旅行社的产品和旅游目的地的情况，产生来本地旅游的愿望，可以取得较好的推销效果。

（三）面向推销人员的营业推广

面向旅行社推销人员，可以采用销售竞赛、销售奖励等形式。对推销产品出色或销售额领先的推销人员给予一定的物质和精神奖励；或者按照约定，对销售额达到一定数量的销售人员给予奖金、奖品、免费旅游等奖励。

四、公共关系

公共关系是指旅行社通过信息沟通，发展与社会、公众以及消费者之间的良好关系，建立、维护、改善或改变旅行社及其产品形象，营造有利于旅行社的经营环境的一系列措施。由于公共关系促销具有真实性和持久性、新颖性和独特性、间接性和主动性等特点，而目前，我国旅行社经营的社会软环境不够理想，旅游质量投诉事件过多，各种负面报道影响较大，因此旅行社采用公关手段十分必要。旅行社公共关系主要包括新闻媒体公关和社会公众公关两大类型。

1. 新闻媒体公关

由于社会公众一般倾向于认为新闻报道比较客观公正、真实可靠，各种广告所传达的信息可信度较低。如果能撰写一些正面的新闻报道或者旅游线路推介文章，让各大新闻媒体竞相采用的话，它所带来的效应以及产生的价值远比花费数十万甚至上百万的广告还要大。诚然，正面的、积极的新闻报道对于宣传推广产品、树立品牌形象，作用十分明显。但是，负面的、消极的新闻报道也同样能够摧毁一个品牌，搞垮一家企业。所以，旅行社必须展开新闻媒体公关活动，慎重处理好与各种新闻媒体之间的相互关系。

2. 社会公众公关

社会公众公关具体可分为针对顾客、针对本企业员工和针对旅游目的地公众的各种公关活动。其内容主要包括：注重服务质量，高度重视并妥善处理游客投诉；及时与员工沟通，关心员工生活及职业发展,增强员工的归属感、自豪感和向心力;赞助各种公益事业和特殊事件,参加各种社会活动,承担一定社会责任;与政府主管部门、行业团体以及协作单位建立友好关系;在业务开展过程中,做到诚信经营、公平竞争、依法行事、合理营利。

阅读材料

旅行社六一推"慈善·感恩"活动

临近六一儿童节,广之旅等市内各大旅行社均迎来香港乐园游报名热潮。记者从广之旅方面了解到,充满梦幻、童真的港澳乐园游向来是六一儿童节出游的热门选择,加上今年迪士尼新主题乐园迷离庄园的开幕,更是吸引了不少家长和小朋友,报名非常火爆。而为让更多贫困山区的小朋友也能过上快乐的儿童节,广之旅特别携手广东省妇女联合会共同举行以"慈善·感恩"为中心的扶贫公益活动,组织广东地区贫困儿童前往香港迪士尼乐园,体验梦想乐园的奇妙之旅。此次活动旨在让贫困儿童感受来自社会的关爱,让更多的孩子能够拥有快乐童年。广之旅表示,该社将从5月间所售出的香港迪士尼乐园产品中捐出10元/产品,用于资助山区小朋友6月1日儿童节当天前往香港迪士尼乐园感受奇妙之旅,希望能够借此活动招募更多爱心人士加入"爱心父母大联盟",参与此次关爱活动。

除了以上促销方式之外,旅行社还可以采取电话促销、直接邮寄等方式。

电话促销的优点是及时、方便、针对性强,能够与客户进行直接交流。缺点是长途通信费用比较昂贵,无法形成文字或者视觉效果,对交易双方约束力不强,导致促销成功率不高。电话促销一般用于向国内重点老客户推出新产品,或者通过电话向重点老客户征询对产品与服务的意见,解答客户的各种询问,说服客户大量购买本社产品等环节。

直接邮寄促销则是旅行社将产品线路、价格条件、优惠措施、组织方式、联络方式等详细资料,甚至可以加上景区景点的宣传图片,一并邮寄给潜在客户。假如对方刚好有旅游消费需求意向,那么就会主动联系,然后双方进一步协商,最后促成产品销售。

阅读材料

徽州创新旅游营销模式通过邮柬开展自驾游宣传促销

为扩大宣传力度,黄山市徽州区举行自驾游邮柬宣传促销活动启动仪式,这次活动利用邮政数据库特定客户信息资源优势,更好地宣传徽州区具有独特魅力的旅游资源,实行数据化营销,开创了黄山旅游营销新模式。

▲安徽邮政广告

> 自驾游如今已经成为一种新的旅游业态,正呈蓬勃发展之势。徽州区委、区政府非常重视旅游宣传,继黄山茶花生态园的成功推介后,再次由徽州区旅游发展委员会、邮政局、交警大队联合开展"风水徽州区之旅"自驾游邮柬促销宣传活动,即将全区旅游景点、旅游地产项目、酒店、旅游产品企业等整合成旅游线路产品包装后制成邮柬,投递到自驾游目标客户手中,开创了黄山市首次数据化营销,形成了黄山旅游产品新的营销概念。

随着旅游业的不断发展,旅行社面临越来越激烈的竞争,一些地区内的旅行社组成统一联合体,进行联合促销,取得了较好的效果。例如,西安六家颇有实力和影响力的旅行社企业,包括西安中旅、西安国旅、陕西中青旅、招商国旅、陕西中旅假日和西部国旅,面对日益激烈的恶性竞争,组成了一个统一的联合体,它们宣称今后将以统一的接待标准、统一的价格、统一的行程、统一的服务质量、统一的出发日期,携手共同打造名为"九州游"的国内旅游品牌,并实行品牌资源共享,携手开拓旅游市场。参加联合体的各家旅行社在各自的业务领域都有自己的长处和特点,联合起来几乎可以覆盖国内旅游市场上的各个环节和精品旅游线路。联合促销是市场竞争达到一定程度的自然现象,开展联合促销,可以实现资源共享、降低促销成本、提高市场份额、优化产品、规范市场、摆脱恶性竞争、促进旅行社行业的纵向分工,值得借鉴。

任务四 旅行社促销管理

旅行社促销管理是指旅行社在促销过程中根据营销目标,制定产品促销策略及促销组合等一系列协调和决策的活动。它包含以下要点。

一、设立旅行社促销总体目标与特定促销要素目标

旅行社的促销目标是旅行社通过对各种推销要素进行有机组合而要达到的预期销售结果。旅行社在促销前应设立旅行社促销总体目标与特定促销要素目标。旅行社促销总体目标是特定促销要素目标的制定与评价依据,它决定促销要素目标的组合策略,决定促销总预算与各促销要素目标的分预算。所以人们说旅行社促销总体目标是促销策略的基础和核心。

旅行社的促销目标应具体、量化,具有可操作性与可行性。促销目标既包含促使客户旅行社为促销的旅行社产品做宣传、广告,签订销售意向合同,预定年销售量等直接目标,又包含提高本社及促销的产品知名度、影响潜在旅游者的选择意向等间接目标。

二、注意控制促销费用

制定出促销总体目标及特定要素目标之后,应策划、确定为实现目标而进行的具体促销活动,测算出大致的相对应的活动经费。可以先测算出每一项具体促销活动的大致经费,加上机动预算,就是旅行社在某一特定时期的促销总预算;也可以先量需、量力决定这一时期的促销总预算,再衡量轻重,将总预算分配给为实现特定要素目标而举行的各项具体促销活动的分预算。在确定促销预算时应注意以下几点。

1. 预算应与促销目标相适应

目标大,预算高;目标小,预算低。当促销总预算超过促销可能带来的实际收益时,应当压缩总预算。此时如果压缩了预算还无法实现促销目标时,就需要调整目标。

2. 预算控制在旅行社财力的可行范围内

当促销总预算超过旅行社的经济承受力时,目标再诱人也不得不忍痛减少预算,削减缩小促销目标。即使预算处于旅行社的经济承受力之内,旅行社管理者也还应当逐项审核具体的促销活动分预算,将其控制在合理的、与特定要素目标的促销需求相适宜的范围内,毕竟节约就意味着增收。

3. 根据竞争对手的促销预算进行调节

如果该市场的得失与本社的生存是休戚相关的,当对手的促销资金投入大大超过本社预算时,本社的预算也就只能水涨船高。反之,如果竞争对手的促销投入很小,也就可以根据情况适当调低本社在该市场的促销预算。

三、注意促销策略

设计具体促销实施计划时要注意促销策略,特别是要注意进行特色促销与针对性促销。例如,贺州市早在20世纪90年代就面向港澳市场启动了旅游促销,但由于当时促销的重点是所谓的"天下第一洞"碧水岩以及瑶族风情,与广西、湖南等地的旅游产品雷同,而交通又不如旅游热点城市便利,故而旅游发展一直迟缓。后来,该市乘电视连续剧《酒是故乡醇》和续集《茶是故乡浓》轰动港澳之机,及时调整促销策略,大力开展特殊促销,宣传贺州的姑婆山和黄姚古镇是该剧中美丽风光的主要拍摄地,是"故乡"的酒坊与茶园。一时间港澳旅游团云集贺州,团队量成倍增长,热度至今不衰,这是典型的特色促销成功案例。

四、全员促销与品牌效应

促销管理的一个重要任务是抓全员促销与品牌效应,要使旅行社全体员工都参加到促销队伍中来,自觉地在本职工作中渗入促销与品牌意识。否则办公室人员接电话时的不礼貌言语或导游人员的宰客行为都可能会断送外联人员的艰辛促销付出。反之,如果通过全员的优质服务树立了旅行社在市场中良好的品牌形象,促销工作效果就会事半功倍。

要使旅行社员工自觉参与全员促销,旅行社就必须为员工们在社内创造出一流的工作环境、先进的招聘与管理机制、公平的奖惩制度,以激励员工的主人翁精神,做好旅行社内部的营销管理。

五、坚持以客户满意为标准来检验、评估促销效果,调整实施计划

促销效果的评估主要是通过获取促销反馈信息来实现的。旅行社产品促销效果的衡量标准一般是采用促销措施实施之后旅行社产品销售量增减幅度,增则好,减则差。其测算公式如下。

$$R = \frac{S_2 - S_1}{P}$$

式中：R 为促销效率，

S_2 为本期促销后一定时期的平均销售量，

S_1 为未促销前相应时期的平均销售量，

P 为促销费用。

同时，促销效果还要受市场环境的变化、竞争对手的策略、企业实力的变化等因素的影响，加之促销经济效果有时体现为长期行为，短期内很难评估出其真正效果。

旅游业是服务业，"顾客就是上帝"是服务业的座右铭。客户的满意度应该是检验、评估促销效果的最重要的依据。因此，旅行社应该注重客户反馈，及时对存在的问题进行检讨，按照客户的需求去修正、调整原定的促销实施计划。

六、强化对旅游客源地代办处的控制

对于有客源地代办处的旅行社而言，随着地接旅行社对客源地代办处的依赖性越来越强，客源竞争越来越激烈，一些代办处人员为了获得更大的经济收益，将组到的旅游团私下发给旅游目的地其他旅行社；更有甚者，干脆脱离本旅行社，另起炉灶，自成一家。

以上问题的出现会严重损害旅行社利益，给旅行社造成恶劣后果。因此，强化对派出的客源地代办处的控制是旅行社的当务之急。强化的方法视情况可各有不同，但有两点是共性的：一是必须挑选好派出人员，要将忠诚度作为挑选的重要标准；二是处理好与代办人员的经济关系，一定要让他们的艰辛工作得到应得的合理报酬。

项目小结

本项目介绍了旅行社促销的基本概念和作用，旅行社促销的阶段及其任务，归纳了旅行社促销实施的关键步骤，详细阐述了广告、人员推销、营业推广和公共关系等基本促销方式及其在旅行社促销中的选择和运用，总结了旅行社促销管理的要点。旅行社促销实施的关键步骤主要包括：确定促销目标受众、明确促销目标、设计促销信息、选择信息沟通渠道、制定促销预算、决定促销组合方式、促销效果评估。旅行社应该根据具体情况，将基本促销方式组合成一个策略系统，使企业的全部促销活动互相配合、协调一致，最大限度地发挥整体效果，从而顺利实现企业目标。

综合能力训练

······ **基本训练** ······

1. 旅行社产品促销的阶段及主要任务是什么？
2. 旅行社促销的实施包括哪些关键步骤？
3. 旅行社应该如何进行促销方式的选择？
4. 旅行社应该如何做好促销管理工作？

•••• ••••• ••••• 技能训练 ••••• •••••

1. 做一份 2018 年元旦旅行社产品广告策划案。
2. 做一份广西巴马旅游线路赴广东旅行社同行旅游推介会的策划方案。
3. 门市部推销情境演练:两名同学扮演营销人员,两名同学扮演顾客,进行门市部推销情境演练。

项目四 旅行社销售管理

学习目标

知识目标：1. 了解旅行社销售的概念、特点。
2. 熟悉并掌握旅行社产品销售的渠道、销售的基本流程及销售技巧。

能力目标：1. 具有熟练管理旅游中间商的能力。
2. 有较强的旅行社产品销售能力和进行业务洽谈的能力。

技能目标：熟悉和掌握选择产品销售渠道，旅行社销售的基本流程、销售技巧的相关知识，并具备运用销售理论指导销售实践的能力。

案例导入

同一种销售渠道策略带来的不同效果

天丰国际旅行社是J市的一家中型国际旅行社，总经理姚先生多年从事旅行社工作，能够讲一口流利的日语，常以经营能力强和管理水平高自诩，在J市的旅行社行业里是一位知名人士。天丰国际旅行社在姚总经理的领导下，先后采取同一种销售渠道策略——专营性销售渠道策略，开发欧洲市场和美洲市场。在10余年的经营中，天丰国际旅行社既品尝到了成功的喜悦，又体验到了失败的苦涩。

1. 在欧洲市场上获得了巨大成功

20世纪80年代，随着中国改革开放步伐的加快，越来越多的境外旅行社开始将目光转移到中国，组织本国居民到中国旅游观光。为了接待更多的欧洲旅游者，天丰国际旅行社在姚总经理的领导下，积极开展与欧洲旅游批发经营商的接触，寻求与他们的合作。对于销售渠道，姚总经理有其个人的见解。他认为，广泛地接触大量旅游批发经营商，并同他们都保持合作关系，可能导致客源的不稳定和销售成本的大幅度上涨。因此，他坚持采取专营性的销售渠道策略，选择一家企业实力雄厚、市场声誉良好、企业信誉良好、目标市场一致或接近的旅游批发经营商作为长期合作的伙伴。

经过一段时间的考察，天丰国际旅行社发现德国的奥林巴斯旅行社基本上符合姚总经理对合作伙伴的要求，遂决定立即与其联系。由于天丰国际旅行社在J市的旅行社行业颇有知名度和良好的信誉记录，因此，奥林巴斯旅行社也欣然同意与其合作。这样，双方的合作关系便正式确立了。一年后，天丰国际旅行社和奥林巴斯旅行社签订了长期合作的协议，规定天丰国际旅行社授权奥林巴斯旅行社为其在德国旅游市场的唯一合作伙伴，并不再同德国的其他旅行社进行业务方面的联系，也不再接待除了奥林巴斯旅行社之外任何一家德国旅行社组织的德国旅游团队或散客。作为回报，奥林巴斯旅行社将其在德国组织的全部旅游客源交给天丰国际旅行社接待，并且不再授权J市的其他旅行社为其接待旅游者。

在此后的10余年里，天丰国际旅行社和奥林巴斯旅行社一直进行着十分愉快的合作，并且都获得了良好的经济效益。

2. 在美国市场上遭遇到了"滑铁卢"

在德国市场上获得了成功之后，姚总经理决定继续采取专营性销售渠道策略，打开美国的旅游客源市场。然而,天丰国际旅行社的市场开发部副经理小王却对此提出了不同的看法。小王认为,德国市场的旅游客源集中程度比较高,采取专营性销售渠道策略完全符合当地的市场条件,是一项正确的决策。但是,美国的旅游客源市场条件与德国不同。美国地域广阔,人口是德国的3倍,全国有3万多家旅行社,其中大型的旅游批发经营商不下百余家。他们都拥有较强的客源招徕和组织能力。另外,像美国运通公司这样的超大型旅行社不可能屈尊与J市的一家中型旅行社建立像奥林巴斯旅行社与天丰国际旅行社那样的排他性合作关系。因此,小王建议,天丰国际旅行社在美国市场上先采取广泛性销售渠道策略,同众多的美国旅游批发经营商建立比较松散的合作关系,并通过一段时间的考察,在美国不同地区选择数家具有强烈的合作愿望、良好的市场声誉和企业信誉、较强的客源招徕和组织能力的旅游批发经营商建立较为稳定的合作关系。换言之,小王建议天丰国际旅行社在美国市场上采取选择性销售渠道策略,而不是采取专营性销售渠道策略。姚总经理对小王的建议不以为然,认为他是"嘴上无毛,办事不牢",所提的建议是"书生之见,不切实际"。由于姚总经理在天丰国际旅行社享有较高的威信,加上他本人历来都十分自信,听不进他人尤其是年轻人的意见,导致社内的民主空气稀薄,员工们不敢也不愿向姚总经理提出不同意见,因此,小王的建议被轻率地否决了。天丰国际旅行社决定选择一家旅游批发经营商作为美国市场上唯一的合作伙伴。

在这种销售渠道策略的指导下,天丰国际旅行社很快就同位于美国旧金山的新大陆旅行社建立起了专营性销售关系,并正式签订了对双方都有很大约束力的合作协议,规定双方不得在对方的国家同其他旅行社进行合作。

在合作开始的一个阶段,双方都表现出了一定的诚意,合作也十分愉快,但是,不久,天丰国际旅行社发现,新大陆旅行社只在旧金山地区拥有较大的影响,而对美国其他地区的旅游者和广大公众则毫无影响力,因此,天丰国际旅行社无法通过新大陆旅行社打开全美国的旅游市场。后来,天丰国际旅行社又发现新大陆旅行社开始拖欠旅游团费,使天丰国际旅行社出现了坏账的风险。财务部的马经理多次提醒姚总经理,但是姚总经理总是以"疑人不用,用人不疑"为由予以拒绝。一年后,新大陆旅行社通知天丰国际旅行社终止双方的合作关系,并拒绝偿还拖欠的旅游团费。这时,姚总经理方如梦初醒,后悔当初听不进别人的不同意见,导致天丰国际旅行社既丢失了美国的旅游客源市场份额,又蒙受了重大的经济损失。

上述案例告诉我们,旅行社在选择产品的销售渠道时,必须根据旅游客源市场的实际情况,全面、综合、客观地考察和选择旅游中间商。不同的客源市场,有着各自不同的市场条件,因此,在一个市场上运用成功的策略,到了另一个市场就可能不再适用了。旅行社经营管理者必须按照当地的市场条件,选择最适当的销售渠道策略,而不能像姚总经理那样,将一个市场的成功经验照搬到另一个完全不同的市场上,结果,必然是削足适履,弄巧成拙。

任务一 旅行社销售概述

一、旅行社销售的概念

旅行社销售是旅行社在市场营销观念指导下经由策划、促销、管理,而将旅行社产品以符合旅行社利益及市场规律的价格销售出去的一种追求盈利的现代企业行为。在运作中,旅行社销售业务包含制定产品价格、选择产品销售渠道、促销以及销售业务洽谈四个环节。本项目主要将学习重点放在选择产品销售渠道以及销售业务洽谈两个环节上。

二、旅行社销售的特点

旅行社产品固有的特点,也决定了在销售过程中它与其他产品有不同之处。

(一)超前性

旅行社产品的无形性决定了它的销售往往无法在短期内一锤定音。一方面旅游者需要时间去反复比较各种旅行社产品的优劣、去打听旅行社的信誉;另一方面客户也可能会反复要求旅行社针对某一具体产品修改交易的价格、优惠条件,有些欧美团甚至需要半年时间才能完成销售的全过程。对于新产品,不少组团旅行社,特别是日本、中国台湾的客户,甚至要亲自踩点考察后,方肯正式与地接社签订合同购买产品。再者,旅游团(者)在与旅行社接洽并签订旅游合同后,需要在产品生产出来之前即把相关费用交清,这也反映出旅行社产品销售的超前性。

(二)灵活性

旅行社之间、旅行社与旅游团(者)之间在产品销售合同签订之后,有时会对某个具体的产品进一步提出优惠附加条件。为了巩固彼此的业务往来关系,这就要求旅行社产品的实际售价必须带有灵活性。外联销售部的每一位人员,包括经理、门市部接待人员与电话值班人员,必须懂得产品价格的构成,掌握价格构成中哪些因素是可变数,哪些是定数,应该具有与客户口头谈判的能力。普通的电话值班人员在遇到客户要求更改合同时,既要能够独立回答和解释相关的问题,又要多请示旅行社的领导,没有经过授权不能擅自做主变更。

(三)批量性

大多数旅行社的主要产品销售对象是组团旅行社,因为只有组团旅行社才能够批量购买旅行社的产品,才能发来系列团。而作为销售旅行社来说,也只有成批量、成系列的产品销售,才能真正产生最大的经济效益。

(四)波动性

由于旅行社产品在销售过程要受到诸多相关外部因素的影响,如不同的季节会带来不同的视觉享受,这种变化会直接对销售产生连锁反应,导致旅行社产品的销售在不同时段产生较大的波动。

（五）时效性

当在整个旅游市场上出现具有与本旅行社产品同类的产品或替代产品时，每一次的具体销售就有极强的时效性。因为组团社往往是同一个旅游目的地好几家旅行社的客户，手头上还会有更多的当地其他旅行社的联系电话。一旦某个旅游团具有某种影响到价格的特殊性时，组团社会同时与多家旅行社进行接洽和联系，比较各社报价以确定该团交给哪家地接社做。如果地接社由于各种原因报价迟迟未到的话，就会失去参与竞争的机会。一般来说，回应组团社询问的具体报价是越快越好，这就要求外联销售人员必须掌握熟练的业务技巧与最新的市场信息，最好是不经查询就可以直接计算报价，能当场在电话中或以其他方式马上答复组团社。如果需要查询旅游采购市场的适时服务信息，那么国内报价应在半小时内，最迟不超过两小时答复国内组团社；国际报价（多为长线团）应在两小时内，最迟不超过一天答复境外组团社。旅行社销售的时效性还体现在随行就市。例如，一个需求弹性小的新产品开始时运用高价定价策略，取得了可观的利润。而当其他旅行社了解到后，马上就会有大量的仿制产品，需求弹性开始变大。旅行社必须调整相关销售价格，以适应市场的变化，甚至要采取低价策略来保住原先占有的市场。所以旅行社销售也具有阶段时效性的特点。

任务二　旅行社销售的渠道

销售渠道是指某种商品从生产者到消费者手中所经过的各个销售环节联结起来所形成的通道。旅行社产品的销售渠道是指旅行社将其产品提供给最终消费者的途径，又叫销售分配系统，主要包括两大类：直接销售渠道和间接销售渠道。

一、旅行社产品销售渠道的类型

（一）直接销售渠道

所谓直接销售渠道，是旅行社直接将产品销售给最终消费者的一种销售方式。这种销售渠道又称为零环节销售渠道，在作为产品生产者的旅行社和作为产品最终消费者的旅游者之间不存在任何中间环节。直接销售渠道一般有两种形式：一是采用直接销售渠道进行产品销售的旅行社通常在其所在地直接向当地的潜在旅游者销售其产品，如当地居民到本地旅行社的门市部报名参加由该旅行社组织的市郊一日游；二是旅行社在主要客源地区建立分支机构或销售点，通过这些机构或销售点向当地居民销售该旅行社的旅游产品。

直接销售渠道是一种产销结合的销售方式，其优点有以下几个方面。

（1）简便。旅行社直接向旅游者销售其产品，手续简便，易于操作。

（2）灵活。旅行社在销售过程中可以随时根据旅游者的要求对产品进行适当的修改和补充。

(3) 及时。直接向旅游者销售产品,可以及时将旅行社开发的最新产品尽快送到旅游者面前,便于旅行社抢先于竞争对手而占领该产品的市场。

(4) 附加值高。旅行社在销售某项产品时,可以随机向旅游者推荐旅行社的其他产品(如回程机票、车票、品尝地方风味等),增加产品的附加值。

(5) 利润大。直接销售渠道避开了横亘在旅行社和旅游者之间的中间环节,节省了旅游中间商的手续费等销售费用,增加了旅行社的利润。

当然,直接销售渠道也有一些不足之处,主要是覆盖面比较窄,影响力相对差。旅行社会受到财力、人力等因素的限制,难以在所有客源地区均设立分支机构或销售点,而且,在国外设立分支机构还要受到其他国家政策的约束,所以这种渠道适用范围较窄,只适合在本地或其他最主要的客源市场使用。

(二) 间接销售渠道

所谓间接销售渠道,则是指在旅行社和旅游产品的最终消费者之间,介入了中间环节的销售分配系统。常见的间接销售渠道包括单环节销售渠道、双环节销售渠道和多环节销售渠道。目前,我国对外销售的国际包价旅游产品,主要采用的是间接销售渠道,即国际旅行社把产品销售给国外的旅游经营批发商,由国外的旅游经营批发商将购得的旅游产品进一步完善(如增加往返目的地和客源国的国际航班机票的预订)或者重新组合(如增加其他旅游目的地以满足旅游者的需求),再经过自己的零售系统或旅游零售商代理销售给海外旅游者,或者由旅游经营批发商直接销售给海外旅游者。

1. 单环节销售渠道

单环节销售渠道指在生产旅游产品的旅行社和购买该产品的最终消费者即旅游者之间存在着一个中间环节。由于各种旅游业务的差异,旅游中间商的角色由不同的旅行社充当。在国内旅游业务方面,充当这个中间环节的主要是旅游客源地的组团旅行社。在入境旅游业务方面,往往由境外的旅游批发商、旅游经营商或旅游代理商担任中间商的角色。在出境旅游业务方面,旅游客源地区的组团旅行社则成为旅游中间商。

2. 双环节销售渠道

双环节销售渠道指在生产旅游产品的旅行社和购买该产品的旅游者之间存在着两个中间环节。这种销售渠道多用于入境旅游产品的销售。在双环节销售渠道中,生产产品的旅行社先将产品提供给境外的旅游批发商或旅游经营商,然后再由它们出售给各个客源地的旅游代理商,并由它们最终销售给旅游者。

3. 多环节销售渠道

多环节销售渠道包括三个或更多个中间环节,主要用于销售量大、差异性小的某些入境旅游产品,如某个旅游线路的系列团体包价旅游产品。多环节销售渠道的操作程序是先由生产产品的旅行社将产品售给境外的一家旅游批发商或旅游经营商,这个旅游批发商或旅游经营商充当该旅行社在某个国家或地区的产品销售总代理,然后这个总代理把产品分别批发给该国或该地区内不同客源地区旅游批发商或旅游经营商,再由他们将产品提供给散落在各地的旅游代理商,最后由旅游代理商把产品出售给旅游者。

间接销售渠道具有许多明显的优点。首先,这种销售渠道具有比较广泛的影响面。旅游中间商往往在客源地区拥有销售网络或同当地的其他旅游机构保持着广泛的联系,能够对广大的潜在旅游者施加影响。其次,这种销售渠道在产品销售过程中具有较强的针对性。旅游中间商对所在地区旅游者的特点及需求比较了解,能够有针对性地推销最适合旅游者需要的产品。最后,间接销售渠道的销售量一般比较大。旅游中间商是以营利为目的,专门经营旅游业务的企业,具有较强的招徕能力,能够成批量地购买和销售旅行社的产品。

间接销售渠道的主要缺点是销售成本高。由于间接销售渠道中存在着一个或多个中间环节,导致旅行社产品的最终价格提高,容易对旅行社产品的销售量造成某些消极影响。

二、旅行社产品销售渠道的选择

(一)直接销售渠道与间接销售渠道的选择

在当今我国的旅游市场中,无论是国际市场还是国内市场均已由卖方市场转为买方市场,这便导致客户旅行社的盈利要远远超过销售旅游产品的旅行社。也就是说组团社的利润要比地接社的利润高,通过直接销售渠道售出旅行社产品所产生的利润大大高于通过间接销售所获得的利润。曾有旅游行政管理部门做过一个调查,直接销售的利润可以是间接销售利润的2~4倍。

在国际旅游市场,尽管有少数规模较大的国际旅行社在美国、德国、法国、日本等国家或中国香港等地区开办有直接销售机构,但因设点太少、国情不熟,直销旅游团在入境旅游团中所占比例非常少。对于没有财力开设境外旅游销售机构的国际旅行社,境外直销更只能是可望而不可即。

在国内旅游市场,作为中介者的客户旅行社为了保障自己的既得利益,往往联合起来,竭尽全力对当地的外出客源采取排他性的组团垄断措施。当地旅游行政机关也常有组团地方性保护政策和部门垄断行为的发生。一些城市的客户旅行社会对撇开当地旅行社直接对异地组团的外地旅行社实行报复性的封杀惩罚措施,与其断绝一切业务往来。这也迫使不少旅行社不敢轻易在外地进行组团直销。

因此,旅行社的产品销售在直接销售渠道与间接销售渠道二者之间的选择,以间接销售渠道为主。直接销售渠道只有在确保符合当地旅游行政法规,同时不会引起重要客户旅行社报复惩罚的前提下方可选择。当然,鉴于直接销售的利润要高许多,在可能的情况下,直接销售渠道不应放弃,而应当尽量谨慎地设法开通。

旅行社销售人员必须从旅行社同其产品的目标市场之间的距离、客源市场的集中程度、旅行社自身条件和经济效益四个方面进行分析,确定选择销售渠道的标准。

1. 旅行社同目标市场的距离

旅行社同目标市场的距离是决定旅行社应该采用直接销售渠道还是间接销售渠道的第一个标准。如果旅行社所选定的目标市场距离旅行社较近,甚至与旅行社同在一个城市或地区,那么旅行社一般应采用直接销售渠道。这样,旅行社既可以不通过任何中间环节而直接向旅游者销售产品,达到节省销售费用和提高销售利润的目的,又能够更好地了解旅游者的需求,根据旅游者的意见对产品做及时的改进,有利于产品的销售。

然而,如果旅行社距离目标市场较远,则应采用间接销售渠道。原因有两个:一是不熟悉市场。由于生产产品的旅行社远离目标市场,很难对那里的潜在旅游者十分了解,而当地的旅行社则因长期与该地区的旅游者打交道,比较熟悉所在地区情况,能够根据当地旅游市场的特点进行有的放矢的宣传促销,吸引更多的潜在旅游者购买旅行社的产品。二是节省销售费用。旅行社如果派遣销售人员到远离其所在地的旅游客源地直接销售其产品,需要花费包括长途交通费、食宿费、销售人员工资或销售佣金等大量的销售经费,会降低旅行社的销售利润,而利用目标市场所在地旅行社作为中间商进行销售,则只需付出一定比例的销售佣金,这样一来会低于直接销售的费用。

2. 客源市场的集中程度

客源市场的集中程度是旅行社选择销售渠道的第二个标准。对于那些范围小而潜在旅游者又很集中的旅游市场,旅行社可以采取直接销售渠道。在这种市场上,客源集中,旅行社可以在客源所在地设立一两个销售机构,就能够将数量较多的产品销售出去,可以收到销售成本小、招徕的客源多和销售利润较高的效果。对于那些范围广、潜在旅游者非常分散的客源市场,旅行社一般应充分发挥间接销售渠道的作用,广泛招徕旅游者。

3. 旅行社自身条件

旅行社的自身条件是旅行社决定采用直接销售渠道还是间接销售渠道的第三个标准。所谓旅行社的自身条件,包括这样一些重要因素,即旅行社的声誉、财务能力、管理经验和能力、对销售渠道的控制能力等。首先,如果旅行社拥有良好的声誉和财务能力,可以组织自己的销售网点进行直接销售;反之,如果旅行社及其产品的声誉尚未在旅游市场上确立,或者旅行社缺乏资金,则最好采用间接销售渠道销售其产品。其次,如果旅行社在市场营销管理方面具有较强的能力和较多的经验,可以直接向旅游市场推销其产品;反之,如果旅行社在这方面的经验或管理能力较弱,则应该选择有能力的旅游中间商帮助销售其产品。最后,如果旅行社具有较强的控制销售渠道的能力,可以采用在客源市场所在地区设立分支机构的方法,经营直接向旅游者销售产品的业务;反之,如果旅行社缺乏控制销售渠道的能力,则可以采取与旅游中间商合作的方式,通过间接销售渠道进行产品销售。

4. 经济效益

不同销售渠道给旅行社带来的经济效益是旅行社决定采用直接销售渠道还是间接销售渠道的第四个重要标准。一般来说,旅行社通过旅游中间商销售其产品所获得的销售收入要低于由旅行社直接进行产品销售所获得的收入,因为旅游中间商要将产品销售的部分收入留下,作为它帮助旅行社销售产品的报酬,因而使旅行社的产品销售利润降低。然而,旅行社通过旅游中间商进行产品销售可以为其节省数目可观的销售费用,从而降低了旅行社产品的销售成本,并提高旅行社的利润。因此,旅行社在决定采用哪种销售渠道时,应该将两种销售渠道所产生的实际经济效益进行对比,从中选择经济效益比较好的销售渠道。

(二）旅游中间商的选择

1. 考察旅游中间商

（1）地理位置。旅行社考察旅游中间商的第一个方面是旅游中间商的地理位置。旅游中间商所在的地理位置往往是旅行社选择的首要条件。通常，旅行社比较愿意选择那些位于旅游客源比较集中的地区或毗邻地区，因为位于这些地区的旅游中间商对其所在地区的旅游市场比较了解，当地的旅游者和潜在旅游者也比较熟悉这些旅游中间商，所以，旅游中间商所处的地理位置在一定程度上决定了它招徕旅游者的能力。例如，经营国内旅游业务的旅行社一般选择位于北京、上海、广州、武汉、西安、天津及东南沿海地区的省、市的旅行社作为合作伙伴，因为上述省份和地区是目前我国国内旅游客源比较集中的地区。又如，我国经营海外入境旅游的旅行社所选择的旅游中间商多位于目标市场国家或地区出境旅游客源相对集中的地区，如美国的加利福尼亚、纽约、新泽西、佛罗里达、得克萨斯和伊利诺伊六个州，日本的东京、神奈川、千叶、埼玉地区，京都、大阪、神户地区和爱知、静冈、岐阜地区，德国的杜塞尔多夫、多特蒙德、慕尼黑、斯图加特、汉诺威和不来梅六个城市，英国的伦敦地区、英格兰东南部地区和西北部地区。

（2）目标市场。旅行社考察旅游中间商的第二个方面是目标市场。旅行社在选择旅游中间商时，还要看该中间商的目标群体是否与旅行社的目标市场相一致。一般说来，目标群体与旅行社目标市场相一致的旅游中间商比其他旅游中间商更具备销售旅行社产品的能力、经验和愿望。例如，某旅行社以专业旅游者为目标市场，应选择专门经营或主要经营专业旅游业务的旅游中间商作为合作伙伴。

（3）合作意向。旅行社考察旅游中间商的第三个方面是旅游中间商的合作意向。旅行社应了解旅游中间商是否对组织旅游者前来购买旅行社产品所涉及的旅游目的地感兴趣，以及旅游中间商所经营的业务对本地区及本旅行社的依赖程度。旅行社应重点考察和选择那些在经营业务方面比较依赖本旅行社产品的旅游中间商，他们往往对与本旅行社合作表现出较强的愿望，最容易成为旅行社产品积极可靠的推销者。

（4）旅游中间商的威信。旅行社考察旅游中间商的第四个方面是旅游中间商的威信。旅行社应重点考察旅游中间商的经济实力和偿付能力，并设法了解他们在与其他旅行社交往过程中是否守信用，有无长期拖欠应付账款或无理拒付欠款的历史。例如，澳大利亚曾经有一家专门经营旅华业务的 B 旅行社曾经先后同我国的不同地区旅行社进行过合作。它先与我国中部地区的几家旅行社合作，并在合作初期很少拖欠旅游者的接待费用。经过一段时间后，它开始拖欠应付的款项，而且时间越拖越长，欠款数额越来越大，最后以各种借口拒付欠款并断绝与中方旅行社的合作关系。时隔不久，这家旅行社又找到我国华北地区某市的 A 旅行社要求合作。尽管 A 旅行社事先知道 B 旅行社有欠款不还的历史，然而该旅行社有关人员被 B 旅行社所许诺的大量客源所诱惑，抱着侥幸心理，仍决定同它建立合作关系。结果，B 旅行社在拖欠了 A 旅行社大量的接团费用后宣布停业，给 A 旅行社造成数十万美元的经济损失。由此可以看出，旅行社必须选择信誉良好的旅游中间商作为合作伙伴，坚决避免与信誉差的旅游中间商进行业务来往，以防遭受经济损失。

（5）旅游中间商的声誉。旅行社考察的第五个方面是旅游中间商在旅游客源市场上的声誉。旅行社应选择那些旅游者比较信任的旅游中间商作为合作伙伴，因为旅游者往往通过旅行社在当地的合作伙伴来判断该旅行社及其产品的质量和可信任程度。旅行社选择声誉好的旅游中间商作为合作伙伴不仅能够促进旅行社产品的销售，而且还有利于树立旅行社在该地区的良好形象。

经过认真的考察后，旅行社应选择一批在各方面比较适宜的旅游中间商作为合作的目标，并在双方自愿的基础上与他们建立起稳固的合作关系。旅行社可以采取参加旅游展销会、博览会、派出销售人员登门拜访、寄送信函或资料等方式同有关的旅游中间商进行接触，并设法与他们建立起业务关系。

2. 间接销售渠道的选择策略

（1）广泛性渠道策略。广泛性渠道策略是指旅行社在旅游市场上设法同任何愿意与本旅行社合作的旅游中间商建立业务关系，通过众多的旅游批发商、旅游经营商和旅游代理商将旅行社产品广泛地销售到该市场的各个角落，以便及时满足旅游者的需求并尽量扩大旅行社产品销售量的一种渠道策略。旅行社采取广泛性渠道策略的目的是建立一个由大量旅游中间商组成的松散销售网络。在这个网络里，旅行社与各个旅游中间商之间彼此达成默契，由旅游中间商向旅行社提供客源，并由旅行社根据销售额给予旅游中间商一定的报酬。然而，旅行社和旅游中间商之间不存在严格的相互约束关系。旅行社可以接待由销售网络以外的旅游中间商所招徕的旅游者，网络内的旅游中间商也可以向旅行社的竞争对手提供客源。

广泛性渠道策略的优点如下。其一，销售范围广。旅行社采用广泛性渠道策略，可以通过较多的旅游中间商推销其产品，方便旅游者的购买，有利于扩大产品的销售范围。其二，联系面大。旅行社通过众多的旅游中间商进行产品销售，有利于加强同广大旅游者及潜在旅游者的联系，能够逐步树立起旅行社在旅游市场上的形象。

广泛性渠道策略的缺点如下。其一，销售成本高。旅行社必须同大量旅游中间商联系，无论中间商提供多少客源，旅行社都必须经常与他们保持联系，并因此花费大量的通信费用和其他销售费用，提高了产品的销售成本。其二，合作关系不稳定。广泛性渠道策略对旅行社和旅游中间商均无严格的约束，双方只是根据各自获利的情况来决定是否继续合作，难以保持稳定的合作关系，还会造成旅行社产品的销售量不稳定性。

广泛性渠道策略一般适用于旅行社开辟新市场时期。

（2）专营性渠道策略。专营性渠道策略是指旅行社在某一个客源市场只同当地一家旅游中间商建立合作关系，双方互为对方在当地的独家代理或总代理。也就是说，旅行社只向该旅游中间商提供本旅行社的产品，该中间商则只向本旅行社提供客源，双方均不得在当地同对方的竞争对手进行业务往来。

专营性渠道策略的优点如下。其一，销售成本低。由于旅行社在一个国家或地区只同一家旅游中间商发生业务往来，因此，旅行社用于通信联络、业务谈判等产品销售方面的费用比广泛性渠道策略节省很多，有利于销售成本的降低。其二，合作关系稳定。专营性渠道策略对旅行社和旅游中间商都具有较强的约束力，同时双方的经济利益比较一致，能更好地相互支持与合作，使合作关系比较稳定。

专营性渠道策略的缺点如下。其一,市场覆盖面窄。专营性渠道策略要求旅行社在一个市场只能同一家旅游中间商建立合作关系,是一种排他性的销售方式。这样,旅行社就无法接触该地区的其他旅游中间商。旅行社产品的销售量受到合作伙伴经营能力的严格限制,不利于旅行社扩大产品的销售范围。其二,风险大。采用专营性渠道策略的旅行社完全依赖其合作伙伴在客源市场上进行产品销售。如果合作伙伴经营失误,旅行社就可能蒙受一定的经济损失。一旦旅行社选择中间商不当,则可能完全失去该市场。

专营性渠道策略适用于旅行社开辟新市场的初期阶段及推销某些客源层比较集中的特殊旅游产品。

(3) 选择性渠道策略。选择性渠道策略是指旅行社在一个市场上仅通过少数几个经过精心挑选的旅游中间商进行产品销售的策略。这种销售渠道的特点是由旅行社根据对旅游市场上不同旅游中间商的考察,发现那些在市场营销、招徕客源、企业经济实力、信誉和在市场上的声誉等方面具有一定优势,而且其经营业务与本旅行社基本相同的旅游中间商,通过谈判与他们建立起比较稳定的业务关系,由他们充当本旅行社的产品在当地的销售代理。

选择性渠道策略的优点如下。其一,销售成本低。由于选择性渠道包括的旅游中间商数量较少,因此,同广泛性渠道相比,旅行社用于销售方面的成本较低,有利于增加旅行社的利润。其二,市场覆盖面宽。采用选择性渠道策略的旅行社一般在旅游市场上选择那些产品推销能力较强的旅游中间商作为合作伙伴,同专营性渠道策略相比,选择性渠道策略所接触的旅游者更为广泛,从而使旅行社的产品能够在当地市场上具有较宽的覆盖面。其三,合作关系稳定。选择性渠道的旅游中间商同旅行社的业务往来比较多,双方在产品经营方面有着共同的业务兴趣和经济利益,因而在选择性渠道中双方的合作关系比较稳定,很少会发生广泛性渠道策略中常见的旅游中间商"跳槽"现象。

选择性渠道策略的缺点如下。其一,实行难度大。旅行社产品在旅游市场上经常处于买方市场,旅行社寻找理想的合作伙伴难度较大。一般情况是,旅游中间商的谈判地位往往优于旅行社,形成买方优势,使得他们挑选旅行社的余地大于旅行社挑选旅游中间商的余地,所以,这种渠道策略比较难以落实。其二,具有一定风险。如果旅行社选择中间商不当,可能对相关旅游市场的产品销售造成不利影响。

3. 对旅游中间商的管理

(1) 日常管理。

① 建立业务档案。建立业务档案是旅行社管理旅游中间商的一种重要方法。业务档案应按照旅游中间商的名称建立。旅行社在业务档案中记录每一个旅游中间商的历史和现状、输送旅游者的人数、频率、档次、欠款情况、付款时间等信息。通过对这些信息的分析和研究,旅行社销售人员能够对不同旅游中间商的能力、信誉、合作程度、合作前景等做出判断和预测,并据此对他们分别采取相应的对策。

② 沟通信息。及时沟通信息是旅行社加强对旅游中间商管理的重要措施之一。旅行社及时向旅游中间商提供各种产品信息有助于旅游中间商提高产品推销的效果。同时,旅行社也能够根据旅游中间商提供的市场信息改进产品的设计,开发出更多适销对路的产品。

（2）折扣策略。

折扣策略是以经济手段鼓励旅游中间商多向旅行社输送客源、调节旅游中间商输送旅游者的时间或鼓励旅游中间商及时向旅行社付款，以避免不良债权的重要方法。折扣策略包括数量折扣策略、季节折扣策略和现金折扣策略三个类型。

① 数量折扣策略。数量折扣策略是旅行社为了鼓励旅游中间商多向旅行社输送客源所采取的一种策略。采用这种策略的旅行社以旅行社产品的基本价格为基础。根据旅游中间商销售旅行社产品的销售额给予他们一定程度的折扣。换句话说，旅游中间商如果达到一定的销售额，就可以享受以低于产品基本价格一定比例的折扣价格优惠。数量折扣策略分为非累进折扣策略和累进折扣策略两种。

第一种是非累进折扣策略。非累进折扣策略是指旅行社以低于产品基本价格的折扣价格向旅游中间商提供产品，即采取降低单位产品价格的办法。例如，某旅行社推出一条"北京—西安—重庆—宜昌—武汉—桂林—广州"的团体包价入境旅游线路，基本价格为每人每天综合服务费130元。为了鼓励旅游中间商多输送客源，该旅行社向同它合作的A国某旅游中间商提供的综合服务费价格为每人每天120元，即降低单位产品售价8%。

非累进折扣策略是一种以低于基本价格的优惠价格为手段，鼓励旅游中间商大量销售旅行社产品的管理方法。非累进折扣策略主要适用于长期与旅行社合作，具有良好的信誉和较强的输送客源能力的旅游中间商。另外，旅行社也经常在购买数量较大的一次性交易中使用这种方法。

非累进折扣策略是旅行社在产品销售和对中间商管理中行之有效的管理方法，对于加强同旅游中间商的合作、刺激中间商积极销售旅行社产品具有一定的作用。但是，非累进折扣策略没有将折扣优惠与旅游中间商的产品销售量直接挂钩，因而对中间商的刺激力度较小。

第二种是累进折扣策略。累进折扣策略是指旅行社根据在一个时期内旅游中间商销售旅行社产品数量或销售额的大小决定向其提供折扣价格比例的管理策略。实行累进折扣策略的旅行社通常对旅游中间商的销售量或销售额规定若干标准，每项标准都同折扣的比例挂钩。当旅游中间商的销售量或销售额达到第一级标准时，可以享受基础折扣价格；当销售量或销售额达到第二级标准时，其享受的折扣价格的比例高于第一级的标准，以此类推。例如，某旅行社以输送旅游者的人天数作为计算折扣比例的标准，分别规定了1000个人天、1500个人天、2000个人天、2500个人天四级标准。当旅游中间商向该旅行社输送的旅游者达到1000个人天时，可享受产品基本价格5%的折扣；当它输送的旅游者超过1000个人天而尚未达到1500个人天时，除了1000个人天仍按照基本价格5%的比例计算折扣外，超过1000个人天以上的销售价格将按照基本价格7%计算折扣价格，并以此类推。输送的旅游者越多，中间商享受的折扣比例就越高。

累进折扣策略避免了非累进折扣策略与旅游中间商的销售数量没有直接挂钩的缺点，有利于调动中间商增加向旅行社输送旅游者的积极性，有利于稳定中间商，建立比较牢固的长期合作关系。累进折扣策略的缺点是随着折扣比例的提高，旅行社将蒙受较多的利润损失。

② 季节折扣策略。季节折扣策略是旅行社针对旅游淡、旺季明显的特点，为了调节旅游中间商向旅行社输送旅游者的时间所采取的一种管理策略。客流量在不同季节的不均衡和旅行社产品不可贮存的性质，使得客流量的时高时低现象成为严重影响旅行社经济效益的一个不利因素。例如，在旅游旺季时，大量旅游者蜂拥而至，给旅行社的旅游接待、旅游服务采购等工作造成

巨大压力,有的时候,旅行社为了确保旅游者能够在旅游旺季住上其所要求的饭店或乘坐旅游计划上所确定的交通工具,不得不以高价租房或购买飞机票、火车票等,给旅行社造成一定的经济损失。而到了旅游淡季,前来的旅游者又寥寥无几,使旅行社的接待能力闲置,造成人力资源的浪费。

为了缓解旅游淡、旺季的矛盾,旅行社采用季节性折扣策略来调节旅游中间商向旅行社输送旅游者的时间。当旅游中间商在旅游旺季向旅行社输送客源时,旅行社按照产品的基本价格或略高于基本价格的产品价格向中间商收取旅游费用;当旅游中间商在旅游淡季向旅行社输送客源时,则可以享受一定比例的价格折扣。通过这种方法,旅行社可以达到鼓励旅游中间商在旅游淡季多向旅行社输送客源,平衡旅行社全年旅游接待流量的目的。

③ 现金折扣策略。现金折扣策略又称付款期折扣策略,是旅行社为了鼓励旅游中间商尽快向旅行社付款,避免或减少拖欠款、呆账等不良债权的管理措施。实行现金折扣策略的旅行社一般规定,如果旅游中间商能够在双方事先商定的付款期限之前偿付欠款,可以享受一定比例的现金折扣优惠。例如,某旅行社规定,凡在旅游者离开本地 10 天之内付清旅游者接待费用的中间商,可以享受销售额 2% 的现金折扣,即中间商只需将接待费用的 98% 付给旅行社,剩下的 2% 归中间商所有。超过 10 天而能够在商定期限内付清接待费用的,则不能享受这种优惠。现金折扣策略一般应略高于旅游中间商所在地的银行利率,以刺激他们尽早付清所欠旅行社的各种费用。

现金折扣策略在旅行社管理旅游中间商拖欠款问题上发挥了重要作用,是一种效果很好的管理方法,其不足之处是降低了旅行社的经营利润。

(3) 适当调整。

旅行社在管理旅游中间商的过程中还可以根据旅游市场、旅游中间商和旅行社自身等因素的变化对与之合作的旅游中间商做适当的调整。当出现下列情形之一时,旅行社应该对旅游中间商进行调整。

① 旅游市场发生变化。旅行社应根据旅游市场的变化,及时调整与之合作的旅游中间商。例如,在旅游市场上,散客旅游发展迅速,成为一种主要的旅游客源。旅行社根据这一市场动态,选择某些具有一定经营实力并确有合作意向的专营或主营散客旅游业务的旅游中间商作为合作的伙伴。

② 旅游中间商发生变化。当目前同旅行社合作的旅游中间商发生变化时,旅行社应对其进行适当的调整。例如,某旅游中间商在同旅行社合作期间,出于其自身的原因长期拖欠应付的旅游接待费用。旅行社在发现这一情况后,可相应地采取减少接待该中间商输送的旅游者,必要时采取停止与其合作等措施以避免更大的经济损失。又如,某旅游中间商违反与本旅行社达成的谅解,擅自将大量旅游者输送给本旅行社的竞争对手,从而急剧地减少了为本旅行社输送的客源量。旅行社应针对这一情况,及时采取应对措施,在该旅游中间商所在的旅游市场上积极寻找新的合作伙伴,以逐步取代该旅游中间商。

③ 旅行社自身发生变化。旅行社自身发生变化的主要原因有旅行社产品的种类和档次发生变化,旅行社开辟新的市场或扩大产品销售范围,旅行社的客源结构发生变化。旅行社在自身发生变化并影响与旅游中间商的合作关系时,应适当调整旅游中间商。例如,由于旅游市场的变化,旅行社将其经营的产品种类从以文化观光型的团体旅游产品为主转变为以度假型散客旅游产品为主。根据这一变化,旅行社应选择专营度假旅游产品或散客旅游产品的旅游中间商作为新的合作伙伴,以逐步取代经营文化观光旅游产品或团体旅游产品的旅游中间商。

（三）中介个人的选择

旅行社的销售中间商虽然以客户旅行社为绝对主力，但对有直接或间接组团能力的中介个人应给予足够重视，应建立联系档案，加强重点对象的日常公关。旅游中介个人分两类：一类是"野马"中介，俗称"卖团者"；另一类是异地旅行社组团经理的亲朋好友，或者是大公司、大单位的决策人物或对他们有重大影响的人物。旅行社经营首先要以国家利益为重，所以尽管某些"野马"中介能量巨大，旅行社也绝不能与之交易。

发达国家旅行社销售渠道战略的最新动向

发达国家旅行社的销售渠道战略正在发生明显的变化。它们越来越多地放弃间接渠道战略，转而采取直接销售渠道战略，以收购客源地的旅行社或与之合资的方式来建立自己的分销网络。例如，英国的汤姆森旅行集团仅在英国的分销网络就拥有800个分销点。

任务三 旅行社销售的流程

一、旅行社产品的销售方式

旅行社产品有单项服务与包价旅游两种，其销售方式也是截然不同的。

1. 单项服务的销售方式

单项服务的销售方式分为直接销售和委托销售两种。直接销售指旅行社通过其销售柜台为本地或已经到达本地的旅游者提供各种相关服务。委托销售是指旅行社委托海外或国内其他旅游城市的旅行社为旅游者预订到达该地后所需要的各种旅游服务，如单订机票、单订酒店、用车等。

2. 包价旅游的销售方式

旅游目的地旅行社的团体包价旅游产品一般以客源产生地的旅游经营商或旅游零售商为直接销售对象，这在我国国际入境旅游中表现得尤为突出。团体包价旅游的销售方式又分为系列团和非系列团两种。系列团指多次重复安排某一旅游产品。地接社和组团社之间达成协议，在一个价格年度内组织一条或数条固定的旅游线路，计划每条线路（即每个系列）组织一定数目的旅游团，如每月一团、每周一团，甚至每天一团。销售方式是一次达成协议，分批送团，分批接待和结算。非系列团是指一次性销售的旅游产品，即一团一协议，一团一结算。

二、旅行社产品的销售过程

销售旅游产品是一个系统性、流程化的工作。只有在前期准备、中间操作、后期完善等各环节做好工作,最终的销售目标才能顺利完成。旅行社销售人员要按照一定的步骤进行,销售过程中的每一个步骤都值得重视。销售步骤的按部就班和销售方法的针对性是取得良好业绩的必要条件。

1. 接受询价

第一,了解询价者的情况:包括姓名、性别、人数、年龄、证件是否齐全等基础资料;第二,了解询价内容:包括旅游目的地、出发时间、乘坐的交通工具、停留时间等;第三,了解询价者要求:酒店级别、餐标、旅游车的新旧等,只有搜集到越详尽的信息,报出的价格才会越准确;第四,其他,如旅游车的使用等。

2. 业务洽谈

旅行社销售人员根据搜集到的询价者相关信息要求,选择适合的旅游产品(线路、节目、价格)推介给客户,通过与客户进行面对面的直接洽谈,或者利用通信工具(信件、电话、传真、电传、因特网等)进行洽谈。询价者可根据得到的产品提出要求及修改意见。

3. 修订、核价

旅行社销售人员根据询价者或旅游中间商的反应或要求对产品做出必要修订,进行异议处理,编制旅行日程表,核定产品价格,反馈给询价者或旅游中间商,请对方确认。这一过程有时要反复多次才能完成。

4. 确认

旅行社在获得询价者或旅游中间商的最终确认后,包括对旅游产品价格和内容的确认,一定要以书面确认为准(盖章的传真或签订正式合同)。对方确认购买后,提供旅游者名单,并协助办理签证,对方根据协议按期付款。

5. 安排接待

销售人员将资料移交给操作人员,由操作人员进一步落实具体接待事宜。

6. 售后服务

旅游行程结束后销售人员应及时电话问候,其目的在于:其一,让旅游者感觉到旅行社非常关心他们,从而产生好感;其二,了解此次旅游者的旅游目的是否达到以及旅途中服务质量的好坏;其三,及时掌握旅途中发生的意外事件和旅游者可能提出的投诉,争取主动,早做工作,妥善处理。

任务四　旅行社销售的技巧

旅游销售和其他的销售一样,采用的方法有很多种,报纸、广播、网站、信函、走街串巷、推介会、发传单、发手机短信等,但到底哪个更有效呢?接下来就介绍一些旅行社的销售技巧。

一、寻找受众人群

一个推车卖烤白薯的农民,绝对不会卖到工商局的大门口;一个骑车卖棉花糖的小伙子,不会跑到跳广场舞的老人群里;一个药品的厂家不会把产品推销到学校的办公室……

找到受众人群是非常重要的:什么是受众人群?就像上面举出的例子,意思是说:什么样的产品要针对什么样的人群。如果你在销售"越野攀岩"项目,你是绝对不到老年活动中心去销售的,因为"越野攀岩"项目对象是年轻人,老人不会翻山越岭、徒手攀岩的,因为没有这个能力与体力;如果你在销售出国项目的旅游产品,你就应该找到具有出国兴趣和能力的相应人群;如果你在销售深潜冲浪的旅游项目就应该到年轻人群中去。

二、寻找潜在客户

所谓"潜在客户",就是可能有意愿购买的客户。客户有了意愿以后,销售员还必须以积极的行动去争取,否则潜在的客户就一直是潜在的客户,永远也成不了真正的客户。一般说来,可以将所谓潜在性的顾客区分为两大类:一是准客户,就是已经表现出购买意愿的人;二是流离客户,就是虽然现在抓不到客户的意愿,但是想要争取的对象。不论哪一类的客户,都是销售员超越原先业绩的筹码。有了这样的共识以后,再进一步探讨:到底要掌握多少潜在的客户才算合理?从发出广告单到亲自登门拜访,事先都必须去评估所必须花费的成本。因此,到底要针对多少对象去努力,完全要以公司的财力、性质以及个人的能力来衡量。但是千万别以为,用应付完现有客户剩余的时间,来做这些事情就足够,开发新客户是一个要耗时、耗力且需精心计划的大工程。

寻找潜在客户,还有一个很重要的方面就是心态问题。比较正确的心态是要随时挑战自己,突破现状,而不是抱着跑掉一个客户,再赶快找个新客户来替补的心理去做事。

旅行社销售员寻找潜在客户可以参考下面五个技巧。

(一)直接访问

所谓"直接访问",就是销售员挨家挨户直接拜访可能购买的消费者,或是打电话给陌生人以获得访问的机会;或是寄推销函给陌生人,再用电话追踪以获得拜访的机会。由于直接访问的对象,都是毫无关系的陌生人,因此取得订单的概率不大,可是对于人脉较差的新进销售者,却是寻找准客户的方法之一。由此可知,直接访问的首要条件就是"肯吃苦""能耐劳"与"够勤快"。

(二)老客户的介绍

所有的销售好手都知道,老客户是寻找准客户最好的来源。开发新客户就像垦荒,费时费力,事倍功半;与老客户接触,好比在设施完善的农场上耕耘,驾轻就熟,事半功倍。老客户不但会重复购买,而且还可能介绍许多的准客户。老客户的一句话,往往胜过销售者的十句话,威力无比。每一个老客户都有他的威力可及的数十人的关系网。假如他喜欢你、欣赏你的话,愿意介绍数十人成为你的准客户,那你就将受用不尽。因此,销售者一定要设法使客户满意旅游产品,愿意再来光顾,并介绍准客户来。

(三)各单位代表的协助

广结善缘,培养良好的人际关系,由"点"至"线",进而推广到"面",就是销售员的最佳"线民",随时随地得知购买信息,只要发现准客户,立刻通知销售员,发挥最大的销售人脉与销售力。当然,成交之后,可以付固定的佣金或非金钱上的酬谢,如免费参加旅游、送礼物等。

(四)旅游展销会

旅游产品的展销会也是获得准客户的好方法。前来参观的消费者,大都是对旅游产品有兴趣者,也就是销售员所渴求的准客户。这时,若能获得参观者的姓名与地址,那就是一份准客户的名单了。一般人担心销售员纠缠与骚扰,大都不愿留下姓名与地址。因此,必须给这些准客户一个留下资料的好理由。

(五)名册

另外,还可以利用各种名册以获取准客户。这些名册包罗万象,如工商名录、企业指南、企业名人录、工厂名录、电话簿、社团会员名册(如企业经理协进会、扶轮社、狮子会、青商会等);同行业工会名册、毕业纪念册、各种俱乐部名册(如圆山俱乐部、太平洋俱乐部、银行家俱乐部等),新公司的工商登记及监理所汽车、机车登记等。

三、拜访客户的技巧

旅行社销售人员在访问客户前要做必要的准备,包括尽可能了解访问对象的需求特点、性质、所在机构的情况、购买风格、主要决策人等。推销人员还要考虑选择对客户适宜的访问方法,如电话访问、登门访问等。确定访问的时机也很重要,如正赶上客户出差、开会或工作繁忙,就不宜上门造访。

旅行社销售人员接近客户时,为避免吃"闭门羹",需要给客户以良好的"第一印象",包括得体的着装、亲切的微笑、适合的"开场白"(感谢客户接见你并寒暄、赞美,自我介绍或问候,介绍来访的目的)、恰如其分的谈话内容和甜美的声音等,争取"润物细无声"地被客户接纳。

四、了解自己的产品

要了解自己的产品,使自己能够有信心地站在客户面前是非常重要的。旅游产品本身不是某种特定的物品,它是旅行社为了经营而设计的旅游线路,由于旅行社的多样化和经营者的不同,旅游产品成千上万,就像大超市货架上的调味品,站在货架前面我们往往头昏眼花不知道该选择的东西在哪里。旅游市场也是一样,旅游广告上的各种线路让人们感到迷茫。销售人员就是这个角色,这个角色是通过诉说让人们知道你的产品,就像超市里推销某种食品的推销员,托起食品给你尝。但不能忽略的是,这个销售人员非常懂得这个食品的制作过程和它的特性,做旅游产品销售也是一样,了解自己的产品就变得非常重要。

有个销售人员在销售西藏线路的过程中被客户问及:我们到西藏吃的是汉餐吗?销售人顿时张目结舌,因为他不知道西藏是不是和汉人吃饭一样,有没有餐食忌讳。尴尬的同时,客户对该销售人员产生怀疑,最起码这个旅行社不是专业的;客户继续问,他们住的宾馆提供氧气吗?销售人员照样表示不知道情况,就这样好不容易找到的 30 多人的客户就在言语之间丢失了。

这个小小的例子告诉我们,销售人员了解产品的特点和细节是非常重要的,所以不管是旅行社还是销售人员,自己在上阵以前必须知道自己要卖什么。

(1) 特点:中国的每一条旅游线路都有它自己的特点,如新疆线路,一提到新疆旅游我们就可以从感观上想到沙漠、戈壁滩、草原、干燥的气候、葡萄干、果干、哈密瓜、馕、烤羊肉、维吾尔族舞蹈……从历史上想到中国著名的"丝绸之路""河西走廊"。其他任何一个产品也肯定有它的特点,如果没有特点就没有卖点了。

(2) 餐饮:到达旅游目的地时,旅行社是必须为旅游团队安排餐食的,那么餐食的具体内容是什么?最起码要让客人知道整个行程中旅行社提供什么样的标准;每餐几个菜(荤素搭配情况)、早餐和正餐的区别、就餐地点和环境。中国人外出旅游对吃是非常关心的,吃不好就是很大的遗憾。

(3) 车辆:没有游客参团不问车的情况的,我们用的是什么车?有空调吗?车上有多少个座位?这个团将有多少人?孩子 4 岁能不能占座?收不收钱?途中会不会晕车?晕车怎么办?司机在车上吸烟吗?车上允许游客吸烟吗?车从某地到某地的距离是多少?开车要多久?安全情况,等等,这些问题都等待着销售人员的回答。

(4) 住房:这永远是个重要问题,问题之多、投诉之多,占旅游产品比重的 40% 左右,酒店、宾馆的条件是必须了解的,什么是二、三、四、五星级酒店?如何区别酒店的档次和级别?当然,中国现行的普通旅游团以入住二星级酒店为主,那么,客人关心的是什么?卫生环境几乎是每一个游客关心的问题,酒店环境列为其次,而酒店的功能是不能忽略的,房间的大小?如果加床如何处理?如果某位客人自己想住一间房如何加价?出现自然单间如何收费?房间是否可以上网?酒店提供什么相关的服务(如洗衣、接发传真、商务服务)?客人和酒店的服务人员产生矛盾由谁解决?客人结账离店时发现房间内少了毛巾或拖鞋的事是经常发生的,这又该如何处理?

(5) 景点:参观异地(他国)的景点景区是一个旅行团(或导游)挣到钱的要素,所以了解景点的特点是很必要的,景点的特性、特征、特点有哪些?游客可以从中获取什么?景点门票的价格如何?儿童和老人、军人、残疾人有什么优惠方法?行程中为什么总是体现出"首道门票"?这些景点应该注意什么?

(6) 附加事宜:客人之间有时会因为小的利益问题发生矛盾,这会涉及伦理、道德、法律范畴,发生这种情况谁来解决?销售人员是无法解决旅游途中现场问题的,但他应该知道解决问题的人是谁和解决问题的基本程序。例如,小费问题,越来越多的中国人出国旅游,不能回避的西方文化随时摆在销售人员面前,关于小费的解释就必须是轻松合理的。还有特殊要求问题,很多情况下游客外出会出现与其他游客分开去办自己的事情的情况,还有时游客由于自身原因有特殊的要求,旅行社可以同意吗?

(7)导游:全陪、地陪、领队、景区导游,是现下中国导游分类的基本情况,导游功能的定义在不同的时代有不同的看法和理念。导游除讲解之外还附加了很多的工作任务,负责房、餐、车的调动及旅行时间的掌握,游客情绪的调整,地陪与领队、全陪、旅行社的关系处理。领队是指作为外国旅行社的代表到异国负责客人服务质量的中间人。全陪是指旅行社的团队在国内旅游派出的控制旅行线路正常并保证服务质量的旅行社的代表。但很多种情况下地陪和全陪是要连起手来控制收入的,所以地陪在中国的旅游市场上又有了"比较黑"的形象,如何回答客人的类似问题?

(8)安全:游客对旅行的安全往往是出发后才考虑到的,而旅行社则应该在游客出发之前做好一切准备。为客人购买保险是非常必要的,中国的旅游险种是根据旅游线路和特点制定的,需要具体了解和学习。为了保证游客的安全,在团队出发之前旅行社要为客人想到有可能发生的问题和如何避免事故和危险的发生。与游客签订协议显得尤为重要,那么协议的内容是什么?条款都有什么?如何解释?

(9)交通:对火车、轮船、飞机的了解,销售人员不但要知道其价格,同时也要知晓乘车(船)和乘机的过程和基本规定,为什么乘坐国内航班要提前90分钟抵达机场?乘坐国际航班要提前120分钟抵达机场?什么是团队票价?火车票是否可以买往返票?行程中飞机的飞行时间是多长?等等。

五、讲解与示范的技巧

旅游产品基本上是无形产品,旅行社销售人员无法向客户提供现场实物展示,就需依靠讲解和图片等示范来吸引客户。旅行社销售人员在讲解与示范时可借鉴如下三种方式。

(一)固定法

旅行社销售人员事先背下文字部分,在讲解时照本宣科,同时以图片资料等方式辅助进行讲解示范。

(二)公式法

旅行社销售人员先与客户讨论,再根据其特点把客户分成若干类型,对不同类型的客户采用既定的讲解、示范方法。

(三)需求满足法

旅行社销售人员多倾听客户意见,抓住客户真正需要的关键点和解决客户心存疑虑的主要问题,分别找到适合不同客户需求的最佳卖点进行推销。

在具体做法上可采取六种策略影响顾客:其一,可通过强调本企业所提供的旅游产品在质量、品牌、价格、服务等方面的优势来打动顾客;其二,通过专门知识说服顾客;其三,通过与客户建立良好关系来维系顾客;其四,通过适当的服务感动顾客;其五,通过树立良好的个人形象赢得顾客;其六,通过适当的让利价格促成交易。

六、应对客户异议的技巧

客户异议就是指客户的反对意见,可被解释为反对某一种计划、想法或产品而表达出来的态度,是持反对立场的某种担心、理由或者争论论据。

旅行社销售人员在向客户推销时,一般情况下客户不管是否感兴趣都会提反对意见,有的客户甚至已做出了购买决定,还挑旅游产品、服务、价格等方面的"毛病",以此要求销售人员提供更多的优惠。销售人员因此要善于应对各种反对意见。首先,对本企业所提供的旅游产品要心中有数、要有信心;其次,把客户反对意见看成是"常态",甚至可把反对意见看成是客户对旅游产品感兴趣的另一种折射;最后,不直接反驳,最好是列出现象让客户自己得出结论。

七、达成交易的技巧

旅行社销售人员要善于捕捉时机,把客户的购买愿望转化成实际购买行为。一些经验丰富的销售人员往往能很好地把握"火候",一旦时机到来,他们总会用肯定的询问诱导客户成交。例如,某企业要组织团体旅游,销售人员会这样问:"贵公司把旅游团发团时间定在××日还是××日?"或者问:"您看团款是打到对公账号还是私人账号?"如果一些散客确定要去,但还在犹豫是否跟本旅行社走团的,销售人员就会这样说:"您看这机位挺紧张的,您要跟家人再商量一下也是应该的,但是我这边还有几个客人等着要您的这几个机位呢,要不您先给我证件信息预订个位置?"一旦客户达成确认,一定要有书面约定,即签合同或协议。

八、电话销售的技巧

在旅行社的营销过程中,旅行社销售人员不可避免地需要主动打业务电话给潜在客户,开展销售工作。电话销售,凭借其省时、省力、高效的特点,正在成为信息时代重要的沟通和营销工具,然而,如何更好地利用好这一工具,却是众多旅行社经理与销售人员平时未加重视的。

(一)旅行社电话销售通话前期准备技巧

打销售电话之前,旅行社销售人员必须对潜在的客户做一定的了解,包括单位基本情况、负责人信息、大体需求等,从而确认哪些客户是有可能也有必要争取的。套用营销学的说法,就是确定有效潜在客户范围。没有必要把时间浪费在无效客户身上,因为持续地跟进无效客户,只会白白浪费精力,而且还会对销售人员的精神造成很大打击——常常后者带来的损失是不可估量的。在旅行社销售人员开始运用电话营销的手段和客户沟通之前,应该先做好以下一些必要的准备工作。

1. 首先必须养成及时解决问题的习惯

销售，其实和其他任何事情一样，只要当事者愿意，就可以一直等下去。电话销售代表总可以告诉自己，等待一个更有利的机会，或者是一段更好的时间。因而，旅行社的销售人员，首先必须养成及时解决问题的习惯，相关知识和信息的储备是必不可少的。

2. 要端正旅行社电话销售人员自己的定位

电话销售的优势之一，在于利用信息渠道，常常能够绕过前台、中层管理者等中间环节，直达客户单位的高层。因而，旅行社电话销售人员开始拨打电话之前，首先要端正自己的定位。一个成熟的旅行社电话销售人员，其电话中的态度，应是得体而不卑不亢的。要向客户无形中传递这样一个信息：某总，我是代表我们旅行社和您在探讨关于您客户更好的接待方案，因而彼此是平等的。

3. 旅行社销售人员要有强烈的转折点意识

旅行社销售人员在进行每一通电话前，都必须认识到，所拨打的这通电话很可能就是自己工作现状的转折点甚至是这一生的转折点。有了这种想法之后，旅行社销售人员才可能对自己所拨打的每一通电话有一个正确的态度，旅行社销售人员的内心，也才会有一种向往成功的积极动力。

4. 旅行社销售人员要进行良好的心态调节

成功的电话，其宾主沟通的氛围一定是轻松愉快的，这固然取决于旅行社销售人员和客户的关系，但更多是在于旅行社销售人员打这个电话时候的心态，因而拨打电话前应自我调适，带着轻松幽默的心情拨通电话或者接听电话。

5. 旅行社销售人员要做好硬件方面的准备工作

旅行社销售人员应该将电话机摆放在自己的左前方，尽管很多人可以用右手握话筒，但是很少有中国人可以用左手写字。而通话过程中随时进行记录是很必要的，有时候甚至有必要让客户知道自己是在做记录。当然，如果有一套客户关系管理系统（CRM），会省去很多麻烦，但无论怎样，便笺、两种颜色的笔和一个简单明确的表格，都是必需的。

（二）拨电话的技巧

何时打电话的另一个秘诀在"早"，可以是一天当中的一大早，也可以是一星期中的前面几天，或是一个月当中的前面几天。最好能提前，假如有不可预测的事发生时，不致惊慌失措。早上第一件事通常可以做得最好，一大早，你的心情总是比较愉悦，头脑总是比较清醒，而且你的电话一般不会迷失在一天的混乱当中。假如你不喜欢这工作，那么早点打电话也会使你一天的心情愉快些，因为你已提前把电话的工作处理完毕了。

一天最好打几次电话仍有较大争论，可以一大早联络上主管，但若非十万火急，还是等公司早上 9 点开始营业后再打。而下午 5 点以后也常是一个与主管谈话的好时机，因为他们开会完毕，会有时间讨论生意。不要相信"不要在周五下午打电话"的说法。你确信周五下午客户不会在公司上班吗？事实上，这是一个打电话的理想时机，因为很少人会这么做。最适时机因对象而异，具体建议如下：

(1)家庭主妇为下午3:00～4:00,避开午睡时间;
(2)上班族为上午10:30～11:30,于公事繁忙之后,午餐之前;
(3)一般公司中、高层主管为下午4:00～6:00。

(三)电话销售中促使客户迅速成交的技巧

鲁迅先生曾经打过一个比方。他说,如果有人建议在一个完好的房子墙壁上多开一扇窗户,来增加屋子里面的阳光,可能会有很多人反对。但当这个人站起来,先宣布要将房子的屋顶掀掉,再提出替代方案是在墙壁上开凿一个窗户时,大多数人就会很容易接受多开一扇窗户的建议。

这就是比较心理起的作用。当人们把两件事物拿到一起进行比较时,它们之间经比较后的差别要比在比较之前大,就好比先把手放到一杯冷水中,然后再把这只手放到一杯热水中,人们会感觉到这杯热水比先前的一杯更热一样。

电话销售人员在电话销售中也可以运用这种比较心理来进行促成。例如,当客户在询问产品报价时,电话销售人员可以先给对方介绍一下同行业中报价较高的同类产品,然后再把自己的产品价格告知对方,同时也可以和自己公司同一产品不同的报价进行比较。例如,当对方询问产品报价时,电话销售人员可以和对方说:"××经理,我们这次专列团收费标准是这样的:在本月15日之前,并同时有超过5人一起报名的,可以享受8折优惠,即每人只需1600元。15日之后报名的没有优惠,即每人2000元。今天是13日,您现在就报名的话,还可以享受优惠。请问您这边是几位客人要报名,我马上就给您登记。"

九、旅行社销售的其他技巧

(一)典型故事成交法

讲述一个和客户目前状况紧密相关的故事,在客户听完故事后,引导其去思考、权衡,从而最终达成交易。

例如,销售员小张接待一个会议客户赵总,在交涉价格时,客人觉得费用过高,尤其是对销售员所提供酒店的住宿和餐费的报价感觉偏高,希望调整酒店或旅行社让利。这时,销售员小张告诉客户:"前不久我同事也接了个会议客户,还是个刚刚成立的新公司,规模并不大,但第一次搞客户联谊会就把消费标准定得很高,那家公司的刘总让我同事给安排了最好的会议酒店,并且包了酒店里最华丽的宴会厅来招待他们公司的客户,整场会议预算就十几万元,当时我同事都觉得花这么多钱搞公司的客户联谊会可能没什么必要,还建议刘总是不是再选择一下价位低一点的酒店,没想到刘总坚定地拒绝了,结果联谊会结束后不但刘总满意,他请的客户更满意,后来我同事听刘总讲,这次联谊会上,因为来了好多重量级的大客户,而且客户通过联谊会觉得刘总他们公司很有实力,在联谊会当晚就谈成了几笔上百万的大生意,乐得刘总都合不拢嘴,一下子把半年的任务都完成了。赵总,其实我觉得您这次请的客户要真是像您说的都是大客户的话,我觉得多花点钱,给客户一个好的享受,也给公司树立个好形象,还是挺有必要的,您说呢,赵总?"

典型故事成交法的关键在于自己平时在生活中要做一个有心人,处处留心,用心搜集各类故事、新闻等。只有头脑里的材料丰富了,当遇到相应情况时,才能做到灵感一闪、信手拈来。

(二)学会抓住游客心理,创造机会

由于游客的不断成长和成熟,中国有一些游客是比较了解旅游行业的,销售人员拜访的客户不一定看得上其产品,对其拿出的线路不屑一顾。他们有时会挑三拣四,提出这样或那样的质疑。有句俗话"褒贬是买家",他们越是讽刺挖苦便越有可能成为你的客户。如果不提出问题和质疑就没有进攻的机会,生意很快就结束了。胜利就在他们提出问题时,懂得行程的销售者,这个时候成功的机会就会大大提高。销售人员可以根据游客的要求改变行程,把旅行社已经有的产品进行有章法的调整,尤其是常规线路的旅游,如果很有章法地进行了调整,这个行程就变成了非常规,这时利润空间也就自然提高了。例如,组织团队到云南旅游,很多旅行社都在操作同样的产品,但偏偏有客户要求参观更多的民间项目(这是很正常的要求),此时很多旅行社(销售员)便望而生畏了。如果此时你却提出有个傣族的制陶技艺可以参观,这便会让客人大为惊叹,赞扬你的反应能力和知识面,此时谈成的概率也会大大增加。

在与客户的交往中,经常会遇到旁听者,越是有旁听者,越应该是销售人员高兴的时候,他们有可能会意外带来其他的效益,如也许他有一家五口准备参加另一旅游团的计划。

学会设计线路会给销售人员创造更多的销售机会。如果已经看懂了前面的所有理念,设计一条旅游线路是比较轻松的。在网站上,我们经常看到有人提出非常幼稚的旅游问题:我想去旅游,到哪里最好?这样的问题无从下手回答,安排旅游行程需要客户提供几个基本条件:

(1)您有几天假期?
(2)您的爱好是什么?
(3)您希望的交通方式是什么?
(4)您的消费标准是多少?
(5)多少人参加?
(6)您从哪里出发?
(7)您希望的出行时间是什么时候?

游客很多时候是说不出来自己的旅游目的的,但销售人员要学会引导,从中知道客户的旅游目的和计划,告诉客户这个线路的旅游目的是什么。例如,销售人员正在和一家工厂的工会谈论旅游的事,对于此类人群,最好别在他们面前搬弄中国历史,因为此人群大多对历史不感兴趣,他们关心的是美丽的风景、当地的气候、能吃到的美食。

所以,做好谈判或者接待前的准备是销售人员谈判能力以及知识储备能力的体现。

项目小结

本项目主要从旅行社销售的概念出发,论述了旅行社销售的特点、旅行社销售渠道的选择及管理、旅行社销售的流程和技巧等相关知识,加深了对旅行社销售的管理认识。

综合能力训练

••••• •••• ••• 基本训练 ••••• •••• •••

1. 旅行社销售的概念是什么？
2. 旅行社销售的特点有哪些？
3. 旅行社销售有哪些渠道？
4. 直接销售渠道有哪些利弊？
5. 电话销售的技巧有哪些？

••••• •••• ••• 技能训练 ••••• •••• •••

电话销售技巧训练：一名同学扮演旅行社销售人员，一名同学扮演顾客，进行电话销售情境演练。

项目五 旅行社计调

学习目标

知识目标：1. 熟知旅行社计调概念、旅行社计调的重要性及旅行社对计调部的要求。
2. 掌握旅行社计调职能和特点。
3. 了解旅行社产品的各种类型。

能力目标：1. 具有旅游服务采购的能力。
2. 具有熟练设计和开发旅行社新产品的能力。
3. 熟知计调部的操作流程。

技能目标：1. 能够运用旅行社产品设计原则开发出各种适合目标市场旅游者需要的旅游产品。
2. 能够运用旅行社产品价格制定原则制定出适合目标市场的旅游产品价格。

案例导入

案例一：2016年9月15日南宁某旅行社计调小张接到黄女士一行6人要参加10月9日南宁、柬埔寨6日游的通知。小张马上找到了当地做柬埔寨专线的旅行社拿到相关的旅游行程，做好了各项准备工作并与客人签订旅游合同。在出团前三天的下午，小张接到专线旅行社的通知，原行程中住宿标准为全程四星级酒店标准间，由于这个季节为柬埔寨的旅游旺季，房源紧张，导致有一天晚上客人只能入住三星级酒店标准间。知道这个情况后小张马上和黄女士一行沟通，客人得知后非常生气，要求赔款，最后经过多次协商，旅行社退给每位客人一晚房价差300元。因为计调的失误，不仅让旅行社蒙受损失，而且还影响了旅行社的声誉。

案例二：2016年8月1日，南宁某国际旅行社计调小谢接到韦女士一家3口要参加8月9日南宁直航泰国普吉岛包机6日豪华游的通知，并收到客人交来的护照资料和定金。计调小谢在没有检查护照内容的情况下，于8月2日将护照送入泰国领馆办签证，可是立即被退回来，才发现其中小朋友的护照还有3个月就要过期。计调小谢立刻通知韦女士这个情况，建议韦女士重新办理护照并做加急件处理，这样费用就要增加600元。新护照于8月6日出来，7日送进泰国领馆办加急签证，费用也比原来增加300元。虽然最后还是按时成团出发，但是费用无形中比原来高出了900元。因为旅行社计调人员的粗心，不仅给客人增添了麻烦，让旅行社蒙受了损失，而且给客人留下了非常不好的印象。

任务一 旅行社计调概述

一、计调的定义

计调就是计划与调度的结合称谓，是在旅行社内部专职为旅游团（或散客）的运行走向安排接待计划、统计与之相关的信息并承担与接待相关的旅游服务采购和有关业务调度工作的一个岗位类别。在从事国际旅游业务的旅行社中通常又称之为 OP(Operator)，意为"操作者"。在旅行社的经营管理中，销售部、计调部、接待部构成了旅行社具体操作的三大块，与财务部、人事部等后勤部门组成了整个旅行社的运作体系。其中，计调部起着联系各方的作用。

二、计调部概述

旅行社的计调部业务有广义与狭义之分。从广义上讲，旅行社计调部业务，既包括计调部门为业务决策而进行的信息提供、调查研究、统计分析、计划编制等参谋性的工作，又包括为实现计划目标而进行的统筹安排、协调联络、组织落实、业务签约、监督检查等业务性工作。从狭义上讲，计调部业务主要是指，旅行社在接待业务工作中，为旅游团安排各种旅游活动所提供的服务，包括安排行、住、食、游、购、娱等事宜，选择旅游合作伙伴和导游，编制和下发旅游接待计划、旅游预算单等，以及为确保这些服务而与其他旅游企业或有关行业、部门建立合作关系等。

简言之，计调是为了完成旅行社接待计划和与之相关的信息统计，承担着与接待相关的旅游服务采购和有关业务调度工作，是旅行社业务中的重要组成部分。

三、计调的重要性

计调在旅行社的整体运作中发挥着极其重要的作用，在旅游行业中，一直就有"销售买菜、计调做菜、导游带游客品尝大餐"的说法。可见，销售、导游、计调各司其职，都是旅行社业务中十分重要的角色。而当人们把目光集中到导游与外联身上的时候，往往对旅行社的幕后英雄——计调关注过少。其实，计调人员犹如饭店里的厨师一样，其素质与水平的高低，直接决定着旅游行程服务质量的好坏，所以有人把"计调"比喻为"旅游行程中的命脉"。

（一）计调是旅游行程中的命脉

销售人员联系旅游团队工作完成后，接下来就是计调部要发挥作用的时候了。计调部会根据团队客人的特点和要求，进行订房、订车、订票（机票、火车票、船票）、订景点门票、订餐等工作，然后交给接待部门，派导游去执行。可以说，旅行社是通过计调人员的有效运作，使各部门形成完整、互动的经营体系。

很多游客，甚至部分旅行社经营管理人员有一种误解，认为在有关旅行社的服务质量投诉中，很大部分是由于销售人员、导游（领队）的素质及服务态度造成的，但实际上旅行社发生的服务质量问题，很多原因可追溯到计调人员的操作程序上去。

🌐 案例分析

一个台湾旅游团队到南宁、德天旅游，计调人员很早就将行程做了出来并发给了台湾组团社，定于去广西民族博物馆参观的时间为周一上午。但是这个计调人员，想当然地认为民族博物馆每天都是开门迎客的，为了省事而不去进行再确认，结果周一导游带客人去到民族博物馆时正是休馆时间，大家可以想象，游客肯定会很生气,责怪导游。出现这样的错误,必定也会影响到地接社旅行社和组团社将来的合作。

可见,计调对旅游行程中服务质量所起的作用是至关重要的。计调人员丰富的操作经验、灵活的调配能力及细心、周到的人性化服务理念及超强的责任心,都是决定服务质量的关键,决定着旅行社所做的每道"菜"是否适合游客的"口味"。

(二)计调人员是旅游活动的幕后操纵者

对计调部而言,成本控制与质量控制是两大核心工作。成本控制,是指计调部要与接待旅游团队的饭店、餐馆、旅游车队及合作的地接社等洽谈接待费用,计调部能够控制旅行社的成本。所以,一个好的计调人员必须要做到成本控制与团队运作效果相兼顾,也就是说,必须在保证团队有良好运作效果的前提下,在不同行程中编制出一条能把成本控制到最低的线路。在旅游旺季,计调人员要凭借自己的能力争取到十分紧张的客房、餐位等,这对旅行社来说,相当重要。质量控制,就是除细心周到地安排团队行程计划书外,还要对所接待旅游团队的整个行程进行监控。因为导游在外带团,与旅行社唯一的联系途径就是计调部,而旅行社也恰恰是通过计调部对旅游团队的活动情况进行跟踪、了解,对导游的服务进行监督,包括代表旅行社对游客在旅游过程中的突发事件进行灵活应变。所以说,计调人员是旅游活动的幕后操纵者,是旅行社完成地接、落实发团计划的总调度、总指挥、总设计。可以说,"事无巨细,大权在握",具有较强的专业性、自主性和灵活性,而不是一个简单重复的技术性劳动。

计调在旅行社处于一个非常重要的地位,旅行社业务开展得好坏往往取决于旅行计划是否顺利实施,而计划实施在于计调人员的贯彻和执行。计调人员对上要完成总经理和计调经理制订的工作计划;对中要核算成本、利润,在团队开始前向财务支取备用款项,团队结束后整理报账;对下要和前台及销售人员沟通,保证产品的销售。

一个尽心尽职的计调能保证团队运作的顺利;一个不熟悉业务、粗心的计调会给旅行社带来投诉,影响旅行社的声誉;一个优秀的计调可以让销售、导游、领队和经理都放心;一个粗心大意的计调会让所有员工提心吊胆。因此,从事旅游业的人都知道计调的重要性。计调是旅行社业务开展的命脉。

四、旅行社对计调部的要求

旅行社对计调部的工作要求主要表现在以下几个方面。

(一)线路制作的有效性

旅行社外联人员在外联做业务时,经常需要一些新的线路及其制作,这时就要发挥计调人员的积极性,需要他们准确地制作一系列有效性的线路和产品。

（二）产品报价的准确性与竞争性

旅行社外联部人员不仅需要制作一系列有效的线路，还需要对其线路或产品做准确的报价。这样他们在对外与其他旅行社竞争时，才有胜算的把握，才具有一定的竞争性。例如，一条桂林—漓江 3 日游线路，各旅行社的报价都不大一样，相差 100 元左右。价低的有 500 元/人，报价高的则有 620 元/人，这样的短线线路报价就相差百元左右。目前我国大部分游客，对价格还是非常敏感的。游客多半还是会选择低价位的旅行社，因此旅行社计调部对各条线路或各种产品报价的准确性，或者说是否具有竞争性就显得非常重要。

（三）协调好与组团社和地接社的关系

1. 协调好与组团社的关系

作为地接社的计调部，要协调好与组团社的关系，组团社组织客源交给地接社，而对同一目的地来说，有许许多多的地接社，哪一家地接社的报价适中，又能保证服务质量，就能在同行中取胜。每一家地接社不仅要自己明白，还要导游人员明白：组团社组织客源，是非常不容易的，是在许多家旅行社相互竞争中取胜的。所以地接社要慎重对待每一个旅游团，确保服务质量。

2. 协调好与地接社的关系

作为组团社的计调部，也要协调好与地接社的关系，不要以为自己是组团社，而摆出"大姐大、大哥大"的样子，组团社与地接社虽然是两个不同的旅行社，有不同的利益分割，但它们都有一个共同的目标，就是通过自己的服务，使游客获得一次美好的经历，让游客满意，并以此来树立各自旅行社的品牌。所以，组团社与地接社的关系，可以说是"唇齿相依"的关系，与各地接社建立良好关系，关系到每一个旅游团的服务质量问题。

（四）与各合作单位的协调性

应协调好与各合作单位的关系，即与饭店、餐厅、景点、航空公司及车队等交通单位协调好关系。其中最重要的是与航空等交通部门的合作，在旅游各大要素中，交通成本是整个旅游费用中比例最大的。总之一个环节协调不好，就会影响全局，影响整个服务质量。

任务二 旅行社产品的开发与设计

一、旅行社产品的含义

从旅游经营者的角度来看，旅行社产品是指旅行社为满足旅游者在旅游过程中的需要，而凭借一定的旅游吸引物和旅游设施向旅游者提供的各种有偿服务。

如果从旅游者的角度来看,旅行社产品是指旅游者花费了一定的时间、费用和精力所换取的一种旅游经历。这种经历包括旅游者从离开始发地开始,到旅游结束归来的全过程之中,对所接触的事物、事件和所接受的服务的综合感受。旅游者用货币换取的不是一件件具体的实物,而是一种经历和体验。

在旅行社经营实际运行过程中,其提供的产品既包括整体或综合的旅游服务,又包括零散或单项的旅游服务,还包括介于两者之间任意组合的旅游服务。

但是,更多的情况下,旅行社提供给旅游者的是整体的旅游服务和根据旅游者需要不同程度组合的综合旅游服务。

二、旅行社产品的类型

旅行社产品的分类对于开发和设计产品具有重要意义。在实际经营中,有些旅行社根据旅游者的旅游动机对旅行社产品进行分类,称为旅游动机分类法;另一些旅行社则按照旅游活动包含的内容对旅行社产品进行分类,称为产品内容分类法。下面分别介绍根据这两种分类方法对产品所划分的类型。

(一)旅游动机分类法

根据旅游动机分类法,旅行社产品被划分成观光旅游、度假旅游、商务旅游、会议旅游、奖励旅游、探亲旅游、修学旅游、宗教旅游、探险旅游、自驾旅游十大类型。

1. 观光旅游

观光旅游产品是指旅行社利用旅游目的地的自然风光、文物古迹、民情风俗等旅游资源,设计出各种观光旅游线路,组织旅游者前往参观游览。观光旅游产品包括以观赏名山大川、异域景色等自然风光为主的自然观光旅游产品和以欣赏历史古迹、文化遗产等人文景观为主的人文观光旅游产品。观光旅游产品的品种繁多,观赏价值很高,深受广大旅游者喜爱,因而拥有广泛的市场,成为许多旅行社的主要经营产品。

2. 度假旅游

度假旅游是近年来颇受旅游者青睐的一种旅行社产品,在旅游市场上占据的份额不断扩大,成为许多旅行社的主营产品。度假旅游产品的出现同现代社会城市化进程的加快有着密切关系。一方面,经济的发展使人们的工作和生活节奏不断加快,导致各种竞争日趋激烈,造成人们心理上的压抑;另一方面,大量人口涌入城镇,造成城镇居民的居住密度增大,并产生各种环境污染,降低了城镇居民的生活质量,使人们感到厌倦。为了暂时逃避这种生活,到那些空旷、优美、静谧的环境中去充分放松和休息,人们便利用假期到有阳光、海水、沙滩的海滨度假,或者山间、湖边等其他风景优美的地方度假,使身心得到休整。度假旅游以散客旅游为主要旅游方式,多为家庭集体外出,其消费能力比较强,对旅游设施和服务水平的要求较高。

3. 商务旅游

商务旅游是指以经商为目的,将商业经营与旅行游览结合起来的一种旅游频率高、经济效益好的旅行社产品。商务旅游者多为企业的管理人员或销售人员,其消费水平往往高于其他类型的旅游者。随着经济的不断发展和各国及各地区之间经济往来的增加,商务旅游者成了旅游市场客源的重要组成部分。许多旅行社针对这种形势,推出各种商务旅游产品吸引旅游者,获得了可观的经济效益。

4. 会议旅游

会议旅游是指旅行社在会议期间或会后组织会议参加者进行参观游览活动的一种产品。参加会议旅游的旅游者消费水平比较高,购买力强而且在旅游目的地停留的时间一般较长,所以组织或接待会议旅游活动,能够给旅行社带来较高的经济效益。另外,参加会议的旅游者多为某个专业或领域的专家,具有渊博的知识或技能,能够给当地的有关部门带来先进的科学文化知识和相关领域的最新信息,有利于当地的经济和科学文化的发展,从而给组织或接待会议旅游的旅行社带来良好的社会效益。

5. 奖励旅游

奖励旅游是近年来发展很快的一种旅行社产品。随着经济的发展和人们生活水平的提高,企业单靠发放奖金激励员工的做法已经难以收到预想的激励效果了。为了奖励在经营或生产中做出较大贡献的员工或者在销售企业生产的产品活动中成绩斐然的销售代理,不少企业愿意出资为他们安排旅游活动。由于许多企业对旅游活动的安排和接待工作不熟悉,因此,它们常委托旅行社进行安排,这就是奖励旅游产品产生的原因。

6. 探亲旅游

探亲旅游是旅行社组织旅游者到达旅游目的地走访亲友的一种旅游活动。探亲旅游是一种目的明确的旅游活动,人们参加探亲旅游的主要目的就是探望自己的亲属或朋友,同时也可能进行其他形式的旅游活动。探亲旅游的人均旅游支出相对较少,不少旅游者住在被探访的亲戚或朋友家里,没有必要住饭店,也很少到餐馆就餐。在国外的某些私人汽车普及的国家或地区,旅游者还可能乘坐亲友的私人汽车游览参观,不需要旅行社安排市内交通工具。

7. 修学旅游

修学旅游是人生时间、空间的一种延展,其中一个重要目的和效用就是学习知识,增加阅历。修学旅游是旅游项目中的古老品种,历史上,游与学一直紧密结合在一起,"读万卷书,行万里路"就是经典写照。孔子以周游列国著称,他曾率领学生在艰难困顿中游遍山川都邑,广求知识,丰富阅历,考察政风民情,宣传礼乐文化长达14年之久,堪称世界修学旅游的先师和典范。中国历代王朝接待来自欧洲、日本、琉球、俄罗斯、高丽等国人员来华修学旅游。盛唐时期,来华修学旅游盛极一时;唐玄奘西天修学旅游取佛经也流芳千古;此后的马可·波罗在元朝任职、游学17年,写下著名的《马可·波罗游记》。

改革开放后,我国与世界各国的文化交往日益增加,作为一项有特色和有意义的专项旅游项目,修学旅游呈现出进出两旺的势头。

(1) 入境修学旅游:入境修学旅游成为我国目前最具活力和潜力的黄金旅游市场之一。例如,山东曲阜正在构建以孔子故里为历史背景、山东相关城市修学资源为补充的大文化、大修学旅游的产业格局,通过举办"孔子修学旅游节"等方式,挖掘并充分展示曲阜丰富的人文内涵,创新文化体验旅游产品,提升孔子旅游文化品格,打造中国人文旅游、修学旅游第一品牌。

(2)出境修学旅游:出境修学旅游是近年来我国修学旅游市场的热门产品和热议话题。它以中小学生为主体,目的地以英国、美国等英语国家为主,到日本、韩国、新加坡的也不在少数,多由旅行社和留学中介机构组织,以学习英语会话、感受外国高等教育等内容为卖点,目的大多是为学生将来出国留学做准备,这类游学活动的赢利目的性较强,因而活动本身的修学含量普遍不高,游多学少,而且费用较高,变成了贵族消费项目,难以普及,背离了修学旅游的原本价值取向。

8. 宗教旅游

宗教旅游是一种以宗教朝觐为主要动机的旅游活动。自古以来世界上三大宗教(佛教、基督教和伊斯兰教)的信徒都有朝圣的历史传统。凡宗教创始者的诞生地、墓葬地及其遗迹遗物甚至传说"显圣"地以及各教派的中心,都可成为教徒们的朝拜圣地。例如,耶路撒冷,基督徒认为是救世主耶稣的诞生地,犹太人认为是大卫王的故乡、第一座犹太教圣殿所在地,穆斯林认为"安拉的使者"穆罕默德曾在此"登霄"升天,故成为基督教、犹太教和伊斯兰教的共同圣地,吸引了大批的海外朝圣者。旅游者的主要目的是到宗教圣地进行朝拜活动,同时也在旅游过程中游览某些沿途的景点。宗教旅游者来自社会的各个阶层,对旅游服务的要求也迥然不同。富有的宗教旅游者往往要求旅行社安排他们住在高档的饭店里,在豪华餐厅就餐,乘坐高级轿车和飞机的头等舱;普通的宗教旅游者则多要求住在经济型旅馆或普通饭店,在普通餐馆用餐,外出时乘坐普通大客车或火车。然而,他们向旅行社提出的共同要求就是满足他们朝圣的愿望。只要能够满足这一愿望,他们对其他的活动安排往往不十分计较。对于位于宗教旅游目的地的旅行社来说,宗教旅游是一种客源稳定的旅游产品。

9. 探险旅游

探险旅游是旅行社利用人们的好奇心理和寻求新鲜事物的欲望而设计和开发的特殊旅游产品。参加探险旅游的多为富于冒险精神的青年旅游者,一般在旅游目的地停留的时间较长。探险旅游的目的地主要是那些人迹罕至或尚未开发的地区,如原始森林、峡谷、高山、极地等。旅游者多为单人旅行或少数几个人结伴同行,并在旅行前就比较熟悉他们的旅游同伴。同观光旅游者不同,探险旅游者往往只携带少量行李,选择经济型旅馆或价格较低的普通旅馆下榻,而且对饮食的要求比较简单,不追求珍馐美味。探险旅游的一个明显特点是旅途艰辛,旅行社在接待他们之前应做好大量准备工作。探险旅游是大众旅游的先导,一些新的旅游地往往是探险旅游者首先发现,然后经过开发建设而成为众多旅游者前往之处。

10. 自驾旅游

自驾旅游是指旅游者按照一定的线路自行驾车的旅游方式,兴起于20世纪中期的美国,流行于西方发达国家。最初,人们把周末开车出游叫"Sun-day Drive",后来发展为"Drive Travel"。如今自驾旅游已逐步成为风靡全球的旅游方式。随着旅游市场的发展、旅游产品的不断成熟,自驾旅游越来越成为有车族的最爱。

(二)产品内容分类法

按照旅游活动包含的内容进行分类,旅行社产品分成团体包价旅游、散客包价旅游、半自助旅游和单项服务4种类型。

1. 团体包价旅游

团体包价旅游,包含两层含义:其一是团体,即参加旅游的旅游者,一般由 10 人或更多的人组成一个旅游团;其二是包价,即参加旅游团的旅游者采取一次性预付旅费的方式,将各种相关旅游服务全部委托一家旅行社办理。团体包价旅游的服务项目,通常包括依照规定等级提供饭店客房、一日三餐和饮料、固定的市内游览用车、翻译导游服务、交通集散地接送服务、接送行李服务以及游览场所门票和文娱活动入场券等。

就旅游者而言,参加包价旅游可以获得较优惠的价格,预知旅游费用,并可在旅游团内保持熟悉的氛围,而且旅行社提供全部旅游安排和全陪服务,使旅游者具有安全感,所有这些都是包价旅游的优势。但是,包价旅游同时存在着旅游者不得不放弃自己的个性需求而适应团体包价旅游的劣势。另外,如果旅游者不幸选择了一家服务质量低劣的旅行社,整个旅程将变得让人无法忍受。

就旅行社而言,团体包价旅游预订周期较长,相对易于操作,而批量操作可以提高工作效率,降低经营成本。但是,团体包价旅游在预订和实际旅游期间,经常会发生各种变化,而且在旅游旺季容易遇到旅游服务采购方面的问题。

2. 散客包价旅游

散客包价旅游是指 9 人以下的包价旅游产品。参加散客包价旅游的多为自愿结伴而行的亲友。散客包价旅游除了旅游活动安全可靠的益处之外,还具有能够较多地照顾旅游者个性的优点。旅行社则可以通过组织、接待散客包价旅游者而招徕到更多的客源,增加营业收入。

然而,散客包价旅游也有其不足之处,主要表现在以下两个方面。其一,价格较高。由于旅游者人数少,旅行社难以从饭店等旅游服务供应部门在价格方面获得较多的优惠,从而出现散客包价一般高于团体包价的现象。其二,成本较高。虽然每批散客包价旅游的旅游者人数少,但是旅行社在组织和接待方面所花费的通信联络、导游陪同等方面的成本与团体包价旅游相差无几,造成组织或接待散客包价旅游者的人均成本较高。

3. 半自助旅游

半自助旅游是一种介于参团游与自助游之间的旅游方式,其特点是旅行社只负责交通和住宿等环节,而游览行程、餐饮等全由游客自己安排。

半自助旅游 = 自由行 + 团队游,可以不用自己规划往返于不同旅游地点之间的交通及住宿。旅游者只需要自己计划好到不同旅游地点后的参观游览内容,交通和住宿都由当地旅行社或其他旅游机构代为办理。

这一旅游产品具有以下两大优势。

(1)与自由行比较轻松便利。交通和住宿虽然不是旅游的内容,却是旅游顺利完成的保证。在出发前将这两点安排好,就可以安心地游览了。而且在旅游旺季,交通和住宿也是最难解决的,通过旅行社是明智的选择。

质同价优,散客和团队的价格就像零售价和批发价,在同等标准的交通和住宿情况下,通过旅行社订购自然比自己作为散客直接预订要获得更大的折扣。半自助旅游最大的优势是,能享受机票、酒店的团队价,而市面的自由行产品一般执行散客价。

(2)与团队游比较更加自由。大多数旅游者不选择参团游的主要原因就是行程已经被安排定了,每天只能跟着导游的小旗走马观花,不管感不感兴趣都要参加,没有一点自由可言,而且有的线路产品还有规定的购物和自费项目,让人不愿接受。而半自助旅游除了交通、酒店和旅游天数被确定外,游览内容、行程安排完全由游客自己决定,而且许多半自助旅游产品中的交通、酒店和旅游天数也是有许多选择可以自由组合的,甚至连住宿都可以自己解决。

4. 单项服务

单项服务是旅行社根据旅游者的具体要求而提供的各种非综合性的有偿服务,旅游需求的多样性,决定了旅行社单项服务内容的广泛性,但其中常规性的服务项目,主要包括导游服务、交通集散地接送服务、代办交通票据和文娱票据、代订饭店客房、代客联系参观游览项目、代办签证和代办旅游保险等。

近年来,委托代办业务日益重要,许多旅行社都成立了散客部或综合业务部,专门办理单项服务。旅行社重视单项服务的根本原因,是全球性散客旅游的迅速发展。目前,全世界散客旅游所占比重,与传统的团体旅游相比越来越高,已达到80%。在我国部分旅游城市,如北京,散客旅游者占旅游者总数的比例,也已高达60%。散客旅游的兴起,是旅游者心理需求个性化、国际旅游者旅游经验日趋丰富、信息与科技的推动等因素综合作用的结果。在我国,由于目前交通状况、语言障碍和信息网络等方面的原因,散客旅游的水平可能会在一段时间内滞后于世界散客旅游的发展水平,但散客旅游作为一种发展趋势却是不容置疑的。

新《旅游法》规定,旅行社提供两项或两项以上的单项服务就算包价旅游。从以上旅行社4种基本产品形态的介绍中可以发现,从团体包价旅游到单项旅游服务,旅行社产品的构成要素逐步减少,服务要素的构成方式也各不相同。但这绝不等于说旅行社的产品只有以上4种形态。事实上,在有利于满足旅游者需求和提高旅行社竞争力的前提下,任何产品形态都是允许和可行的。

三、产品开发与设计原则及流程

(一) 产品开发与设计的原则

通过本项目任务一的学习,我们可以了解到,旅游者是为了娱乐、休闲、求知等目的而外出旅游,而旅行社产品是旅行社为旅游者的旅游活动提供的一系列服务。这种产品的开发与设计不是凭空想象,而是遵循一定的原则,才会开发与设计出适合旅游者需求的产品。旅行社产品的形态是多种多样的,但不同形态的产品在其开发与设计过程中,却应遵循基本相同的原则。

1. 市场导向原则

旅行社产品开发与设计的目的在于通过产品销售,获得经济利益。如果旅行社的产品不能满足旅游者的需要,产品就没有销路,旅行社也就无利可图。市场导向原则就是要求旅行社在开发新产品前,对市场进行充分的调查研究,预测需求市场的发展趋势和需求数量,分析旅游者的旅游动机。只有这样,才能针对不同目标市场旅游者的需要,设计出适销对路的产品,最大限度地满足旅游者的需求,提高产品的使用价值。

2. 经济原则

旅行社产品同其他产品一样,也有各种成本支出,如交通费、住宿费和餐饮费等。目前大部分游客对价格是非常敏感的,这就要求旅行社在产品开发与设计过程中加强成本控制,从旅游供应商处拿到最优惠的价格,降低采购价格,这样既可以降低旅行社产品的直观价格,便于产品销售,又能保证旅行社的最大利润。

3. 交通安排合理原则

交通工具的选择应以迅速、舒适、安全、方便为基本标准,做到快旅慢游。同时要保证交通安排的衔接,减少候车(机、船)的时间。

4. 服务设施有保障原则

服务设施有保障,是指除了交通设施之外,还要充分考虑住宿、餐饮、购物、银行等配套服务设施安排的合理性,以确保实现旅游产品的规模经营。

5. 产品内容丰富多彩原则

旅行社应安排丰富多彩的旅游项目,让旅游者通过各种活动,从不同的侧面了解旅游目的地的文化和生活,领略美好的景色,满足旅游者放松、娱乐和求知的欲望。在旅游活动过程中,应力求形成高潮,加深旅游者的印象,以达到宣传自己、扩大影响、吸引游客的目的。

6. 合理搭配原则

旅游线路是由各旅游景点、活动项目所组成的。同样的旅游景点和旅游项目,会因旅游线路的结构顺序和节奏的不同而产生不同的效果。旅游活动内容的安排组织既要使游客的整个旅游活动始终保持在兴奋点上,又要按照客观规律,做到有张有弛,使旅游活动具有节奏感和韵律感。这就要求在开发与设计旅游线路时,要预先筹划线路的节奏点、何时何地高潮、何时何地平缓。唯有如此,游客才能在心理和生理上获得极大满足。

旅游线路的开发与设计必须充分考虑旅游者的心理和体力、精力状况,并据此安排其结构顺序与节奏。一条设计完美的旅游线路应如同一场精彩的表演,沿着序幕—发展—高潮—尾声的顺序不断推进。

旅游线路在时间上是从旅游者接受旅游经营者的服务开始,到圆满完成旅游活动,脱离旅游经营者的服务为止。旅游线路时间安排是否合理,第一,要看旅游线路上的各项活动内容所占的时间位置和间距是否恰当。第二,要在旅游者有限的旅游时间内,尽量利用快捷的交通工具,缩短单纯的交通运行时间,以争取更多的游览时间,并减轻旅途劳累。因旅游交通费用往往是主要开支,故最好能将旅游目的地附近的景点顺便一览,当然,如果遇到一些美丽的景观公路,则另当别论。第三,不论是为期一天的短途旅游,还是为期一个月的长途旅游,都要适当留有自由活动时间,同时,还要留出时间,以应付旅途中随时可能发生的意外。如果时间紧张的话,要抓住重点,宁可放弃一些次要的旅游点。在旅游消费过程中,以时间为序的各项空间活动的准时性,也是反映旅行社管理水平的重要标志之一,如交通工具是否准点、从业人员是否正点迎送等,稍有疏忽都有可能破坏整个旅游体验。

以我国推出的"澳洲经典十日游"的日程安排为例,其活动时序安排如下:旅游者经过10个小时的飞行之后。首先安排墨尔本市区观光,参观教堂、艺术中心等景点。因为旅途劳顿,且环境生疏,故先安排以"艺术之都"著称的墨尔本市内景点游览,不仅体力消耗较少,也便于熟悉环境。然后前往被喻为"考拉之都"的布里斯班观赏澳洲特产动物;在冲浪者天堂——黄金海岸,参加对游客极具吸引力的水上活动,如沙滩排球、游泳、冲浪等;到悉尼参观举世闻名的悉尼歌剧院,从而形成旅游三大高潮。作为尾声,安排以宁静的"大洋洲花园之都"著称的堪培拉市区观光。此时旅游者的情绪有所放松,几天紧张而兴奋的旅游活动之后,体力和精神都得到调整,结束愉快的澳洲之旅。

就人体的生物钟规律来说,经过一夜睡眠的充分休息后,每天上午是人在一天之中精力最为充沛的时候。对于旅游者来说上午的猎奇、感知欲最旺盛,心理上希望,并且在实际上能够搜集和感知的环境信息量最大。因此,上午的游览最好是安排在沿途及景点上的景物比较丰富的景区,以满足此时游客想多感知信息的心理需求。如果上午游览的景观的丰富度和环境信息量不足,就容易使人产生该条游线的游览内容不够丰富且平淡的感觉。经过上午半天的参观游览,尤其是中午进餐之后,人体的血液多流入胃肠消化道,而大脑则处于相对缺血的状态,于是容易出现常言所说的"饭饱神虚"现象。此时旅游者对获取和感知环境信息的欲望大为减退。因此,午饭之后的沿途及景点上的景观安排,应当相对淡化一些。午餐一两个小时之后,人的大脑又逐渐兴奋起来,这时的游览内容也应当相应丰富起来。总之,游览内容的丰富度应尽量与游客一天中对旅游环境感知欲望的强弱相吻合,恰到好处地为游客提供适量的感知景物对象,以满足其旅游感知需求。

7. 机动灵活原则

旅游过程涉及面广,即使做了最充分的准备,意外的情况有时仍难以避免,如遇到不可抗力的灾害而只能改变旅行计划,或由于某些缘故而必须临时变更部分旅行安排等。因此,在旅游线路开发与设计时,日程安排不宜过于紧张,应留有一定回旋余地;在执行过程中,也需灵活掌握,在保证落实旅游路线行程的基本项目的前提下,同时也预备局部变更和应付紧急情况。在旅行活动结束以后,要根据不同游客的意见和建议,开发与设计新的旅游线路。

例如,在开发与设计欧洲旅游线路时,当地的罢工问题不容忽视。每年7~9月阳光最充沛的夏季大假期之后,法国往往就会进入罢工的高峰季节,银行、邮局、电力、航空、铁路、地铁、公共汽车的职员罢工十分常见,罢工的人多,次数多,警告性罢工、"瓶颈式"罢工、轮流式罢工、声援性罢工等名目种类繁多。对于罢工造成的不便,多数法国人都表示理解,因而境外游客自然也不便对法国的民生、民权多说什么。但对游客行程计划,尤其是返程国际航班的波及,却是很大的。

此外,机动灵活原则还体现为时效优先。旅游活动的效果或旅游者的旅游体验受自然景观、客观因素影响明显,如何使旅游者的旅游活动与旅游地优美的自然景观、良好的客观环境完美结合,体现时效优先原则,是旅游线路开发与设计者需要考虑的问题。

体现时效优先原则就是要展现最美的旅游景观,针对不同的季节推出不同的旅游线路,紧扣社会热点推出适应性旅游线路,展现最美的旅游景观必须做到:第一,根据自然景观的季节性变化开发与设计线路;第二,围绕民间节庆活动开发与设计线路;第三,根据旅游地的气候环境条件开发与设计旅游线路;第四,紧扣社会热点适时推出相应的旅游线路,不仅会受到旅游者的欢迎,而且也能给旅游企业带来良好的社会声誉和经济效益。

8. 旅途安全原则

旅游线路的开发与设计,一方面要保证游客的生命财产安全,使游客游得开心,玩得放心,走得舒心;另一方面,要遵守旅游地的安全保护规定,使旅游线路巧妙地避开不宜暴露的军事禁区、保密设施。旅游活动不应安排涉嫌经济、技术泄密的内容。

就旅游消费心理而言,安全是人们最基本的需要。出门旅游,旅游者最担心的就是安全问题;组织旅游团,旅行社最担心的也是安全问题。因而在旅游线路开发与设计时,应遵循"安全第一"的原则。旅游安全涉及旅行社、旅游饭店、旅游车船公司、旅游景点景区、旅游购物商店、旅游娱乐场所和其他旅游经营企业,常见的旅游安全事故包括交通事故(铁路、公路、民航、水运等交通事故)、治安事故(盗窃、抢劫、诈骗、行凶等治安事故)以及火灾、食物中毒等。因此,在旅游线路开发与设计的过程中,必须重视旅游景点、旅游项目的安全性,把游客的安全放在首要地位,"安全第一,预防为主",高标准严要求地对待旅游工作的每一个环节,对容易危及旅游者人身安全的重点部门、地段、项目,提出相应的要求,并采取必要的措施,消除各种潜在隐患,尽量避免旅游安全事故的发生。

9. 充分体现旅游资源的吸引力

(1)及时了解旅游资源的开发情况。及时了解旅游资源的开发信息,在实力允许、时机成熟的情况下,不断丰富旅行社的产品内容,充分体现新开发旅游资源的吸引力,把握发展的契机。

(2)充分展现旅游景点的景致。不同景点在不同的时间,观赏效果是不尽相同的。因此,在条件许可的情况下,应在景点呈现最佳观赏效果的时候,安排旅游者前去游览。一般来说,以水体为主的景点在清晨游览为佳;以观赏植物为主的景点,多以下午游览为佳;而以山体为主的景点,一般以傍晚游览为佳。由于光照角度不同,同一景物也会呈现不同的观赏效果。一般来说,顺光照射的水体,呈现出清澈、碧绿的本色;而逆光照射的水体,会呈现出许多明亮闪烁的反光亮色,水体水色被淡化。因此,如果景点的水质好,应尽量安排旅游者处于顺光的角度观赏;反之,应安排旅游者处于逆光的角度观赏。总的来说,应根据景点的自然状态,选择最能体现景点吸引力的角度,安排旅游者观赏游览。

(二)产品开发与设计的流程

产品开发与设计流程包括以下几个方面。

1. 市场调查

市场调查是旅行社产品开发与设计的出发点。通过对产品市场环境和旅游者消费行为的调查,旅行社可获得有关旅游者和旅游中间商的需求、竞争对手的产品和其他相关消息,并通过对获得的信息进行分析、研究,激发有关新产品开发与设计的灵感和创意,开发适合市场的新的旅行社产品及对旧产品的整改,在市场竞争中占据优势,取得良好的经济效益。

2. 创意阶段

产品开发与设计创意的主要来源有以下几个。

(1)了解旅游者需求。旅游者需求是产品创意的出发点,旅行社通过分析旅游者建议书、投诉,或组织旅游者讨论等多种形式,可以获取大量第一手资料,促进产品创意的产生。

在开发与设计线路产品时最重要的一点就是要站在游客的角度,以游客的心境来进行思考。许多客人远游到另外一个城市或国家,也许一生只有一次机会。客人珍视这样的机会,旅行社也应该从客人的角度考虑而珍视这样的机会。这种换位思考给产品制作提出了更高的要求,仅仅了解游客想要看什么还是远远不够的,好的策划、好的产品开发与设计还应当想到客人未曾想到的,即所谓让人产生参加这次旅游"超值"的感觉。

(2) 了解竞争对手。分析竞争对手的成功与失败之处,往往可以激发新的创意。旅行社要随时注意竞争对手的产品情况,观察分析其销售及游客对这些产品的评价与反映。

(3) 了解旅行社销售人员及旅游代理商。旅行社及销售代理商经常与旅游者打交道,了解市场行情与旅游者的需求心理,也很清楚竞争对手产品的优势,从他们身上获得的产品创意往往最符合市场的需求。

另外,旅行社还可以从咨询公司、旅行社内部员工及有关报纸、杂志等媒体或统计资料中了解旅游者的需求、流向及市场发展趋势,激发产品创意。

3. 方案的制定

从产品构思到方案制定过程中,旅行社需要把握的信息主要包括以下几个方面。

(1) 发展前景:包括产品市场的规模、进入市场的可能性、市场需求的持久性、产品仿制的困难性和此类产品的发展趋势等。

(2) 市场销售:包括产品的需求量和需求时间、产品的销售范围和目标市场、此类产品的销售数量和市场占有率、潜在旅游者数量及旅游者实际购买力、旅游者对新产品的要求和希望、季节变动对销售的影响及产品的销售渠道等。

(3) 竞争态势:包括生产和销售类似产品的竞争者数量、各竞争者产品的情况、各竞争者采用的竞争策略和竞争手段、竞争者的市场占有率和价格差、潜在的竞争者及他们加入该种新产品市场的可能性等。

(4) 价格:包括竞争产品价格的变动情况、旅游者对这类产品价格的意见和要求,以及此类产品的价格弹性等。

(5) 内部条件:包括旅行社开发与设计新产品所需人财物的保证程度、旅行社的信誉与管理水平、所需各种服务设施的供应能力和服务质量等。

拟订方案时应该注意的问题。旅行社在拟订方案过程中,应注意以下几点。

(1) 国家发展旅游事业的方针、政策和有关法律,是旅行社新产品开发与设计中必须首先考虑的因素。

(2) 各类旅行社在业务范围和专长方面都存在差异。旅行社应根据自身的特点和条件开发与设计产品,有针对性地搜集资料。

(3) 不同地区旅行社所针对的需求群体有所差异,旅行社应考虑服务目标的需求和特征,有针对性地开发与设计产品。

(4) 各种信息必须全面、系统。旅行社通过广泛搜集与新产品开发有关的信息,对构思进行可行性分析与研究,便可得出产品的设计方案。

4. 预订旅游服务的采购

旅行社产品不是收到团队后才开始进行服务采购,交通、住宿很多项目需要提前预订,甚至需要交定金。这就需要考虑旅行社的财务能力、销售推广等方面因素,不然就会产生亏损。

5. 产品定价

在确立产品成本之后,制定对外市场价格。价格主要需考虑旅游者的购买能力、竞争对手价格、旅游中间商的积极性等方面的因素。

6. 制定销售渠道

以上步骤完成后,选择怎样的销售渠道,把产品推广出去,对于旅行社经营者来说是最重要的,选择最经济、最实用的销售策略,把产品顺利推广出去。

7. 投放市场

通过制定的销售策略,旅行社把产品投放市场,获得预期的经营利润。

8. 搜集反馈,不断改良产品

通过搜集游客的反馈意见,销售人员、导游及领队等一线员工对产品的反映,对原有产品进行加工改良,使之更适合市场的需要。

任务三　旅行社产品价格的制定

价格,是最直接、最敏感的影响消费者购买行为的因素。但对旅游企业而言,又是获得收入和盈利的主要手段。因此,价格必然成为营销策略中的重要因素之一。旅游产品的价格,最主要是由成本、利润和税金三部分组成。

一、影响旅行社产品价格制定的因素

影响旅行社产品价格制定的因素包括产品的内部因素和外部因素两部分。产品的内部因素是指构成旅行社产品的各项成本和利润,产品的外部因素则包括旅游市场的供求状况、竞争状况、汇率、季节、替代产品价格等。

(一)内部因素

1. 旅游团队直接成本

直接成本通常包括旅游者的交通、餐饮、住宿、导游讲解服务费用、景点门票、旅游保险、签证、全陪或领队产生的费用等。以上费用是决定产品价格的主要因素。这些费用必须精确计算,不然直接产生损失。

2. 固定成本

固定成本是指在一定范围内和一定时间内总额不随经营业务量的增减而变动的产品成本,包括旅行社的房屋租金或房屋折旧、其他固定资产折旧、宣传促销费用、销售费用、员工工资等。按照大部分商品计算成本惯例,固定成本应分摊到所销售的全部产品中。但是旅行社产品非常特殊,它不会像其他商品,如冰箱、彩电等,公司一年只是推出几个商品,财务核算很方便。旅行社产品月月有推广,线路从省内、国内到出境,有几十条,甚至上百条,如果每条线路都计算固定

成本平均摊销,工作量非常大,也没办法计算清楚,而且很多时候财务是不参与线路设计及报价的,基本由计调完成此项工作,而计调对于公司的固定成本是不了解的。因此此项费用基本不做报价依据。

3. 税金

旅行社财务主要是代收代支,因此旅行社营业税是差额税,数额很小,通常是团队结束报账时才能准确计算出来,所以一般的团队成本都忽略计算税金。

4. 利润

利润是旅行社通过销售其产品所获得的收入与旅行社为生产和销售产品所付出的各项成本费用相抵后的余额,是旅行社经营的财务成果,旅行社产品的价格中必须包含一定比例的利润。

(二)外部因素

1. 供求状况

旅行社在制定产品价格时必须充分考虑旅游市场上的供求状况。当旅游市场上对于旅行社的某种产品的需求量增加时,旅行社常常提高该产品的销售价格;当旅游市场上对某种产品的需求量减少时,旅行社往往降低该产品的销售价格。

2. 竞争状况

旅行社应当把旅游市场上的竞争状况作为制定产品价格的重要参考依据。如果市场上经营同类产品的旅行社数量众多,且呈现供大于求的局面时,旅行社通常将价格定得较低;如果市场上经营同类产品的旅行社数量较少,甚至是某旅行社独家经营,形成供不应求的局面时,旅行社一般将价格定得较高。

3. 汇率

经营入境旅游和出境旅游的旅行社在制定价格时,除了需要考虑上述的各种影响价格制定因素外,还应考虑货币的汇率因素。汇率是一个国家的货币用另一个国家的货币所表示的价格。两种货币之间的比价发生变化,会对旅行社产品价格产生一定的影响。当本国货币贬值时,入境旅游产品的实际价格下调了,而出境旅游产品的实际价格上涨了;当本国货币升值时,入境旅游产品的实际价格上涨了,而出境旅游产品的实际价格下降了。因此,旅行社在制定入境旅游产品和出境旅游产品的价格时,必须关注货币汇率的变化。根据具体情况对产品的价格做出相应的调整。

4. 季节

旅游是一种季节性很强的活动,旅游旺季和淡季之间存在着明显的差别。旅行社在制定产品价格时,必须将产品销售的季节因素考虑进去。一般情况下,旅行社在旅游旺季时会保持其产品售价不变或将产品售价上调,在旅游淡季时则往往将产品售价适当地降低,以吸引更多的旅游者。

二、旅行社产品价格的制定原则

(一) 市场导向原则

旅行社经营管理者在制定产品价格时,应遵循市场导向原则,以旅游市场需求为导向,根据市场需求的变化制定和调整产品的价格。产品供不应求时,可以适当提高产品的销售价格;而当产品供过于求时,则应该将产品的价格适当地下调。

(二) 质价相符原则

旅行社在制定产品价格时,必须坚持质价相符原则,按质论价,优质优价,以达到旅游者的期望值为准则,既不应使价格过分高于旅游者的期望值,给旅游者造成产品质次价高的不良印象,又不应把产品价格定得过低,使旅行社蒙受损失。

(三) 利润导向原则

利润导向原则通常是侧重于争取在短期内获得最大利润。以此为目标的前提条件是旅行社及其产品在市场上居于领先地位,旅游产品在市场上供不应求,而其他竞争对手则力量不强。此时,旅行社可采取扩大销售量和提高价格的策略来实现这一目标。但利润最大化并不意味着价格最高。这一目标可能会影响到市场占有率,为竞争者提供机会。所以旅行社应慎重采用这一目标,必须有长远的经营战略。

(四) 形象导向原则

旅行社形象是旅行社通过长期市场营销等活动,而给予消费者的一种精神感知。旅行社良好的企业形象会存在于旅游者的心目中,给旅行社带来可观的利润。良好的形象与产品销售、市场占有率、竞争能力等密切相关,且会通过价格表现出来。所以旅行社为建立或保持良好的形象,产品价格的制定就要符合企业形象的要求。这种定价目标有利于改变目前我国旅游市场上恶性削价竞争的局面,提高旅行社的产品销售和利润率,也会受到旅游者的欢迎。旅行社要提高产品的质量,实行优质优价服务,树立良好的企业形象。

(五) 减少亏损原则

旅行社在包机、包专列或长期包航空公司机位的时候,可能会遇到产品卖不出去的局面,为避免更多的亏损,以保本价格甚至亏本价格出售产品,以争取客源,减少损失。这种定价原则往往只作为特定时期的过渡。

三、旅行社产品定价策略

(一)新产品定价策略

定价策略是否适当对新产品的推广起着十分重要的作用。一般而言,新产品的定价策略主要有以下三种。

1. 撇脂定价策略

撇脂的原意是指将牛奶中的那层奶油撇出。市场撇脂定价,是指新产品投放市场时,在短时期内采用高价,获得高额利润的定价策略。新产品刚上市时,需求弹性较小,旅游者对产品价格的反应不敏感,竞争对手也较少,因而可能在短时期内获得最大的利润,可及时回收成本投资。高定价也有利于树立高质量的产品形象,并给旅行社及旅游中间商留有一定的降价空间,以吸引对价格敏感的旅游者。但是,如果最初定价太高,则不利于开拓市场,也会引来大批竞争者的加入,因竞争激烈而造成利润下降,所以,撇脂定价是一种短期的价格策略。旅行社若想长期使用这种策略,就必须不断进行产品创新。可以看出,这种定价策略适合创新能力较强的旅行社。

2. 渗透定价策略

渗透定价策略与撇脂定价策略恰恰相反,渗透定价策略是一种低价策略。旅游新产品进入市场时,为迅速打开市场获取市场份额,以较低的价格吸引消费者。这种价格策略不仅可以迅速打开销路,扩大市场销量,增加盈利,而且还可以阻止竞争者的进入,有利于控制市场。但这种策略的运用也有可能导致投资期较长而遭受损失。采用渗透定价策略应具备以下条件:市场对价格高度敏感,企业能逐步降低产品的成本,低价格有助于阻止竞争者的进入。

3. 满意定价策略

满意定价策略介于上述两种策略之间,是一种折中策略。其价格比撇脂价格低,而比渗透价格高,既能保证旅行社获得较满意的初期利润,又能使较多的消费者接受。这种价格策略也称为"温和价格"或"君子价格"。

(二)心理价格策略

很多消费者对产品价格较为敏感,因此,在实际操作中可以利用消费者对价格的心理反应制定价格。心理价格策略主要有以下几种。

1. 整数定价策略

整数定价策略是在定价时采用合零凑数的方法,制定整数价格。旅游产品的内容和服务十分丰富,消费者很可能用价格来衡量产品的质量。制定整数价格可以提高产品的身价,显得质优价高,从而刺激消费者的购买意愿。

2. 尾数定价策略

尾数定价策略也称为非整数定价策略,即给旅游产品定一个以零头数结尾的非整数价格。很多消费者认为整数价格是概括性定价,是不准确的,而尾数定价可以使消费者产生价格精确的最低价格的心理,即使对一些价格较高的产品也觉得可以接受。

3. 分级定价策略

由于大多数旅游消费者不大会感觉到价格的细微差别,并且对很多旅游产品的需求曲线呈阶梯状。因此,旅行社可以把旅游产品划分为几档,为每一档制定一个价格,使消费者觉得各档次价格反映了产品质量和内容上的差异,以简化其选购过程。旅行社经常采用这种定价策略,将同样的旅游线路产品划分为豪华、标准和经济三种档次,分别制定不同的价格吸引不同层次的消费者。在实际操作中,一定要注意级别不宜太多,要使不同等级的产品在质量、性能、内容等各方面有明显的区别和差异。

4. 声望定价策略

声望定价策略实际上是利用消费者"价高质必优"的心理,针对消费者心目中信誉较高的旅游产品制定较高的价格。旅游消费者在识别名优产品时,这种质优价高的心态尤为突出。为独特、高质量、高性能的产品制定高价格不仅可以显示产品特色,给消费者留下良好的印象,而且还可以使消费者在购买时感觉到提升了自己的声望。一般而言,旅行社采用这种策略制定的价格,多为同行业同类产品中的较高价格或最高价格。

(三)招徕价格策略

招徕价格策略带有很强的促销导向作用,是指旅行社借廉价销售某几项产品之机,吸引消费者来购买这些产品的同时,顺便购买其他常规价格的产品,从而使旅行社整体上实现收入增加和盈利。这种策略适用于那些贪图小便宜的消费者,主要运用于连带性较强的旅游产品。

(四)折扣价格策略

折扣价格策略是指旅行社在确定基本价格的基础之上,给予消费者一定价格折扣的策略,以此吸引购买或增加消费。常见的折扣策略有数量折扣、现金折扣、功能折扣、时间折扣(包括季节折扣)、实物折扣等。

1. 数量折扣

数量折扣是旅行社为鼓励中间商大量购买,根据购买的数量或金额而给予一定的折扣。数量折扣又可分为累计数量折扣和非累计数量折扣。累计数量折扣是指在一定的时期内,按照购买的总数量或总金额给予折扣;非累计数量折扣,是指根据一次性购买的数量或金额给予折扣。这种策略可鼓励客户多次购买本旅行社的产品。运用数量折扣要注意确定好基点量和各数量档次的折扣率。

2. 现金折扣

现金折扣也称提前支付折扣,指旅行社在赊销情况下,对那些提前付款的客户,给予一定比例的价格优惠。这种折扣可改善旅行社的现金流通,降低收回欠款的费用,减少坏账损失。以前曾多次发生过有的旅行社为争取客户而不及时收团款,后因海外旅行社欠款不还而导致旅行社倒闭的情况,因此运用这种策略应格外慎重。

3. 功能折扣

功能折扣也叫交易折扣,指旅行社对提供某些宣传、推销等营销功能的中间商,给予一定的价格折扣。旅行社采取此种策略,可减少营销费用,从而节省成本费用,以折扣的形式转让给客户。

4. 季节折扣

季节折扣是旅行社为吸引、鼓励游客或客户群淡季购买本社产品而给予的价格优惠。此策略可使旅游产品与销售保持相对稳定,减少淡季时设施与人员的闲置。

四、旅行社产品定价方法

（一）成本加成定价法

成本加成定价法是指将旅行社产品的直接成本(旅游者的交通、餐饮、住宿、导游讲解服务费用、景点门票、旅游保险、签证、全陪或领队产生的费用等)总额和一定比例的利润加在一起后确定产品价格的定价方法,这是旅行社的一种常见定价方法。

（二）逆向定价法

逆向定价法是指旅行社对旅游市场的需求、市场竞争状况及竞争对手的同类产品销售价格等方面调查之后,先确定产品价格,然后相应调整产品的内容和成本的方法。这种定价方法的优点是充分考虑到竞争对手的产品价格和旅游者对产品价格的承受能力及对产品的需求状况,因而能够制定出针对性强,既能为旅游者所接受又能与竞争对手抗衡的产品价格。然而,这种定价方法也存在着明显的缺点,即容易造成产品的质量下降和旅游者的不满,从而导致客源减少。

（三）随行就市定价法

随行就市定价法是指旅行社通过对市场竞争、市场需求及旅游者的反应的不断监测,然后对产品价格进行相应调整。这种定价方法充分考虑了市场竞争的因素和旅游者的反应,所制定出的产品价格容易为旅游者所接受,并能够使旅行社在市场竞争中取得优势地位。这种定价方法的不足之处是旅行社采用随行就市定价法与其他同类旅行社竞争,容易引起竞争对手的报复,从而导致恶性削价竞争的局面。

无论采用哪种定价方法和策略,都必须考虑产品成本、市场需求和竞争状况这三大因素。

五、旅游产品定价的程序

旅游产品定价的程序主要包括以下几个步骤。

(1)搜集有关信息。旅行社应充分搜集有关产品供求、竞争状况等方面的资料和信息,并对此加以分析、判断、处理,进而为制定合理的价格提供依据。

(2)精确计算产品成本。成本是定价的最低限度,产品价格高于成本才会有盈利。

(3)分析竞争状况。旅行社在确定价格的同时,要充分了解竞争对手的产品价格、质量、竞争能力等情况,并以此作为定价参考。

(4)测定市场需求。市场需求的测定,通常是对需求的价格弹性进行分析,测定目标市场的需求数量及需求强度,分析旅游者对价格的接受度,以作为制定合适价格的参考。

(5)确定最后价格。根据以上步骤提供的相关依据,确定最后价格。

任务四 旅游服务采购

旅行社的产品是一种特殊的产品。在旅行社的产品中,除了诸如导游服务等少数内容由旅行社直接提供外,其余的多数内容均购自其他部门或行业。旅行社将这些内容按照市场的需求组合成各种各样的产品向旅游者推销。因此,旅游服务采购是旅行社的一项重要业务。

一、旅游服务采购的原则

旅行社在其采购业务中,应遵循以下原则。

(一)保证供应

保证供应是旅行社在其采购业务中必须遵循的首要原则。旅行社产品主要由购自其他旅游企业的服务项目所构成。由于旅行社的产品多数采用预售的方式,因此,一旦旅行社不能从有关的部门或企业购买到已经预售出去的产品所包含的服务内容,就会造成无法履约的恶果,引起旅游者的不满和投诉,并给旅行社带来经济损失和声誉损害。例如,旅行社在旅游旺季时,未能买到旅游计划上确定时间的机票,使旅游者无法按照原定的旅游计划前往旅游目的地,招致旅游者的不满和索赔。如果旅行社的采购工作不得力,无法保证旅行社产品中所需旅游服务项目的供应,就会给旅行社的产品设计、产品销售、经营利润和在旅游市场上的声誉造成不良的影响,限制旅行社业务的开展和旅行社的生存与发展。因此,旅行社在旅游服务的采购工作中,必须坚持保证供应的原则,设法保证采购到已售出的产品中所包含的全部内容。

(二)保证质量

旅行社在采购各项旅游服务时,不仅要保证能够买到产品所需的全部内容的数量,而且还要保证其所购买的旅游服务全部符合产品所规定的质量。如果旅行社只是关心所购买的旅游服务项目的数量,而忽视这些项目的质量,将同样会造成旅游者的不满和投诉。例如,某旅行社有一个产品:香港4日休闲豪华游,旅游合同中规定安排旅游者在香港入住四星级酒店,旅行社安排的酒店确实是四星级酒店,但是位置非常偏远,已到香港机场。香港是购物天堂,行程中都会有一天的自由活动时间,因为离市中心太远,游客自己出来购物特别不方便,很多游客对旅行社的安排非常不满意,向旅行社提出投诉。从这个案例中可以看出,重视旅行社各项服务项目的质量十分重要。

(三)降低成本

旅行社产品中的主要成分是购自其他旅游服务部门或企业的旅游服务项目,所以购买这些旅游服务项目的价格构成了旅行社产品的主要成本。换句话说,旅行社经营的成功在很大程度上取决于旅行社采购来的各种旅游服务项目的价格。如果旅行社的采购工作得力,采购到的旅游服务项目价格低于竞争对手,则旅行社就能够在激烈的市场竞争中挫败对手,获得较多的利润。因此,旅行社必须在保证旅游服务的供应和旅游服务质量的前提下,尽量设法降低成本。

二、旅游服务采购的策略

旅行社与其他旅游服务供应部门或企业之间的关系,说到底是一种商品交换的关系。在市场经济条件下,作为购买一方的旅行社和作为供应一方的其他旅游服务供应部门或企业都应该按照市场规律办事,在互利的基础上完成双方的供求合作。然而,无论是旅行社还是其他旅游服务供应部门或企业,绝大多数都是以营利为目的的经济实体,它们必然要受到经济利益的驱动,竭尽全力为自己谋求最大的利润。因此,在它们之间不可避免地会出现各种讨价还价的情况。在市场经济条件下,这是完全正常的现象。

旅行社作为以营利为目的的旅游企业,理所当然要从本企业的经济利益出发,千方百计维护自己的利益。因此,旅行社在其旅游服务采购活动中,应该根据具体情况,采用不同的采购策略,设法以最低的价格和最低的采购成本从其他旅游服务供应部门或企业那里获得其所需的各种旅游服务。所以,旅行社的采购人员必须经常研究市场,分析旅游市场上的供需状况,了解市场上各种旅游服务的价格,采用各种切实可行的采购策略,以获得最大的经济效益。在旅行社采购中,可以采用的策略包括集中采购、分散采购和建立采购协作网络三种。

(一)集中采购

集中采购是旅行社在采购中经常利用的一种采购策略。集中采购包括两个方面的含义:第一,旅行社将各个部门的采购活动集中于一个部门,统一对外采购;第二,旅行社将在一个时期(一个月、三个月、半年甚至一年)营业中所需的某种旅游服务集中起来,全部或大部分投向经过精心挑选的某一个或少数几个旅游服务供应部门或企业,以最大的购买量获得最优惠的价格和供应条件,集中采购的主要目的是通过扩大采购批量,从而降低采购价格和采购成本。集中采购策略主要适用于交通、旅游景区门票及酒店方面。集中采购价格便宜,但是会占用旅行社部分资金,适合大型旅行社及专线旅行社采用。

（二）分散采购

分散采购也是旅行社采购活动中经常采用的一种采购策略。分散采购主要适用于两种情况。一是旅游市场上出现供过于求十分严重的现象。在这种情况下，旅行社采取近期分散采购的策略。所谓近期分散采购，是指旅行社在旅游团队或旅游者即将到达本地时，利用旅游服务供应部门或企业无法通过其他渠道获得大量的购买者，而旅游服务又不能够加以贮存或转移，迫切需要将大量空闲的旅游服务项目售出以获得急需的现金收入的处境，采取一团一购的方式，尽量将价格压低，以最小的代价获得所需的旅游服务供给。二是当旅游服务因旅游旺季的到来而出现供不应求的情况时，旅行社无法从一个或少数几个旅游服务供应部门或企业那里获得其所需的大量旅游服务供应。在这种形势下，旅行社应该采取分散采购的采购策略，设法从许多同类型旅游服务供应部门或企业获得所需的旅游服务。

（三）建立采购协作网络

建立采购协作网络是旅行社在其采购活动中所能够采用的第三种策略。旅行社为了达到保证供应和降低采购价格及采购成本的目的，应该通过与其他旅游服务供应部门或企业联系和协作，建立起广泛而且相对稳定的协作网络。旅行社在建立采购协作网络的过程中，必须坚持三个原则。第一，协作网络必须比较广泛，覆盖面比较广。当一个地区存在大量的旅游服务供应部门或企业时，旅行社应该根据自身的需要和经营实力，尽量同各种旅游服务供应部门或企业加强联系，设法建立合作关系。这样，旅行社就能够获得比较理想的供应渠道，保证旅行社能够以比较合理的价格获得所需的旅游服务。第二，运用经济规律，在互利互惠的基础上长期合作。旅行社建立采购协作网络的目的是发展同相关部门或企业的长期合作关系。因此，旅行社在与这些部门或企业的合作过程中，必须坚持互利互惠的原则，因为只有合作的双方都能够获得利益，这种合作关系才能够长期保持下去。旅行社在采购活动中，应该从长远利益着眼，不应急功近利，为图一时的利益而伤害对方的利益，也不应该乘人之危，利用对方的不利处境迫使对方做出过大的经济利益牺牲。第三，加强公关活动，建立良好的人际关系。旅行社的采购工作要靠本旅行社的采购人员与旅游服务供应部门或企业的销售人员及其他相关人员的通力合作才能够完成。因此，旅行社的有关部门领导和相关人员应该加强公关活动，设法与对方的相关领导和部门建立起良好的人际关系，使旅行社的采购协作网络能够不断加强和发展。

三、旅游服务供需关系的调整

在旅行社的采购活动中，采购部门必须根据实际情况，及时调整旅游服务的供需关系，处理好同其他旅游服务供应部门或企业的协作关系。

(一)调整采购工作重点

除了个别旅游目的地外,绝大多数地区的旅游市场都存在着比较明显的销售旺季和销售淡季。由于旅游市场的供需状况经常变化,旅行社同其他旅游服务供应部门或企业之间的关系也相应不断地变动。因此,旅行社必须根据旅游服务供应市场上出现的供需变化,及时调整其采购工作的重点。

在旅游旺季时,大量的旅游者蜂拥而至,往往给某些旅游目的地的旅游服务供应造成巨大的压力,使某些旅游服务(如客房、交通)出现一时性的短缺,并使相关的旅游服务供应市场暂时变成卖方市场。这时,旅行社采购的首要任务是保证其所需旅游服务的供给,而不是降低所采购的旅游服务项目的价格。在必要时,旅行社的采购部门应该不惜牺牲眼前的部分利润,以较高的价格获得其迫切需要的旅游服务项目,以便保证旅游合同的实施,使旅游者感到满意。

当旅游淡季到来后,旅游市场上供给紧张的状况得到缓和,旅游服务供应市场又变成了买方市场。这个时候,旅行社采购工作的重点就应该及时转移到以降低所采购的旅游服务价格和采购成本上来。旅行社可以利用旅游服务产品的不可转移性和不可贮存性的特点,利用其他旅游服务供应部门或企业营业收入下降,迫切需要客源的心理,在谈判中尽量压低价格,设法获得更多的优惠条件。旅行社通过淡季的采购,降低其全年的营业成本,弥补在旅游旺季时为确保旅游服务的供应而付出较高价格所蒙受的损失,增加旅行社的经营利润。

(二)调整预订与退订的关系

旅行社产品的销售是一种预约性的交易。旅游者在预订了旅行社的产品后,有时会有各种原因要求取消旅游计划。另外,对于旅游目的地的组团旅行社及各地的接待旅行社来说,他们同旅游客源地的旅行社之间签订的旅游合同并无法律上的约束力。在旅行社实际经营中,旅游客源地的旅行社以各种原因和理由要求临时增加或临时取消旅游计划的情况更是屡见不鲜。由于旅行社产品销售的预约性特点,旅行社必须提前制订旅游服务采购计划,并按照这些计划向相关的旅游服务供应部门或企业预订各种所需的旅游服务项目。这样,一旦出现临时增加旅游计划或临时取消旅游计划时,旅行社就必须向有关的旅游服务供应部门或企业提出临时增订或退订旅游服务项目的要求。由于临时性的增订或退订往往会给提供这种服务的部门或企业带来一定的压力或经济损失,因此,这些部门往往要求提高临时增订的旅游服务的价格或收取一定比例的退订损失费用。为了尽量减少损失,旅行社应该设法通过友好协商,尽量使对方降低提价的幅度或减少退订损失费用。

四、旅游服务采购的程序与方法

在旅游服务的采购过程中,旅行社的采购人员必须善于同各种旅游服务部门或企业打交道,根据市场的供求状况和相关部门或企业的有关规定,在保证旅游服务供给的前提下,设法为旅行社采购到价廉质优的各种旅游服务产品,以保障旅行社的正常经营能够顺利进行。因此,旅行社采购人员必须注重旅游服务采购程序和方法的研究。

（一）交通服务采购

在旅行社产品的构成中，交通服务占的比重最大。因此，做好交通服务的采购对旅行社的经营具有重要作用。旅游交通服务采购业务主要包括航空交通服务采购、铁路交通服务采购、公路交通服务采购和水运交通服务采购。旅行社提供的单项服务主要是帮游客购买航空机票。

（二）住宿服务采购

旅游住宿服务是旅行社产品的重要构成部分。旅行社采购人员除了采购合适的住宿服务，还应该设法在保证住宿服务供给的前提下，尽量降低采购的成本和服务的价格。

旅游住宿服务采购业务一般包括选择住宿服务设施、选择预订渠道、确定饭店客房价格和办理住宿服务预订手续四项内容。

1. 选择住宿服务设施

选择住宿服务设施是保证住宿服务质量的重要手段之一。旅行社采购人员必须严格考察饭店、旅馆、客栈等住宿服务设施，并从中选出一批质量好、价格公道的住宿服务设施，以便能够确保旅游者在旅游过程中的住宿需要。旅行社采购人员通常从以下几个方面考察住宿服务设施。

（1）坐落地点。旅行社采购人员考察的第一个方面是饭店的位置。因为这对于旅游者的接待具有重要的意义。不同类型的旅游者对于住宿设施的坐落地点有着不同的要求和偏好。例如，商务旅游者、停留时间长的旅游者或喜欢购物的旅游者偏爱坐落在市区特别是市中心的饭店，短暂停留的过往旅游者则不大关心饭店的位置。另外，对于那些位于城外的住宿设施，旅行社采购人员还应考察饭店附近是否有进城的交通服务。

（2）设施、设备。采购人员需要考察的第二个方面是饭店、旅馆等的设施和设备情况，了解它们拥有哪些设施和设备。例如，饭店是否配备会议室、商务中心、多功能厅、宴会厅、健身设施等。采购人员可以根据饭店所拥有的设施、设备，安排适当类型的旅游者下榻。

（3）服务类型。采购人员需要考察的第三个方面是饭店所提供的服务类型，了解饭店是否提供本旅行社产品所要求必须具备的服务。例如，以团体包价旅游作为主要经营产品的旅行社采购人员应特别注重饭店的行李运送服务，以便当团体旅游者到达或离开饭店时，饭店能够及时将他们的行李送至下榻的房间或将他们的行李从其所下榻的房间取出送至饭店行李处。

（4）停车场地。采购人员需要考察的第四个方面是饭店是否拥有一定面积的停车场地，以团体旅游产品为主要经营业务的旅行社对停车场地尤为重视，因为团体旅游者多乘坐大型客车旅行游览，饭店在其门前拥有较大面积的停车场能够为旅游者出入饭店提供方便。

2. 选择预订渠道

旅行社主要通过组团旅行社、饭店预订中心、地方接待社三个渠道预订饭店。

（1）组团旅行社预订。组团旅行社预订又称直接预订，是指旅行社直接向有关饭店提出预订要求。旅行社在直接预订饭店客房服务时，一般采用传真、邮件等方式。这种预订渠道的优点体现在两方面。其一，能够直接从饭店获得客房信息，及时掌握饭店客房的出租情况，并直接同饭店达成预订协议,既能够比较有把握地保证旅游者的住房,又能够免去中间环节的费用,降低采购成本。其二,能够与饭店建立起比较密切的合作关系。随着旅行社与饭店联系的增加,饭店方面对旅行社更加信任,有利于采购业务的进一步开展。

直接预订渠道的缺点体现在以下两个方面。其一,采购人员必须同所要预订的各家饭店逐一打交道,不仅在预订时要同它们联系,而且还要在随后寄送预订申请、确认住房人数及名单、付房费等,这些会占用大量时间和人力。其二,有时,外地的饭店未必了解组团旅行社,因而不愿意向组团旅行社提供最优惠的价格,并可能在交纳租房预订金、付款期限、客房保留截止日期等方面不给予优惠。

(2) 委托饭店预订中心预订。如果旅游者要求住在连锁饭店集团所属的饭店,旅行社则可以采取委托该饭店集团预订中心为其预订所需的客房。许多连锁饭店集团都提供这种业务,如香格里拉饭店集团、希尔顿国际饭店集团、喜来登饭店集团、洲际饭店集团等。旅行社委托饭店集团预订中心为其预订客房主要有以下优点。其一,方便。旅行社通过连锁饭店预订中心订房,能够比较方便地获得它所需的饭店客房。其二,可靠。旅行社通过连锁饭店预订中心订房可以获得可靠的饭店信息,有利于旅行社的产品销售。

通过连锁饭店预订中心订房的方法也存在某些不足之处。其一,旅行社在做出通过连锁饭店预订中心订房的决定时,往往意味着旅行社将它对饭店的选择范围限制在拥有复杂的市场营销和预订系统的饭店圈内。也就是说,旅行社为了提高订房的便利性和可靠性,而放弃了一部分选择机会。其二,尽管旅行社最初的预订是通过预订中心进行的,但是在预订被确认之后,旅行社仍然必须和旅游者将下榻的饭店联系,通过该饭店而不是预订中心办理客房预订状况报告、预交订房预订金等手续。

(3) 委托地方接待社预订。大部分组团旅行社基本都委托旅游者前往地区的接待旅行社预订住宿服务,将住房和游览参观、交通、餐饮等服务组合在一起,构成全包价旅游产品。

旅行社委托接待社预订当地的住宿服务可以获得下列好处。其一,当地的接待社比较熟悉该地区旅游住宿服务供应状况。其二,接待社同许多当地饭店建立了良好的合作关系。所以,它们能够根据旅游者的不同特点和要求,安排适当的饭店。

其不足之处有以下几点。其一,当地的接待社会把饭店对旅行社批量采购所给予的折扣留下一部分作为其代订饭店的报酬。其二,组团旅行社必须选择具有一定经济实力和信誉的接待社作为预订渠道。否则,一旦受委托的接待社爽约,组团旅行社将陷入困境。其三,当地的接待社这样做可能是为了获得更多的折扣,或者该饭店与接待社有着某种特殊关系。接待社经常会以牺牲组团旅行社和旅游者的利益为它自己赢得好处。

从以上的分析可以看出,每种预订渠道都具有一定的优点,也都存在某些不足之处。组团旅行社在选择预订渠道时,必须慎重考虑,选择最恰当的渠道预订住宿服务。

3. 确定饭店客房价格

饭店客房价格是旅行社在采购住宿服务时必须认真考虑的重要因素。旅行社采购人员应利用各种方式与饭店进行谈判,获得最优惠的价格。

饭店客房价格主要包括以下类型。

(1) 门市价格。门市价格是饭店对外公布的客房价格,主要适用于接待事先未预订的临时住店的过往客人。

(2)团体价格。这是饭店以低于门市价格的一定比例提供给旅行社折扣的方式,对旅行社接待的旅游团队提供的优惠价格。

(3)散客价格。这是饭店以低于门市价格的一定比例提供给旅行社折扣的方式,对旅行社接待的旅游散客提供的优惠价格。

4. 办理住宿服务预订手续

旅行社采购人员在确定了为旅游者安排的饭店后,应该按照下列程序预订客房。

(1)提出订房申请。旅行社采购人员应该向饭店预订部门或选择的其他预订渠道提出订房申请。在申请中,采购人员应提供下列信息:其一,旅行社名称、需要的客房数量和类型、入住饭店的时间、退房离开饭店的时间、结算的方式;其二,旅游者的国籍(海外旅游者)或居住地(国内旅游者)、旅游者的姓名或旅游团队的代号、旅游者的性别、夫妇人数、随行儿童人数及年龄;其三,旅游者在住房方面的特殊要求,如要求住在某个楼层、客房的朝向(临街、面海),客房远离电梯间(以避免吵闹)等;其四,团队用房需注明饭店提供司陪房的请求。

饭店在接到旅行社的订房申请后,如果认为能够按照旅行社提出的要求提供客房,通常会向旅行社发出确认函。

(2)交纳预订金。饭店通常要求旅行社在接到饭店发出的预订确认函后的一定时间内,向饭店交纳预订金,以便确保饭店在规定时间内为旅行社保留其所预订的客房。每个饭店都有关于预订金交纳的时间、交纳预订金的比例、取消预订的退款比例等事项的规定。采购人员必须熟悉这些规定。如果旅行社未能在规定的时间内交纳预订金,饭店则认为旅行社取消预订,而将客房出租给其他客户或客人。某些饭店不需要交纳预订金,但对抵达饭店时间有要求,如下午6点前需要办理入住手续,过了时间饭店就不预留客房。

(3)办理入住手续。旅游团队入住酒店由导游办理入住手续。如果是没有导游的散客旅游者,散客在预定时间到达饭店后,即可凭旅行社转交的饭店确认函在饭店前厅接待处办理入住手续。

(三)餐饮服务采购

餐饮服务采购是指旅行社为满足旅游者在旅游过程中对餐饮方面的需要而进行采购的业务。旅行社采购人员在采购餐饮服务时应根据旅游者的口味、生活习惯、旅游等级等因素,安排旅游者到卫生条件好、餐饮产品质量高、服务规范、价格公道的餐厅(餐馆)就餐。

旅行社采购人员在采购餐饮服务时,可以采用定点采购的办法。所谓定点采购是指旅行社经过对餐饮设施进行考察和筛选后,同被选择的餐厅或餐馆进行谈判,提出有关旅游者就餐的特点、各种旅游者或旅游团队的就餐标准,并要求对方提供详细的菜单。通过谈判,双方达成协议,由这些餐厅或餐馆充当旅行社的定点餐厅。旅行社负责安排旅游者前往这些餐厅或餐馆用餐,有关的餐厅或餐馆负责按照协议的规定和旅行社的就餐标准向旅游者提供相应的餐饮产品和服务。

（四）游览景点和参观单位服务采购

游览和参观是旅游者在旅游目的地进行的最基本和最重要的旅游活动。做好游览景点和参观单位服务的采购工作对于保证旅游计划的顺利完成具有举足轻重的作用。除了少数特殊游览和参观景点外，绝大多数的游览和参观景点服务采购由各地的接待旅行社承担。

旅行社采购人员应该对本地区的重要游览景点和参观单位进行考察和比较，并分别同这些景点、单位进行联系，与它们建立互惠的长期合作协议，争取获得价格上的优惠。

（五）旅游购物和娱乐服务采购

2013年颁布的《旅游法》"第三十五条规定旅行社不得以不合理的低价组织旅游活动，诱骗旅游者，并通过安排购物或者另行付费旅游项目获取回扣等不正当利益。旅行社组织、接待旅游者，不得指定具体购物场所，不得安排另行付费旅游项目。但是，经双方协商一致或者旅游者要求，且不影响其他旅游者行程安排的除外。发生违反前两款规定情形的，旅游者有权在旅游行程结束后三十日内，要求旅行社为其办理退货并先行垫付退货货款，或者退还另行付费旅游项目的费用。"因此，采购人员在这两个方面必须要慎重考虑。

（六）旅行社接待服务采购

旅行社接待服务采购是指组团旅行社向旅游目的地旅行社采购接待服务的业务。组团旅行社应根据旅游客源市场的需求及发展趋势，有针对性地在各旅游目的地旅行社中进行挑选和比较，选择适当的旅行社作为接待社。接待旅行社应该具备以下条件，组团旅行社才能够选择它作为合作伙伴。

1. 信誉良好

作为提供接待服务的合作伙伴，接待旅行社必须具备良好的信誉。接待旅行社必须根据事先同组团旅行社达成的合作协议，严格地按照双方商定的接待标准和组团旅行社的旅游接待计划向旅游者提供接待服务。接待旅行社不得以任何借口拒绝履行合作协议，或者不按照双方商定的接待标准提供服务。

2. 较强的接待能力

接待旅行社必须具有较强的接待能力，能够采购到组团旅行社委托其采购的各项旅游服务，并提供优质的导游服务。

3. 真诚的合作愿望

接待旅行社必须具有同组团旅行社真诚合作的愿望，积极主动地配合组团旅行社履行与旅游者达成的旅游合同。

4. 收费合理

接待旅行社不能以各种借口违反事先达成的协议，擅自提高收费标准或增加收费项目，不得随意降低接待服务的标准,损害旅游者和组团旅行社的合法利益。

组团旅行社通过一段时间的考察与合作后,应该设法同那些在上述四个方面均有上乘表现的旅行社签订合作协议,建立长期合作关系。

总之,旅行社的采购业务涉及许多方面和企业、部门。旅行社应在确保服务质量的前提下,同相关的旅游服务供应企业和部门建立起互利互惠的协作关系,为旅行社的经营和发展建立起一个高效率、低成本、优质的旅游服务采购网络。

任务五 旅行社计调管理

一、计调管理的重要性

计调是旅行社完成组团、地接、落实发团计划的总调度、总指挥、总设计,公司业务核心内容基本由计调部掌握。计调人员的频繁流动,对旅行社的业务影响非常大。因此,旅行社选择的计调人员,要有高度责任心,一定的忠诚度和良好的职业道德。很多旅行社都会和计调人员签订保密协议,解除合同后一定时间内不能在其他旅行社从事相同的工作,还有如工作 QQ 号、电话号码等不能带走等多项控制。

计调"事无巨细,大权在握",具有较强的专业性、自主性、灵活性。基于这个工作特点,地接社给组团社计调回扣,这已经是行业内公开的秘密,这也是让旅行社老总特别头痛的事。如何杜绝此类事情的发生,应从以下几个方面去把控:

(1) 选择有职业道德的地接社;

(2) 选择有职业道德的计调人员;

(3) 重大的业务合作,特别是费用上旅行社高级管理层要亲自出马;

(4) 制定逐层管理、互为监督的管理体系。

二、计调管理制度

(1) 熟练掌握计调部采购的各项常用业务成本(房、餐、车、门票、大交通)。

(2) 报价要准确、及时。

(3) 团队定下来后要及时操作。

(4) 按照合同及时催收团款。

(5) 团队在游览时,随时保持和导游(领队)的联系,知道团队的进度情况,万事尽量在当地处理。

(6) 团队结束后,及时打服务跟踪电话,做到团团心中有数。

(7) 操作完团队后,将团队资料整理归档。

(8) 团队结束一周内与财务报账。

阅读材料

景区医疗机构设置存在缺陷

  2017年1月,某国际旅行社刘总经理做出一项令许多人都感到诧异的决定:撤销计划调度部,将旅游服务采购权下放到各个营业部门。据后来笔者了解,刘总做出这一决定是经过深思熟虑的。一方面,该旅行社是一家中型旅行社,年组团量和接待量都难以形成批量购买的规模,无法从航空公司、饭店、旅游汽车公司、旅游景点等旅游服务供应部门获得批量采购的优惠;另一方面,计划调度部的人员由于不直接与旅游者及旅游客户打交道,无法直接了解旅游市场上消费需求的最新动向,只能从相关的业务部门获得二手信息。这样,计划调度部的人员所采购的服务产品往往不是价格过高,导致旅行社产品销售价格居高不下,难以吸引旅游者和旅游中间商,或旅行社的利润降低甚至亏损,就是服务产品不能针对游客的需求,造成游客和旅游中间商的不满,影响旅行社的声誉和客源。在旅行社内部,处于一线的营业部门因旅游服务产品的质量和价格问题责怪计划调度部门,而计划调度部门也抱怨一线部门难伺候,自己费力不讨好,结果造成一、二线部门之间的矛盾。

  旅游服务采购权下放到各营业部门后,相关部门能够及时根据市场上的变化,调整其采购策略,在保证供应的前提下,充分利用其直接从旅游市场上了解到的旅游服务供求的最新信息,打时间差,争取最优惠的价格。经过调整,该旅行社在旅游服务采购方面走出了以往的困境,确保旅行社获得了质优价廉的旅游服务产品,提高了旅行社的接待质量,扩大了市场份额,同时也消除了两个部门之间的矛盾。

  【分析提示】旅游服务采购是旅行社一项重要的业务,它直接影响到旅行社的经营效果、市场份额和企业声誉。旅行社究竟采用集中采购还是分散采购,一直是旅行社行业及旅游学术界讨论的热门话题之一。一般来说,大型旅行社拥有充足的客源,能够形成较大的采购规模,在与旅游服务供应商砍价过程中,往往居于有利的地位,采取集中采购的方式既可以获得优惠的价格,又能够因采购次数的减少而降低采购费用。但是,这种采购方法并不一定适用于客源相对较少的中小型旅行社。对于它们而言,像案例中的旅行社那样,采取分散采购的方法,可以收到更好的效果。

项目小结

  本项目介绍了计调的概念,阐述了计调工作中涉及的旅游服务的类型、旅行社产品的开发与设计、旅行社产品价格的制定、旅游服务采购的原则与策略和旅游服务采购的程序与方法。旅游服务包括旅游交通、旅游住宿、餐饮、旅行社接待、旅游吸引物及其他服务等。旅行社采购旅游服务应遵循保证供应、保证质量和降低成本三项原则。旅行社通过集中采购、分散采购和建立采购协作网络等策略保证旅游服务的供应。旅游服务采购程序和方法的研究会使学习者熟悉旅行社旅游服务采购的各种策略,并在实际经营中能够灵活运用。

综合能力训练

················· **基本训练** ·················

一、课堂讨论题

1. 描述计调部的重要性。
2. 团队包价旅游和半自助旅游产品有哪些区别?
3. 旅行社在制定产品价格时应遵循哪些原则?

二、复习思考题

1. 旅行社产品包括哪些类型?
2. 旅行社采购人员通常从哪几个方面考察住宿服务设施?

················· **技能训练** ·················

设计暑假港澳4晚5天亲子游产品,并分列报价。

项目六 旅行社接待业务

学习目标

知识目标：1. 掌握旅行社接待的基本业务。
2. 掌握旅行社接待业务流程。
3. 掌握旅行社接待业务的管理。
4. 了解旅游接待中常见事故及处理方法。

能力目标：1. 能模拟完成旅行社各类导游接待工作任务。
2. 熟悉旅行社接待业务的重点注意事项并学会总结提高的方法。
3. 掌握旅游突发状况的处理技巧。

技能目标：1. 掌握团队业务与散客业务的接待。
2. 掌握组团业务与地接业务的接待。
3. 能对旅行社接待中导游管理提出合理化建议。

案例导入

某国际旅行社的导游员小李带一个境外团赴 B 城海滨旅游度假，下榻 B 城的某饭店。一天中午，当游客兴致勃勃地从海滨浴场回来用餐时，一位游客发现餐厅所上菜肴中有一条虫子。顿时一桌游客食欲全无，有的还感到恶心。游客当即找到导游员小李，气愤地向他投诉，要求换家饭店用餐。面对愤怒的游客，导游员小李首先代表旅行社和饭店向全体游客表示歉意，然后很快找来该饭店餐饮部经理，向他反映了情况，并提出解决问题的建议。餐饮部经理代表饭店向游客做了诚恳道歉。同时，让服务员迅速撤走了这盘菜，为了表示歉意，还给游客加了一道当地风味特色菜。面对导游员小李和餐饮部经理真诚、积极的态度，游客们谅解了饭店的失误，也不再提出换饭店的要求。

思　考　案例中导游员小李为什么能获得游客的谅解？

任务一　团队旅游接待

一、入境旅游团队接待

（一）入境旅游的概念

入境旅游，主要是指我国国际旅行社到境外旅游客源地招徕或委托境外旅行社组织境外签约游客前来我国进行的旅游活动;也应包括国外旅行社组织的来华旅游团队通过与国内的国际旅行社签约委托接待,前来我国进行的旅游活动。

(二)入境旅游的特点

1. 停留时间长

入境旅游由于在旅游目的地停留的时间长,不仅消费较多,给接待的旅行社带来较多收益,而且也使得接待内容更为丰富,工作任务更为繁杂。

2. 外籍人员多

入境游客以外籍人员为主,其语言、宗教信仰、生活习惯、文化传统、价值观念、审美情趣等与我国存在较大差异,当然增加了接待工作的难度。

3. 预订日期长

虽然预订期间有利于充分做好准备,但由于其不确定性的存在,同样使接待工作的调整、协调,变得较为复杂。

4. 接待环节多

在旅行社的各类接待工作中,入境接待的业务环节最多。虽然不断重复,却又由于景点和城市的不同而存在很大区别,工作量较大。

5. 接待规格高

相对于国内游客来说,接待入境旅游的规格都要高一些,无论是接待的人员素质,还是接待工作计划的安排落实,都应该保证很高的接待工作质量,这就要求工作更细致、更周全、更热情。

6. 消费水平高

入境团队的消费水平普遍比国内团队高,在吃、住、行、游、购、娱各方面入境游客的支付能力都比较强,所以对接待质量要求高,接待的经济效益也好。

(三)入境旅游接待的程序

入境旅游接待的程序,主要有接待前期准备、实施接待工作和接待后续完善工作三大部分。

1. 接待前期准备

接待前期准备是由国内组团旅行社的计调部门或与相关部门共同完成,包括做好计划,落实吃、住、行、游、购、娱的行程安排,安排接待人员,准备机动经费,整理提供团队的完整信息等前期准备工作,并向全陪导游详细交代任务和注意事项。

(1)制订接待计划。接待计划的内容由团队基本情况和要求、日程安排、团队成员名单(最好附有每个成员的照片)三部分组成。

(2)配备合适的全陪导游。国内组团旅行社应根据旅游团的特点和具体要求,选择配备合适的导游作为全陪人员。同时,也要对各地的地接旅行社的地陪导游选择提出要求。

(3)与境外组团社保持联系。国内接待旅行社必须随时与境外组团社保持联系,尽可能详细掌握该团队的情况及变化状态。

（4）全陪和地陪必须全面熟悉接待计划，掌握所接待团队的全部信息。

2. 实施接待工作

全陪负责协调并监督各地导游实施接待计划，各地的地陪导游负责操作当地的接待计划。国内组团旅行社及各地接待旅行社负责全程跟踪支持、监控，主要有以下环节：

（1）入境接团；

（2）入住饭店；

（3）核对计划日程；

（4）参观游览；

（5）餐饮；

（6）购物；

（7）文娱活动；

（8）出境送站。

3. 接待后续完善工作

送走旅游团后，并不意味着接待工作的结束，全陪和地陪还必须做好善后总结工作。

（1）结清账目，归还物品。送走旅游团后，全陪和地陪分别返回各自旅行社，及早与财务部门结清账目，归还有关资料、表单及物品。

（2）总结工作。认真做好陪同小结，实事求是地汇报接团情况。

（3）处理遗留问题。

（四）旅游接待中领队与导游的相互关系

旅游接待中，领队与导游处理好相互关系是接待工作圆满完成的重要保证。

1. 领队、全陪、地陪的各自职责

领队的职责，是代表境外的组团旅行社，全权负责旅游团队在旅游目的地国家的旅游活动。全陪的职责，是代表国内组团旅行社，负责协调各地、监督实施入境旅游团队在国内的全部接待活动。地陪的职责，是代表国内各地接待旅行社负责当地所有接待活动的圆满完成。

2. 领队、全陪、地陪的相互关系

领队在整个旅游活动中，沟通派出方旅行社和接待方旅行社、导游和游客之间的关系，监督接待方旅行社执行旅游计划，协助各地导游落实各项服务，维护游客旅游消费的正当合法权益。全陪则作为国内组团旅行社的代表，协调以领队为首的入境旅游团队与国内各地的接待旅行社的协作关系，保证入境旅游团队在各地旅游中各个环节的正常衔接，监督整个接待计划的顺利实施。地陪则应与领队、全陪友善合作，全面提供在当地的所有旅游接待服务项目并保证质量。

二、出境旅游团队接待

（一）出境旅游的概念

出境旅游，是指国内的经批准经营国际出境旅游的旅行社或分支机构招徕本国公民、组团前往其他国家或地区进行的旅游活动。

根据《中国公民自费出国旅游管理暂行办法》规定,目前中国公民自费出国旅游主要以团体方式进行。出境旅游的接待,主要是由国内的国际旅行社组团并委派领队负责对整个旅游计划的执行过程进行监督实施。领队代表组团旅行社,负责与境外接待旅行社接洽,担任全过程接待的指挥、协调工作。领队应沿途照顾游客,协助各旅游目的地国家的全陪、地陪等接待人员,落实吃、住、行、游、购、娱等各项旅游活动,并维护游客的正当权益,保证整个团队在境外旅游的顺利进行。同时,国内组团旅行社应全程跟踪协助、支持。

(二)出境旅游的特点

出境旅游主要有以下特点:
(1)境外停留时间长;
(2)出境手续复杂;
(3)消费期望值高;
(4)文化差异大。

(三)出境旅游接待的程序

1. 前期准备工作

(1)制订接待计划。国内组团旅行社根据与旅游团的协议,制订详尽的境外接待计划,内容由团队基本情况和要求、日程安排、团队成员名单(最好附有每个成员的照片)三部分组成。

(2)办理出境手续。按照国际惯例,凡进入任何国家旅行的游客,必须持有三种基本证明,即护照、签证和预防接种证明。

(3)准备具体交通票证、单据、证明及资料。落实出境机票(车、船票),及境外各站之间交通票据。准备各国出入境卡、海关申报单、必要的外币机动经费等。

(4)配备合格的领队。旅行社应选派业务精通、外语熟练的全陪导游直接担任领队;也可由组团社从游客中挑选威信高(或职务高)、负责任、有一定出国旅游经验者,充任领队。如果是一个单位单独组团,则一般由单位的领导担任领队为宜。领队最好懂外语,或者整个旅游团队应至少有一人懂外语。

2. 接待工作的实施

这里所说的出境旅游接待工作,实际上是组团旅行社在与旅游团队签订旅游合同的基础上,与境外接待旅行社商定的全程接待计划的具体实施。在操作上是由境外接待旅行社执行,领队或组团旅行社选派的全陪主要是全程监督、协助落实,并维护旅游团队全体成员的正当合法权益。

(1)出发预备会。会议内容包括:宣布领队,详细通报行程安排,检查每位成员随身携带的旅行证件是否办理完备、有效,说明办理出入境手续的程序,介绍旅游目的地国家概况,提出旅游纪律要求等。

（2）出发。按规定的时间、地点，集中全体成员，清点人数，前往出境口岸。再次提醒每位参加出境旅游的成员检查其随身携带的出境所必需的证件、随身行李是否齐全，强调出境纪律和注意事项。

（3）出境。包括以下手续：

① 办理登机手续；

② 办理我国的出境手续；

③ 按要求办理好行李托运，保管好行李卡；

④ 进行我国的边防安全检查。

（4）途中。出境旅游往往在飞机上有很长的旅途，需要领队提醒并带领全体团员按照机上的要求，文明乘坐。

（5）进行境外的入境检查。

（6）入住饭店。在前往饭店的途中，领队应当与导游交代团队所需的房间数量及种类。到达饭店，在协助导游进行入住登记后，将导游办好的住房卡分发给全体团员，宣布用餐、叫早、出发游览等时间和集合地点，然后安排大家进房间休息。

（7）核对旅游安排计划。领队这时应该及时地与当地导游核对旅游计划日程及游览项目等，要严格按双方达成的旅游合同办事，原定的游览项目不能少，但超计划的自费项目，应充分征求全体团员的意见后再定，游客自愿参加。如果接待计划与原定合同有出入的，经协商仍不能达成一致的情况下，可以向国内组团旅行社汇报请示再定。

（8）组织参观游览。领队要监督游览计划项目的完整实施，切实保障游客的消费者正当权益。游览期间，领队负有对全体游客的召集责任，有义务带领大家按照预定的时间、地点进行游览，防止丢失人员，杜绝出现意外事故。

（9）在国外的出境。大体同我国出境手续，具体如下。

① 办理登机手续。

② 办理国外的出境手续。

③ 按要求办理好行李托运，保管好行李卡。

④ 通过国外的边防安全检查。然后，登机踏上返程。

（10）回国的入境。进行我国的入境边防检查。从飞机下来直接进行入境的边防安全检查，一般比较简单，如果是我国航空公司运送的游客，往往也不进行边防安检，直接去领取行李，办理我国的海关入境手续。通过海关检查后，领队须集中全团人员，收拾好所携带的全部行李，与国内组团旅行社安排的接待导游联络，组织全体人员和行李上车，返回出发城市，最后解散旅游团队，完成整个旅程。

3. 接待后续完善工作

（1）撰写"领队工作小结"。内容有团队人员基本情况、旅游行程主要安排及实施情况，团员对本次旅游活动的基本反映和建议，改进旅行社接待工作的主要建议等。

（2）协助旅行社办理团员委托的遗留问题。如果旅游中发生了事故，还要协助旅行社做好事故的善后工作，或协助游客向有关保险公司索赔等。

（3）应尽早去旅行社办理结账手续和归还出国时借出的物品。

三、国内旅游团队接待

（一）国内旅游的概念

国内旅游是指我国公民在国内旅游，不离开自己的国家，因而不涉及出入境的各种手续。国内旅游与出境、入境旅游（出境、入境旅游又可称为国际旅游）的划分，主要是从地域上来区别的。国内旅游通常又包括国内组织的团队旅游接待和散客旅游接待。

（二）国内旅游的特点

国内旅游与国际旅游相比，有如下特点。

（1）对象主要是国内公民，语言交流基本没有困难。减少了出入境的复杂手续，接待工作相对简单，组织起来也相对容易。

（2）预订的时间相对较短，旅行的时间也相对较短。如果是散客，则预订的时间更短，有些单项的服务可能就是即时要求。

（3）消费的层次、规格、费用相对较低。

（三）国内旅游的团队接待

国内旅游的团队接待，与国际旅游的入境接待基本相同，只是少了入境和出境的手续。对领队和导游的外语也没有要求。除非有些在我国工作的外国人，组团在国内旅游，当然还是要求懂外语的导游。

国内旅游的具体接待工作程序与国际旅游基本一致，都有接待的前期准备、实施接待工作、接待后续完善工作三个部分。

任务二　散客旅游接待

一、散客旅游的分类

散客旅游又分为三类。一般按计价方式，主要分为以下三类。

（1）包价旅游。同团队旅游，只是人数为9人以下（接待方式、程序同团队旅游）。

（2）小包价旅游，又叫部分包价旅游。人数也是9人以下，只安排部分的行程，或食宿，或景点游览等。

（3）自助旅游。自助旅游是指我国公民在国内自助式旅游，包括借助航空、铁路等交通工具的自助游和自己驾驶汽车外出旅游的自驾游。但自助旅游的游客在旅游期间，通常也要求旅行社提供部分服务,主要是单项的服务,如预订住宿、机车船票、餐饮、景点门票、娱乐门票等接待服务。旅行社提供了这些代为订购的消费,一方面可以收取手续费,另一方面还可以从建立了业务往来关系的单位拿到协议价格,并有一定的折扣或折返比率。这种接待方式,既方便了游客,又创造了经济收益。自助式旅游由于具有行程和景点自己选择、时间自主安排等诸多满足个性化需求的优点,受到越来越多中等以上收入的游客和中青年的喜爱,成为旅游业务的一种发展趋势。自助旅游的游客量越来越大,正在成为更多旅行社的主要业务之一。

二、散客旅游的特点

相比于团队旅游,散客旅游具有如下特点。
(1) 自主性强。故其预订时间短,随意性很大。
(2) 以自助游客居多。故每次接待人数少,但批次多。
(3) 消费水平一般比团队要高,一般以现金结账。故接待的成本低、效益好。

三、散客旅游的接待工作

(一) 散客旅游接待的分类

(1) 从接待途径来分,主要有两种,即门市接待和网站接待。门市接待是传统的接待方式。而网站接待是新兴的方式,等同于电子商务,其便利、高效的优点越来越受到游客的欢迎,正在成为旅行社散客接待的重要途径。

(2) 从接待对象来分,主要是三类,即本地游客在本地的单项或多项服务、外地游客在本地的单项或多项服务、本地游客赴外地的单项或多项服务。如果说,旅行社的接待工作很有影响或给外地游客留下了深刻良好的印象,也有外地游客来请求提供在外地的单项或多项服务。

(3) 从接待方式来分,又可分为现场接待、电话接待和信函接待三种方式。无论是门市接待还是网站接待,大体都有这三种接待方式。

(二) 散客旅游接待人员配备

散客旅游的接待工作难度相对大,往往各种单项或多项服务都要求接待人员来完成。因此,旅行社安排的散客旅游接待人员,应该是由业务精熟、信息量大、知识面广、敬业精神强、熟悉旅行社全部业务的人员来充任,或者由有经验的导游来兼职,或者是做过导游的人员来做工作。

(三) 散客旅游接待的主要工作程序

(1) 建点建站。优选并建立门市点,建立现代化的网站。
(2) 广泛搜集旅游产品的相关信息,包括餐饮、饭店住宿、交通、景点。
(3) 采购旅游产品。根据旅游市场需求,与饭店客房、餐饮、景点等旅游企业建立广泛的业务往来关系,代为单项销售其客房、门票,代为推荐餐饮,代购机、车、船票等,作为本旅行社提供给散客的旅游产品。

(4) 建立高效的预订落实机制。应在接收到游客消费要求的信息后,第一时间向各相关部门传达,迅速落实接待服务项目,及时向游客反馈信息,并建立跟踪询问制度,及时了解、督促其落实状况。

(5) 组织提供适时、优质、高效的接待服务,让游客满意。

(6) 定期总结反馈信息。旅行社要通过门市接待和网站接待,对一个时期获取的游客具体要求,进行整理分析,反馈给采购部门。同时,不断探求新的旅游产品及相关产品的信息,以供旅行社能够快速地调整供应给游客的产品结构,不断增加新的旅游品种。

任务三　旅行社接团人员管理

旅行社接团人员的主体,是直接从事接待服务的导游人员,以及为旅游活动提供间接服务的内勤人员。

一、导游人员的管理

导游人员是指依照《导游人员管理条例》的规定取得导游证,接受旅行社委派,为旅游者提供向导、讲解及其他旅游服务的人员。导游人员身处第一线,是"民间大使""祖国的一面镜子"。导游服务质量与旅行社的经济效益、社会形象乃至一个地区、一个国家的旅游形象密切相关,所以对导游人员的管理工作十分重要。

(一) 导游人员的职责

按照业务范围划分,导游人员可分为海外领队、全程陪同导游人员(全陪)、地方陪同导游人员(地陪)和景点景区导游人员(讲解员)。

1. 导游人员的基本职责

根据当前我国旅游业发展的实际和各类导游人员的服务对象,导游人员的基本职责可概括如下:

(1) 根据旅行社与游客签订的合同或约定,按照接待计划安排和组织游客参观、游览;

(2) 负责向游客导游、讲解,介绍中国(地方)文化和旅游资源;

(3) 配合和督促有关单位安排游客的交通、食宿等,保护游客的人身和财物安全;

(4) 耐心解答游客的问询,协助处理旅途中遇到的问题;

(5) 反映游客的意见和要求,协助安排游客会见、座谈等活动。

2. 出境旅游领队、全陪、地培和景区导游人员的职责

(1) 领队的岗位职责。出境旅游领队是经国家旅游行政主管部门批准组织出境旅游的旅行

社的代表,是出境旅游团的领导者和代言人。因此,出境旅游领队在团结旅游团全体成员、组织游客完成旅游计划方面起着全陪、地陪往往难以起到的作用。其主要职责如下。

① 介绍情况、全程陪同。出发前向旅游团介绍旅游目的地国家或地区的概况及注意事项,陪同旅游团的全程参观游览活动。

② 落实旅游合同。监督和配合旅游目的地国家或地区的全陪、地陪全面落实旅游合同,安排好旅游计划,组织好旅游活动。

③ 组织和团结工作。关心游客,做好旅游团的组织工作,维护旅游团内部的团结,调动游客的积极性,保证旅游活动顺利进行。

④ 联络工作。负责旅游团与旅游目的地国家或地区接待旅行社的联络与沟通,转达游客的意见、要求与建议乃至投诉,维护游客的合法权益,必要时出面帮助解决。

(2) 全陪的岗位职责。全陪导游人员是组团旅行社的代表,对所率领的旅游团(游客)的旅游活动负有全责,因而在整个旅游活动中起主导作用。其主要职责如下。

① 实施旅游接待计划。按照旅游合同或约定实施组团旅行社的接待计划,监督各地接待单位的执行情况和接待质量。

② 联络工作。负责旅游过程中同组团旅行社和各地方接待旅行社的联络,做好旅行各环节的衔接工作。

③ 组织协调工作。协调领队、地陪、司机等各方面接待人员之间的合作关系;配合、督促地方接待单位安排好旅游团(游客)的行、游、住、食、购、娱等旅游活动,照顾好游客的旅行生活。

④ 维护安全、处理问题。维护游客在旅游过程中的人身和财物安全,处理好各类突发事件;转达或处理游客的意见、建议和要求。

⑤ 宣传、调研。耐心解答游客的问询,介绍中国(地方)文化和旅游资源;开展市场调研,协助开发、改进旅游产品的设计和市场促销。

(3) 地陪的岗位职责。地陪导游人员是接待旅行社的代表,是旅游接待计划在当地的执行者,是当地旅游活动的组织者。其主要职责如下。

① 安排旅游活动。根据旅游接待计划,合理安排旅游团(游客)在当地的旅游活动。

② 做好接待工作。认真落实旅游团(游客)在当地的接送服务和行、游、住、食、购、娱等服务;与全陪、领队密切合作,做好当地旅游接待工作。

③ 导游讲解。负责旅游团(游客)在当地参观游览中的导游讲解,解答游客的问题,积极介绍和传播中国(地方)文化和旅游资源。

④ 维护安全。维护游客在当地旅游过程中的人身和财物安全,做好事故防范和安全提示工作。

⑤ 处理问题。妥善处理旅游相关服务各方面的协作关系,以及游客在当地旅游过程中发生的各类问题。

(4) 景点导游的岗位职责如下。

① 导游讲解。负责所在景区、景点的导游讲解,解答游客的问询。

② 安全提示。提醒游客在参观游览过程中注意安全,并给以必要的协助。

③ 结合景物向游客宣讲环境、生态和文物保护知识。

（二）专职导游人员的管理

要使旅行社的专职导游人员具有较高的素质,适应复杂的工作,旅行社必须加强对导游人员的管理,具体措施如下。

1. 加强对导游人员的培训与考核

导游服务质量是由其本身的素质决定的,所以旅行社应加强对导游人员的培训与考核,把提高导游人员的素质放在重要地位。旅行社对导游人员的培训包括岗前培训、岗上培训、业务集训、脱产深造等方式。具体内容有敬业精神的培训、服务意识的培训、导游知识的培训、导游业务的培训及作业规范的培训,加强导游人员的政治思想教育和业务能力。

旅行社对导游人员的考核分为考试和年审两种形式。考核内容主要有全年工作量、业务能力、旅游投诉与表扬、学习与进修等情况。旅行社通过考核可以全面了解每个导游人员的品德、能力与成绩。考核后,要建立导游人员档案,作为完善管理,进行奖惩、晋级的主要依据。

2. 实行合同化管理,强化导游人员的责任感

劳动合同是劳动者与用人单位确立劳动关系,明确双方权利与义务的协议。它作为劳动关系的法律形式,具有约束人们在劳动过程中的行为、规范劳动活动、调整劳动关系的作用。因此,劳动合同一经签订,就具有法律效力。旅行社对导游人员实行合同管理,根据与其签订合同的规定,对导游人员承担的义务进行监督、检查。这是促使导游人员依法为游客提供优质导游服务的保证,是提高导游服务质量的重要措施,可促使导游人员增强责任感,自觉地为游客服务。

3. 落实导游人员等级评定制度

1996年,国家旅游局面向全国推广导游人员等级评定制度,将导游人员分为初级、中级、高级和特级四个等级。初级导游人员,是指取得导游资格证书后满一年,经技能、业绩、资历考核合格者;中级导游人员,是指获得初级导游证两年以上,业绩明显,考试合格者;高级导游人员,是指获得中级导游人员资格四年以上,业绩突出,水平较高,在国内外同行和旅行商中有一定的影响,考试、考核合格者;特级导游人员,是指在获得高级导游人员资格五年以上,业绩优异,有突出贡献,有高水平的科研成果,在国内外同行和旅行商中有较大影响,经考核合格者。导游人员技术评定制度,有利于我国导游服务质量的提高及导游队伍的建设,也有利于调动导游人员的积极性。旅行社应采取工资待遇、优先考虑等措施,鼓励导游人员积极参加高等级导游人员的考试、考核。

4. 强化对导游人员的检查与监督机制

由于导游人员常年在外独立工作,旅行社采取一些措施强化对导游人员的检查和监督是必要的,不仅有利于加强对导游人员的管理,而且有助于促进导游人员工作自觉性的提高。这些措施中,除了请旅游者填写国家旅游局行政主管部门制定的"海外旅游者意见表"和由导游人员填写的"陪同日志"外,一些旅行社还采取制定"导游服务质量评价表"征求意见,定期到有关接待单位听取意见或不定期地派人到现场进行检查等措施。

(三) 兼职导游人员的管理

旅行社产品的季节性及旅游者需求的不同,决定了不论是国际社还是国内社都需要使用一定数量的兼职导游人员。兼职导游人员虽然不属于旅行社的编制,但是旅行社临时聘用他们接待游客,其导游服务质量对旅行社的声誉也会产生影响。因此,对兼职导游人员的管理也是旅行社接团人员管理的一项重要内容。

1. 订立合同

旅行社在聘用兼职导游人员时,应对其所在单位的证明、导游资格证书、思想品德、身体状况、有无违规记录等情况进行审核、登记,以确定是否与其签订劳动合同。旅行社对兼职导游人员进行合同管理,规定彼此的权利和义务,目的是提高其服务质量,促使其依法为旅游者提供高质量的导游服务,这有助于增强兼职导游人员的工作责任感,更好地为旅游者服务。

2. 建立考核制度

为了便于对兼职导游人员进行考核,旅行社应建立兼职导游人员业务档案,收录其导游天数统计、游客评价、表扬或投诉信函、事故记录等。根据这些资料,定期对兼职导游人员进行考核,以确定是否需要对他们进行培训或延期聘用。

3. 建立质量保证金制度

旅行社在与兼职导游人员签订合同时,要求兼职导游人员交纳一定数额的质量保证金,如果遇到质量事故,经调查属兼职导游人员责任的,应按合同规定由兼职导游人员做出相应的赔偿。

4. 导游例会

兼职导游人员平时无须在旅行社定时上班,但是旅行社可以定期召开兼职导游人员例会,对兼职导游人员的接待服务质量进行点评、安排接待任务、沟通有关信息,增强兼职导游人员的组织观念,提高团队凝聚力。

5. 严格奖惩制度

旅游接待质量关系到旅行社的生存,旅行社要采取一定的措施对兼职导游人员的服务质量进行控制。对于接团质量一贯保持优良的兼职导游人员,旅行社要多为他们布置任务,甚至给予一定的奖励;对于接待服务质量低劣的兼职导游人员,一定要加以批评指正,情况恶劣的,除按规定处理外,还可终止劳动合同。

二、内勤工作人员的管理

内勤工作是旅游活动顺利进行的重要保障,是接团工作的重要组成部分。旅行社内勤工作的主要任务,是落实接团计划、处理变更事项等。同时,良好的内勤保障,可以使一线导游人员免去后顾之忧,全身心地为旅游者服务。特别在目前,我国旅游接待设施还不够完善的情况下,内勤工作尤为重要。

(一)内勤工作的范围

1. 落实接团事宜

内勤人员在收到关于旅游团活动的接待计划后,必须认真研究团队的服务项目与要求,如组团社名称、联络方式,旅行团名称、代号、人数、收费标准、组成人员情况,交通、餐饮、住宿要求及有无特殊需求等。然后尽快和饭店、交通等部门或单位联系,以确保旅游团的交通、住宿、参观游览项目等要求的落实。若遇活动日程、活动项目变更,内勤人员应及时通知有关部门,处理好各种预订变更事宜。

2. 与导游人员密切配合

内勤人员要掌握本部门旅游团的活动日程和与导游人员联系的方法,以便协助处理好导游人员委托的各种接待事务及旅游过程中发生的问题和事故,若有团队抵离时间和人数变更等情况,也要及时通知导游人员。

3. 及时搜集相关信息

内勤人员因工作之便,常常与机场、饭店、景点、商店等单位联系,可从中及时搜集有关价格变动、质量高低等信息,应及时记录整理并汇报给部门经理。

4. 建立部门档案

内勤人员要建立四种部门档案,即接待材料、游客对接待人员的反馈信息、处理记录及本部门人员的考核表。其中,接待材料,主要包括导游人员手中的接待计划、各种通知、活动日程表、接待情况表等内容,要及时整理归档,以便需要时查找;信息反馈,主要指游客对接待人员的书面反馈信息、表扬或投诉信件及有关问题或事故的处理;处理记录,应包括问题或事故的发生时间、地点、原因,有关人员名单及处理经过等;考核表主要包括考勤表、接待工作时间表等。

(二)内勤人员的素质要求

内勤工作是接团工作的有力保障,联系广泛,工作紧张、繁杂,任何小的差错都会给旅游者的活动带来不好的影响,甚至会给旅行社带来经济损失,所以内勤人员应具备良好的素质,具体包括以下几点。

1. 良好的思想意识

内勤人员应有爱岗敬业精神,熟悉外事工作的方针、政策和纪律,注意保守秘密,秉公办事,不得以权谋私。

2. 熟悉业务,有较强的公关能力

内勤人员应熟悉旅行社内部各部门的工作情况,与其他工作人员协作共事,相互配合;还要熟悉导游人员的工作程序与规范,与之密切合作。同时,还要有较强的公关能力,与交通、饭店、景点等单位建立良好的合作关系。

3. 身心健康,独立工作能力强

内勤人员应身体健康,适应旺季超负荷的工作量;头脑冷静、心理健康、工作细致、独立性强,能及时处理突发情况,并勇于承担责任。

（三）内勤人员的管理途径

对旅行社内勤人员管理的主要途径有以下几个：

（1）加强职业道德培训，提高内勤工作人员的工作质量，为游客提供及时、周到的交通、住宿等服务，以解后顾之忧；

（2）培养内勤人员的协作意识和业务能力，让内勤人员能协调好与旅行社内部员工及其他单位的关系；

（3）根据内勤人员的特点，制定必要的规章制度与纪律，如相应的工作程序、奖惩制度，并认真检查与执行；

（4）搞好内部各个环节的岗位责任制。

任务四 旅游突发事件处理及预防技巧

一、旅游业务问题和事故的预防、处理及相关案例

案例1

计划的变更处理

2016年7月，某旅行社接待一个教师团队参加"昆明、大理、丽江、香格里拉十二日游"。经双方协商后签订了旅游合同，并预收了团款。7月30日团队出发开始了云南之旅，一路上旅游活动进展顺利。8月7日到达丽江，接到当地旅游行政管理部门的通知，由于丽江上游发生洪水，前往中甸的道路很不通畅，将严格控制前往香格里拉的旅游人数，以防不测。地接社导游员小王和全陪小谢将此情况立即告知带队校领导及部分教师，要求他们考虑改变旅游行程。可部分教师却不以为然，坚决要求一睹香格里拉芳容。小谢和小王两位导游员在征得地接社和组团社同意后，决定前往香格里拉。8月8日上午旅游团发车先到达虎跳峡。午餐时接到镇政府和当地旅游局的通知，前方50千米处道路已被洪水冲毁20多米，无法通行。两位导游员再次将这一最新情况通报给校领导和老师们，建议另做旅行安排。可是，教师们仍然不肯作罢，表示不亲眼看见冲毁的道路，决不回头。无奈，团队继续前行。果然，车行不多远就到了被毁的那一段路，大家看到现场实景再没有说话，只得返回丽江古城。经与带队校领导和教师们协商，两位导游将放弃的景点改为游览玉龙雪山，在返回昆明的途中又免费增加一个游览景点，以此来弥补教师们未能如愿的"香格里拉之游"的缺憾。

 **思 考** 谈谈你对此案例中两位导游对旅游计划变更处理的看法。

案例评析

本案例是一起变更或调整旅游计划处理得比较到位的实例。小谢和小王两位导游员在道路被洪水冲毁、团队客人多年的愿望在一瞬间化为泡影时,能够充分地理解他们的心情,不是简单的一句不可抗力来推托自己的责任,而是注入人情化理念,立即将面临的可能危及旅游者人身安全的紧急情况告知校领导和教师们,征求大家的意见。以后每次碰到新的情况,做出的新安排都能与校领导、教师们商量,尽最大可能满足大家的合理要求。设身处地想一下,旅游团的教师们千里迢迢来到云南,就是想一睹闻名于世的香格里拉芳容。现在已经到门口,却因为发洪水,多年的愿望就此落空,以后在什么时候能弥补此缺憾还不得而知,谁会就此甘心?两位导游面对教师们的急切心情,在请示所在旅行社的意见后,带领大家冒险前往,直到让教师们亲眼看到被洪水冲毁的道路后方才返回。导游人员的做法完全符合《导游人员管理条例》第十三条第二款规定,即"导游人员在引导旅游者旅行、游览过程中,遇到可能危及旅游者人身安全的紧急情形时,经征得多数旅游者的同意,可以调整或者变更接待计划,但应当立即报告旅行社。"在更改了行程,将游览香格里拉改为游览玉龙雪山后,尽管旅行社可以以遭遇不可抗力为理由免除违约责任,但两位导游还是在返回途中又免费给旅游者加游了一个景点,以此来弥补因客观原因造成的违约给大家带来的遗憾。应当说,两位导游员的做法更体现了其工作方式的人性化,是值得学习和借鉴的。

案例2

改变计划,旅行社是否应承担赔偿责任

某旅行社接待香港的旅行团。按照旅游合同约定,该旅行团在北京游览四天,将依次游览长城、颐和园、明十三陵、参观市容后乘机离境。导游小李未征得该旅行团的同意,擅自将游览长城的日期改成最后一天。可前一晚北京下了一场大雪,次日清晨,当旅行团车到八达岭脚下时,由于积雪封路无法前行,只得返回。翌日,该团离境返港后向旅游投诉中心投诉。请问该事故责任在谁?如何处理?

思 考 结合案例分析导游员擅自更改旅游团日程造成损失怎么办?

案例评析

《导游人员管理条例》规定:导游人员应当严格按照旅行社确定的接待计划,安排旅游者的旅行、游览活动,不得擅自增加、减少旅游项目或者中止导游活动。导游员小李未征得该团同意擅自改变日程属于违反合同的行为,并且此行又给游客造成一定的损失;不能游览长城是天气和路况等无法预料、无法克服、无法避免的原因造成的,属于人力无法抗拒,但起因是旅行社的违约行为。依据《旅行社质量保证金赔偿试行标准》第八条第一款:导游员擅自改变活动日程,减少或变更参观项目,旅行社应退还景点门票、导游服务费并赔偿同额违约金。《导游人员管理条例》第二十二条第二款:导游人员擅自变更接待计划的,由旅游行政部门责令改正,暂扣导游证3至6个月;情节严重的,由省、自治区、直辖市人民政府旅游行政部门吊销导游证并予以公告。

处理办法:第一,旅行社退还长城景点门票、导游服务费;第二,旅行社赔偿长城景点门票、导游服务费同额违约金;第三,暂扣导游员小李的导游证三个月。

 **案例3**

漏接事故处理

导游员小章提前两个小时从市里出发前往机场接团,在离机场还有两千米的地方不幸遇到了交通事故,旅游车被堵在路上。等交通管理部门疏导完现场,小章驱车赶到机场时,已经迟到了半个小时,客人们早已拿着行李集合在停车场等他了。小章一边帮客人安放行李,一边赶紧请客人上车。在车上,小章再次向客人解释自己迟到的原因并表示歉意。可是部分客人仍然情绪激动,有人还讲了几句难听的话。到达客人所下榻的饭店后,小章熟练地分好房间并查看了客人的进房情况。晚餐时,小章等在餐厅门口,热情地欢迎大家用餐,并把大家引到餐桌边。小章仔细地向客人们介绍每一道菜肴,还耐心地向大家打听团队中有无素食者,有无特殊要求或饮食忌讳。在旅行社领导的同意下,小章还给每桌加了两道菜。

客人们被小章的工作热情所感动,对他的态度也开始变好了。前面讲过难听话的人还对自己刚才的行为向小章表示歉意。

思 考 结合此案例,如果你是导游员小章,你该怎么处理?

 **案例评析**

发生漏接事故后,导游人员应该做到:第一,不管何种原因导致漏接,导游人员面对旅游者时,应首先表示歉意;第二,等旅游者情绪平静后,实事求是地向旅游者说明情况,并再次向旅游者表示歉意;第三,尽快让旅游者登上旅游车,离开机场(码头、车站);第四,为旅游者提供热情周到的服务以取得旅游者的谅解,努力把旅游缺陷和客人的抱怨降低到最低程度;第五,在征得旅行社领导的同意后,酌情给旅游者一定的物质补偿。出现漏接事故后,旅游者有些抱怨和意见都是正常的。但作为导游人员来说,不管漏接原因是什么,都要正确对待。本案例中,漏接事故虽然不是由导游人员的主观原因引起的,但导游人员并没有因为客人的误解而降低服务标准,反而站在客人的角度去理解他们的心情。小章通过自己热情周到的服务最终改变了客人的态度。

案例4

空接事故的处理

哈尔滨某国际旅行社导游员按照社里要求为两名美国散客提供机场至宾馆的接送服务。旅游者原计划乘坐国航班机于中午11:50抵达哈市。导游员按要求提前半小时抵达机场迎候旅游者。但在机场确认航班抵达的准确时间时得知,该航班因机械故障仍滞留在上站,没有准确抵达时间。在没有来自民航和旅行社有关部门的任何消息的情况下,导游员与司机在机场一直等候到晚上22:00,机场方面宣布此次航班取消,乘坐该班机的乘客转由第二天同一班次飞机抵达。第二天上午,导游员在确认没有收到上站发来的旅游者计划变更或取消通知的情况下,再次前往机场接团。该航班准时抵达,但机上没有应该接待的旅游者。返回旅行社后,经有关人员与组团社联系,最后查明前一天客人在飞机场等待了6个小时仍没有得到飞机起飞的准确时间后,决定取消哈尔滨之行,却没有将这一决定通知组团社,由此造成哈尔滨导游员空接。

 **思 考** 请结合此案例分析导游员对空接的做法。

 案例评析

此次空接事故的发生是由旅游者擅自变更旅游计划,上一站接待社和组团社均不知晓这一临时情况而没有及时通知本站变更接待任务造成的。导游员第一次赴机场接团,首先面对的是航班延误,在没有准确抵达时间和取消通知的情况下,"原地等待"是唯一选择;在得知航班取消后,导游员第二天再次确认没有接到该团的变更通知后,再次赴机场接团。虽然发生空接,但导游员对事件的处理完全符合导游操作程序,为地接社与组团社协商支付两次空接费用奠定了基础。最终旅游者承认擅自变更计划而不通知组团社属于自身失误,两次空接费用均由其承担。该导游员以其认真负责的态度和规范的操作行为树立了旅行社良好的接待形象。

 案例5

错接事故处理

某地一个组团社有两个旅游团到海南旅游,其旅游计划是一样的,乘坐的飞机航班、行程、人数、标准也相同,只是海南的接待社不同,分别为X旅行社和Y旅行社,地方陪同导游员分别是小张和小李。当他们在机场出口处迎接旅游团时,只见两队举着同一旅行社的小旗,戴着同一旅行社的帽子,并背着相同的行李袋的团队时,小张很高兴地迎上前去,确认了人数,便热情地招呼大家上车,小李见到小张已带走一队,自己也把另一个团带走了。直到吃晚餐时,小李才发现,此团并非自己接待社接待的。

 **思 考** 结合案例分析错接的原因和处理措施。

 案例评析

错接的原因:

两位地方陪同导游员没有核对组团社全程陪同导游员的姓名,全程陪同导游员也犯了同样的错误,没有与地方陪同导游员核对接待社的名称、经理的姓名、电话(或手机),属导游粗心大意造成的错接。

处理措施:

(1)该案例中的错接发生在两家旅行社,所以,小李发现错接后,应立即打电话报告旅行社,实事求是地说明情况,请求旅行社处理;

(2)在旅行社安排下,小李与小张取得联系,确定交换旅游团的准确时间、地点及办法;

(3)两位导游员应分别向客人诚恳道歉,并向各自所在的旅行社写出书面检查,找出错接的原因,并保证在以后的接团中吸取教训,不再让类似事故在自己的导游工作中发生。

 **案例6**

内勤工作失误处理

国庆黄金周,西安旅游异常火爆,发团量与接团量都再创新高。西安某旅行社从西安组团去九寨沟、四川成都一线游览,由于传真出现差错,致使对方(成都某旅行社)误认为该次行程已被取消。游客到成都车站后,没有地接社前来迎接,造成了旅游吃、住、行一系列活动安排搁浅,游客十分不满。

 **思考** 请结合案例分析传真出错的原因以及相应的处理。

案例评析

案例中传真出错,可能是两方面原因造成的:一是人为的错误粗心、工作作风的散漫和不严谨;二是机器传输有误,属非人为因素。如果是前一种情况,那么发团社应对游客做出一定的赔偿表示;如果是后一种情况,应向游客说明情况,并与地接社及时取得联系,尽快地安排行程及住宿等。

案例7

误机事故处理

2016年国庆前夕,刘某等8名旅游者,报名参加某旅行社的海南5日游,双方口头约定,9月30日12:00乘机赴海南,10月4日下午3点多乘机返回,派全陪导游全程服务。后因未买到全陪导游的机票,就没派全陪导游随团前往海南,但承诺派导游送机、地接社将保证接待质量,并将返程机票交给刘某,告知时间为10月4日下午3点多。10月3日,从三亚返回海口的途中,地陪导游询问乘机返回的时间。刘某答复是次日下午3点。4日上午9点多,刘某拿出机票,想确知具体时间时,却突然发现机票是上午8:10,而并非组团社所说的下午3点多。刘某当即与旅行社交涉,经过地接社的多方努力,重新购买了12:05的返程票。但是,该旅游团购买的是不得转签、退换的优惠票,原票全部作废。

 **思考** 请问该事故责任在谁?

案例评析

这次误机事故中,旅行社有违约行为和过错,应承担主要责任,刘某等旅游者存在疏忽查验机票的过失,也应承担相应责任。第一,组团社有违约行为。组团社未按曾约定的,派全陪导游提供全程服务,未买到机票而取消全程陪同的理由,并不是不可抗力,属于单方违约行为。将机票交给刘某,并没有告之返程飞机有变动的真实情况。如果全陪导游随团,按其职责核实机票时间,误机是可以避免的。因此,组团社未派全陪提供全程服务与误机有直接的关系。第二,地接社未按国家标准提供服务。离站的前一天,地陪应确认交通票据及离站时间。本案例中,全部行程都是由旅行社安排的,在没有全陪的情况下,地陪社应负责组织落实全部旅游活动,而地陪并没有按导游服务质量标准的规定查验机票,确认返程的准确时间,只是询问了旅游者,就轻率地认定返程时间,导致发生了误机的严重责任事故。第三,旅游者自身也存在过失。刘某负责保管返程机票,应具有查验核对的义务,发现问题及时向旅行社提出,避免损失的发生。特别是10月3日返程的前一天,当地陪向其询问时,刘某仍未查验交通票据,而继续答复未变更的返程时间。如果刘某举手之劳查验一下机票,误机的事情也是可以避免的。刘某疏忽大意,告之错误的返程时间,也是造成误机的主要原因之一,因此,也应担负相应的损失。

  案例8

护照的丢失处理

某国际旅行社导游员带领20位来自英国的摄影爱好者赴内蒙古摄影拍片。一天晚餐前,一位团队客人突然急匆匆地来找全陪,告知他的护照找不到了。全陪导游员安慰客人先不要着急,仔细回忆上一次看到护照是在什么时候。客人说是在北京宾馆的最后一天晚上,他明明记得将护照放在了大行李箱中的夹层内。由于此团领队有全团的团体签证,抵达内蒙古宾馆入住时,并没有要求旅游者出示各自的护照办理入住登记手续,所以他一直没有动护照。但是,刚才在找东西的时候,无意中看了一下箱子中的夹层,发现护照并不在里面,所以马上来找全陪。全陪导游员一边安抚旅游者的情绪,让其冷静下来,一边引导其仔细回忆是否将护照放在了别的地方而自己忘记了。旅游者矢口否认。全陪让旅游者再次回房间重新仔细查找,自己给旅游者所在国驻华使、领馆打电话,咨询补办护照的最短时间,并向有关航空公司了解旅游者机票的变更和签转问题。当旅游者再次返回表示没有找到护照时,导游员向其详细说明了补办护照、签证的时间和大致费用,以及因团队机票无法更改和签转,必须重新购买等相关事宜。使旅游者做到心中有数。第二天早晨出发前,旅游者兴高采烈地来找全陪,说他在穿衣服时发现护照在贴身衣袋中,是他忘记了。并对全陪的帮助表示感谢。

 请结合案例谈谈你对案例中导游员处理事故的看法。

 案例评析

此次护照丢失事件虽然最后是虚惊一场,但其中反映了导游员对事件的处理是恰当的。旅游者可能因为焦虑或其他原因无法记起证件放置的位置,因此在这种情况下,首先要安抚情绪,使其冷静下来,仔细回忆可能发生的情况。同时,了解相关情况,做好旅游者证件一旦丢失的妥善处理工作。最后,当旅游者找到护照时,要对此表示高兴,也要提醒旅游者仔细收好,防止真的丢失。

二、旅游安全事故的处理、预防及相关案例

 **案例1**

卫生事故处理

某单位15名员工利用假期参加某旅行社组织的到某地旅游的活动,旅行社安排旅游团住在A宾馆。旅游开始的第二天,用过晚餐后,有一位旅游者开始呕吐并伴有腹泻,腹部绞痛难忍,旅行社及时将其送往医院。随后,除一位旅游者在外用餐外,另外13位旅游者均出现不同程度的呕吐和腹泻现象。经医院检查确诊为急性肠炎。卫生检疫部门对旅游团用餐的宾馆餐厅进行了检查,最终造成旅游团集体呕吐和腹泻的原因确定为餐厅提供的食物不符合卫生标准,细菌严重超标,为此旅游团的行程被迫延迟。事后A宾馆负责人承认旅游者食物中毒是由其工作失误所致,同意并保证承担由此产生的旅游费用和治疗费用。但是旅游者返回之后很长时间,该宾馆一直没有兑现承诺。

 为此,旅行社对旅游者应采取何种措施?

 **案例评析**

1. 旅行社应承担直接责任,先行向旅游者赔付,再向宾馆追偿。因为宾馆是旅行社安排的,旅游者与旅行社签订了合法有效的旅游合同,合同明确规定了旅游团队的用餐标准和用餐质量要求,双方应严格遵守约定。旅游者是因旅行社所安排的宾馆的饭菜质量差造成的食物中毒,进而影响了旅游行程,故旅行社应承担直接责任。

2. 赔偿内容:承担因食物中毒而延迟行程所发生的费用;承担旅游者的医疗费用;承担耽误了一天时间而对旅游者造成的损失;向旅游者道歉,说明情况。

 **案例2**

交通事故处理

2017年6月,某国内旅游团由长沙前往衡山途中发生车祸,地陪孙小姐检查游客无伤亡后,将游客带到路边农舍休息,即前往附近单位打电话回长沙旅行社要求另行派车。等候6小时后车到,孙小姐带领游客上车继续往衡山。由于当天时间已不够完成原定活动项目,孙小姐与全陪商量后决定取消第二天原定行程,而是执行第一天的活动内容。

思考 地陪孙小姐处理事故有哪些不妥?

案例评析

1. 交通事故处理不当：除了检查受伤情况和报告旅行社外，还应保护现场、迅速报案，安抚游客，争取在现场另行租车赶往衡山，事后要写出书面报告。

2. 计划变更处理不当：应该与全陪协商制订应变计划并报告旅行社，向领队及游客说明情况，求得谅解，争取支持；并向游客道歉，事后应适当进行补偿。

案例3

治安事故处理

2017年5月，旅游者李某一家三口参加某旅行社组织的港、澳、泰10日游。在香港时，李某因其随身携带的装有护照、往返机票、现金等财物（价值3万余元）的背包遗失，致使其一家三口身无分文滞留在香港达6天之久。为此，李某认为依据《旅行社管理条例》规定，旅行社应当为旅游者提供符合保障旅游者人身、财产安全需要的服务，对有可能危及旅游者人身、财产安全的项目，应当为旅游者做出说明和明确的警示，并采取防止危害发生的措施。但旅行社未能认真履行该义务，致使其随身携带物品丢失。他要求旅行社退还旅游团费，赔偿丢失物品损失。而该旅行社辩称在组织此港、澳、泰旅游团的过程中遵守了国家有关规定，为旅游者办理了旅游意外保险，对有关旅游者人身、财物安全事项，做了多次明确的警示和说明。因此，不应对旅游者随身携带物品的丢失承担责任。按照惯例和常识，旅游者的个人携带物品属个人隐私，理应自己保管好，如有遗失，责任自负。此外，在旅游者李某声称遗失随身携带物品后，该旅行社及时积极协助其报案，登报声明，补办临时护照，提供通信方便，安排食宿和垫款购买由香港直航青岛机票，共垫付各项费用达11960港币，给出事游客以积极的同情和帮助，因此，旅行社从道义上已尽了责任。

案例评析

1. 旅行社是否对游客随身携带物品遗失承担赔偿责任，首先应当明确旅行社对游客的随身物品是否负有保管责任。我国《合同法》规定：保管合同时保管人保管寄存人交付的保管物，并返还该物的合同。据此，只有当旅游者将其物品交付旅行社保管，因旅行社的不慎将游客物品丢失，才应当承担赔偿责任。而在本案例中，李某的物品并没有交给旅行社保管，而是由其本人随身携带，也就是说，在李某与旅行社之间并不存在保管法律关系，也即丢失的物品是在李某本人的保管之下。既然是在自己的保管之下，发生丢失后要旅行社承担赔偿责任，这是于法无据，于理不通的。

2. 如果旅游者随身携带物品确实丢失，亦应当由保险公司赔偿。在本案例中，旅行社在组织旅游者旅游时，已经按照国家法律法规要求，为旅游者办理了意外保险，所谓旅游意外保险是指旅行社在组织团队旅游时，为保护旅游者利益，向保险公司支付保险费，一旦旅游者在旅游期间发生事故，按合同约定由承保保险公司向旅游者支付保险金的保险行为。按照我国《旅行社办理旅游意外保险暂行规定》的规定，旅游意外保险的赔偿范围包括旅游者所携带的行李物品丢失、损坏或被盗所需的赔偿。由此规定，如果李某随身携带物品确实丢失，则应当由保险公司赔偿，而作为旅行社，则应当及时取得香港警方等有关方面的有效证明，向其承保的保险公司办理索赔事宜。

三、游客意外事件的处理、预防及相关案例

案例1

游客生病处理

在陕西某旅游有限责任公司工作的朋友,告诉我一件在她带团游览过程中发生的意外事件。她于2016年10月带团去华东"五市"(即南京、上海、杭州、苏州和无锡)旅游,团队共有72人,其中有22个孩子,规模是比较大的。当到达第三站杭州准备外出游览时,发生了意想不到的事情,游客中有一位60多岁的老人突然发病,送医院检查诊断是癌症晚期,随时都有死亡的可能,医院要求通知其家属。面对这突如其来的变故,她当机立断,要求医生照顾好病人,等待其家属的到来。每天她与另外一人共同取药、换药,从未单独一人照顾病人,直至家属赶来。经过精心治疗,病人病情稳定后由其家属接回。对在治病过程中病人的怒骂,她丝毫不介意,因为为游客服务是第一位的,更何况游客得了绝症。同时也没有耽误其他游客的旅游,使这次旅游圆满结束。后来当病人去世后,公司还特意去慰问,病人家属十分感激,使得公司与客户之间建立了良好的关系。

案例评析

从此事件处理过程中不难看出,当病人生病或发病后要及时送医院治疗,并要求游客中留1~2人与导游共同照顾病人,千万不能单独一人去取药或照顾病人,若有问题出现就说不清了。另外要与旅行社联系通知其家属,病情严重的可让其家属亲自照顾。同时与地接社商量不能中止旅游活动,可让其他游客继续旅游。旅游活动结束后,对旅游活动中不幸死亡的游客,应及时去死者家中表示慰问,这也是旅行社售后服务的体现,有利于加强旅行社与客户之间的合作关系,从而稳定客源市场。本案例中上述处理办法及时妥当,不仅使旅游活动圆满结束,而且还加强了旅行社与客户之间的关系,提高了旅行社的声誉。

旅游者患一般疾病时,导游人员须及时探视,并表示慰问。导游人员在征得患者、患者亲属或领队同意后,要帮助旅游者叫出租车,并向司机做必要的交代(去何医院,是否需要出租车在医院等候)。如有全程陪同,可请全陪协助陪同患者前往医院。但是,无论导游人员是否陪同病人去医院,都必须及时了解患者的病情和医生的诊断结果,并告知旅游团领队。

旅游者如患急病或重病时,导游人员应该做到以下两点。第一,及时与医院联系,并向旅行社报告,在主管部门指导下,及时组织医务人员进行抢救。在抢救的全过程中,旅游团领队与同行的患者亲属必须在现场,旅行社方面亦应派人到现场照看。第二,向与患者同行的其他旅游者详细了解患者发病前后的身体、病史、症状及治疗等情况,最好有详细的文字记载,以备医院方面参考。患者病危而其家属又不在场者,应尊重医师安排。

案例2

旅游者意外事故处理

例1:山西某旅行社组织一旅游团出游,时有游客出于习惯将胳膊伸出车窗外,导游未做警示和制

止。适逢汽车爬一个山坡,司机因意外急刹车,一游客伸出窗外的手臂撞上了山岩,严重擦伤。

例2:某旅行社组团去华山,在临行前,旅行社已向客人对去华山可能出现的危险做了明确的说明,并为客人办理了意外保险,客人欣然接受,于是组团顺利出行。到了华山,在游览过程中,一位客人不慎摔伤,造成右脚腕骨粉碎性骨折。

例3:某旅行社导游带团过程中,游客洗澡时在饭店浴池中跌倒,头部摔裂。据查,该饭店为三星级,但浴缸底部确实较滑,饭店正从顶层向下更换浴缸,而该游客所住的楼层还未更换到。

例4:一旅游团乘汽车前往陕西翠华山旅游。行至途中,突然有一个鸡蛋大小的石头飞入车内,击中一游客前额致伤,击伤部位有一道长3厘米的口子。

例5:天津某旅行社组织一旅游团在野三坡风景区旅游,有一个项目是蹦极。导游再三强调:有心脏病、高血压病史的客人不要参加这个项目。但一位患有高血压的游客隐瞒实情,参加了这项游乐,由于过度刺激血压骤增而被送往医院抢救。

案例评析

以上5个实例,都令人不快。游客在旅游过程中,各种伤害的预防、处置对每个导游而言都是必修课。分析起来,应注意以下工作要领。

1. 导游的心中要绷紧防止意外伤害这根弦。游客如果发生意外伤害,尤其是严重伤害,势必打乱全团的旅游计划,给全团游客的心里蒙上一层阴影,带来人身及财产的损失,有损企业形象。所以,作为一名导游,要随时随地注意观察,及时发现那些安全的隐患,并根据经验,在那些易发生问题的路段及场所向游客予以提醒。如例1中,游客将胳膊伸出车窗外而导游未加制止,这肯定是一个失误;而例5中,导游"再三强调"了"有心脏病、高血压病史的客人不要参加这个项目",虽然还是出了问题,但在事后的纠纷处理中,导游就处在较为有利的位置。

2. 事故发生后要及时组织抢救。在以上5个实例中,导游都能立即采取措施将受伤游客送往医院抢救或治疗,事态都没有扩大,应该说是不幸中的万幸。因为积极抢救或治疗,一方面显示了旅行社的责任心和对游客的关怀,充满人情味;另一方面在严重伤害的情况下,时间就是生命,时间就是金钱,送医院愈早损失愈小,在这个时候,积极进行救治并不等于导游一定在游客受伤的事件中负有重要责任,不主动组织救治也不等于导游没有责任,这一点一定要明确,即救治是当时的头等大事,分清责任是善后工作。

案例3

游客走失处理

2017年5月,一个60人的旅游团队,在当日游完北京最后一个景点天安门广场之后,次日准备飞往桂林。也许是天安门的雄姿吸引了游客,晚上清点人数时发现一位日本游客丢失了,这可急坏了团队全陪。全陪让团队在长城饭店住好之后,迅速通知了饭店值班经理及旅行社经理,并与国际饭店团队电话联络,以期获得游客求助的消息,及时与其联系。此时游客发现自己脱离队伍也急坏了,幸好找到一家贵宾楼饭店,饭店主管经理依据经验与几家经常接待日本团队的酒店联系,几经周折,终于有了音信。该团队在得知游客消息后,迅速前去迎接,终于接回了走失的日本游客,并向游客诚恳道歉,同时向各家积极提供帮助的人致以谢意。游客归队了,一场有惊无险的事件结束了,虽然并没有出现什么意外事件,但其中的教训值得深思。

项目六 旅行社接待业务

案例评析

1. 游客在跟团旅游过程中偶然走失的情况并不罕见,但如何处理好这类事件是非常重要的,它事关旅行社的声誉和形象,在旅行社的经营管理过程中影响较大。本案例中该旅行社妥当地处理了这类事件,不但没有损害声誉,而且也给游客留下了良好的印象。

2. 旅游团队在每游完一个景点离开前,务必按时清点人数并及时寻找,不要事后漫天撒网于茫茫人海,没有造成意外还好,倘若有事将后悔莫及。

3. 像本案例中的情况,导游应该做到:第一,及时弄清情况,迅速寻找。在游览中如发现某位旅游者走失,导游员须暂停导游,并立即向其他旅游者了解走失者的相关情况,分析可能在何时、何处走失,马上安排人力寻找,不可以大意和拖延。如有其他导游在场,可抽出一名导游和领队一起寻找。寻找走失的旅游者和全团活动应并行不悖地进行,寻找活动不应影响团内其他旅游者的情绪。第二,导游应迅速向旅行社和有关部门报告。这一点十分必要,特别是那些范围大、进出口多的游览点,会给寻找工作带来较大的麻烦和困难,导游须迅速向该地派出所或管理部门报告,请求他们协助寻找。同时,迅速与旅行社驻饭店值班室、饭店前台取得联系。有时走失者找不到自己的旅游团,很可能遇到其他旅游团并随之活动,或搭乘其他团的车辆离开旅游地点,或自己乘出租车返回饭店。所以,导游应尽快向旅行社驻饭店值班室或饭店前台通报,请他们协助,注意旅游者是否已返回饭店。第三,找到走失者后,要查清责任,并做好善后工作。如属我方责任,须向对方赔礼道歉,并征求其弥补意见。如责任在对方,应对此表示遗憾,并友好提醒对方以后防止类似事情的发生。事后,要向领导书面汇报走失者及寻找情况。

项目小结

旅行社的接待业务,是旅行社按合同向游客提供其预订的保证质量的服务,而对游客来说,则是对其购买的旅行社产品的消费过程,因此,旅行社的接待业务,即指旅行社直接面向游客提供服务、游客享受旅行社产品的全过程,是旅行社产品的实现形式。接待业务是旅行社经营管理中的核心内容。本项目根据团队旅游接待(入境旅游、出境旅游、国内旅游)和散客旅游接待两部分,详细介绍旅行社各项接待业务的基本特点、主要任务、主要工作程序、实际操作规程及主要注意事项等。本项目通过导游人员的职责、专职导游人员管理、兼职导游人员管理几方面的内容提出旅行社对导游员管理的有效途径,还提到应加强对内勤人员管理。同时,本项目特别注重实践性、操作性,通过列举的大量案例,分析旅行社接待过程中突发事件的处理和预防,不仅可作为教学内容与参考,而且也可作为旅行社接待工作的实际操作程序。

综合能力训练

······ **基本训练** ······

一、思考题

1. 旅行社应如何加强其接待管理?
2. 如何做好导游人员的管理?

二、练习题

1. 旅行社接待业务的特点有哪些？
2. 简述旅游团与地接社的操作流程。
3. 地接社的选择依据是什么？
4. 旅行社入境业务与出境业务有何区别？

⋯⋯　⋯⋯　⋯⋯　**技能训练**　⋯⋯　⋯⋯　⋯⋯

1. 选定某一家旅行社，进行调研感知，谈谈旅行社应该如何做好接待管理工作。
2. 走访本地的一家旅行社，了解旅行社的组团业务和地接业务是如何运作的。
3. 作为实习导游跟团参加一个旅游团的活动，观察带团导游是如何提供旅游接待服务的。

旅行社票务业务

学习目标

知识目标：1. 熟知旅行社票务定义及旅行社票务的地位和作用，了解各类票务知识，掌握航空代理人设立的程序、要求。
2. 了解旅行社航空和铁路售票操作程序和技巧，掌握航空和铁路票务的基本知识。

能力目标：运用学到的知识，能够有较强的旅行社票务管理能力及旅行社航空和铁路票务销售能力。

技能目标：通过学到的知识，熟悉和掌握各种票务的操作。

案例导入

小张大学毕业后进入一家大型旅行社票务部门工作，经过一个月的培训后就开始独立操作了。一天上午，接到一位刘女士的电话，查询北京至纽约的机票价格。小刘很快报出北京直飞纽约的价格，一万多元。刘女士大概咨询一下，说考虑考虑就挂了电话。小刘很希望尽快有业绩，下午拨打刘女士电话，问对方是否考虑清楚需要买票了。刘女士回答说已在其他航空公司代理点买了机票，价格只要七千多元，不过飞机需要在韩国首尔经停。相对国内机票，国际机票拿到航空公司返还的佣金要高出很多。如果小张在接听客人电话时，多了解下客人的需求，提供多种出行方案，就能留住客人，为旅行社创收。

任务一　旅行社票务业务概述

过去在旅行社属于"跑龙套"的票务业务，如今担任着越来越重要的角色。近年来，随着民航业的大发展，乘飞机外出的游客越来越多。瞄准这一商机，各大旅行社纷纷与许多家国际、国内航空公司互结联盟，代理国内外各航线票务。

一、旅行社票务的定义

旅行社的票务工作是指票务人员按照旅游团队的计划或旅游者的要求，通过一定的方式或程序，采购落实旅游交通票据的业务，使旅游者按时、顺利到达目的地。

随着旅行社散客业务的发展，代客订购交通票据已成为旅行社的一项重要业务。目前，许多旅行社已经将代客订购交通票据作为一项重要业务。在国外，旅行社更是以代客订购交通票据，尤其是飞机票作为主要的经营业务。近年来，我国有很多旅行社也建立起票务中心，成为航空公司的机票代售点、铁路客运部票务代售处、轮船公司或长途客运交通部门的指定代理点。这样，旅行社的票务部门对内解决本社旅游团队、散客旅游的交通票据问题，对外设立窗口，吸引客源，面向社会服务，通过销售交通票据直接为旅行社创收。

二、旅行社票务的地位和作用

为保证旅游活动得以成行,首先要解决的就是"行"的问题。在我国交通运输尚不十分发达的情况下,旅行社票务工作是游客顺利出行的重要保证。同时,随着旅游业的发展,旅行社为增加收入来源,代售客票也已成为旅行社的一项重要业务。在目前的经济环境中,旅行社票务工作已从单纯为旅行社的旅游者服务发展为向整个社会提供服务。具体地说,它具有以下重要作用。

(一)旅行社票务工作是旅游活动顺利进行的首要保证

在旅行社为旅游者安排的食、住、行、游、购、娱等诸项活动中,"行"是整个旅游活动的基础。甚至可以说,没有"行",就无所谓"旅游"。而保证游客顺利出行,正是票务部门的工作。

旅行社本身不可能提供旅游所必需的一切交通工具,它要借助、依靠社会交通运输部门的协作与配合。票务工作在旅行社与交通运输部门的协作中起着互相联系的纽带作用,共同解决游客"行"的问题。众所周知,每逢"十一"、春节等旅游黄金周和其他重大节日,航空运输都会变得十分紧张,此时航空票务工作对旅行社旅游业务的作用显得尤为重要,票务部门出票能力的强弱,直接影响旅游业务的开展是否顺利。如果旅行社因未能落实好机票,使得已经组织的团队不能成行或在行程中未能按计划到达目的地,打乱了各项配套服务,就会影响到整个旅游行程的效果。这些都会给旅行社带来直接的经济损失,还会影响旅行社的声誉,影响到旅行社未来的业务发展。

(二)旅行社票务工作已从单纯为旅行社的旅游者服务发展为向整个社会提供服务

随着交通运输业内部和旅游业内部的竞争发展,许多具有一定实力的旅行社已成为交通运输企业的代理商。旅行社对各类交通的线路、班次、价格等比较熟悉,而且还往往有一定程度的优惠,因而越来越多的人在出行时选择通过旅行社购置各种交通票证。旅行社票务工作已从单纯为旅行社的旅游者服务发展为向整个社会提供服务。

(三)旅行社票务工作是旅行社创收的一条重要途径

在国外,旅行社的主要收入来源之一就是航空公司的机票代理佣金,其营业收入在旅行社总收入中占有很高的比例。旅行社通过票务工作,既保证了游客旅游活动的顺利进行,又使票务工作从传统的后台服务走向前台。直接对外营销,使票务部门成为旅行社的直接创收部门,必将为旅行社创造更多的经济效益。

三、旅行社票务的分类

旅行社的票务可以分为航空票务、火车票务、轮船票务和汽车票务四大类,尤以航空票务、火车票务为主。

任务二 航空销售代理人

购买一张机票,是乘坐飞机旅行的前提。除了通过各航空公司的售票处购买机票,多数中国旅客(目前至少70%)是通过航空公司授权的某个销售代理来买票的,这些销售代理遍布各个城市的各个角落,组成了一个专业性很强的行业——机票代理业。正是有了这个行业的存在,旅客购买飞机票的过程才变得如此简单方便。简单到只需要一个电话,方便到不需要出门,就有人免费送票上门。

一、航空销售代理人的设立

(一)航空票务中心的类型

(1)一类航空票务代理:指经营国际航线或者香港、澳门、台湾地区航线的民用航空旅客运输和货物运输销售代理资格(危险品除外)。实缴注册资金≥150万元人民币。

(2)二类航空票务代理:指经营国内航线除香港、澳门、台湾地区航线外的民用航空旅客运输和货物运输销售代理资格(危险品除外)。实缴注册资金≥50万人民币。

(3)从事货运业务的,实缴注册资本≥300万人民币。

(二)设立航空票务中心的条件

(1)具有独立的营业场所。
(2)拥有适当的通信器材,如电话、传真机、计算机等。
(3)拥有三名以上经过民航管理部门或民航管理部门授权的航空公司举办的专业培训并获得航空运输销售代理业务岗位合格证书、销售代理人员证书或岗位培训证书的专职销售人员,有国际、国内及客运、货运之分。
(4)要求有一家具备资格的担保公司提供担保。资格包括:不能含有外资成分,注册资金必须大于或者等于被担保公司,担保期限必须在4年以上且承担连带责任。

二、航空铜牌

"航空铜牌"是由中国航空运输协会(CATA)颁发给航空运输销售代理人的资格证书,证书全称为《中国民用航空运输销售代理业务资格认可证书》。

(一)航空铜牌的优势

(1)可与航空公司直接签订运价协议。
(2)可以申请加入国际航空运输协会(IATA)。

（3）极大地增强企业市场竞争力。

（二）航空铜牌有效期

航空铜牌有效期为3年，取得航空铜牌的企业应于每年的3~6月份定期参加中国航协的年检，并且在到期前30个工作日做到期换证申请。

任务三　航空票务

一、航空票务常识

（一）乘机必需的证件

（1）成人乘机需要身份证或护照或港澳通行证。
（2）军人乘机需要军官证或警官证或士兵证等证的原件。
（3）12岁以下儿童乘机需要身份证或户口簿或公安机关出示的相关证明。
（4）14天~2岁（未满）婴儿的乘机凭医院出生证明、户口簿或相关证明。
（5）外国游客、华侨和港澳台同胞乘机需要有效护照、回乡证、台胞证。

（二）航空公司的不同种类机票

1. 普通一年期机票

这种机票有限期为一年，购买时不需要指定航班，持票人如持有护照及签证，只需要启程前订位。经确认机位后，便可按时登机出发。这种按票面价购入的普通一年期机票，也允许换乘其他航空公司的航班。一般来说，普通一年期机票票价较高，但灵活方便，没有太多限制，时间上较易掌握。若预计途中可能随时改变旅行线路、时间的话，以购买普通一年期机票较好。虽然票价较高，但物有所值。所节省的时间及其灵活可能比购买特价票更划算，且退票时间较为有利。

2. 单程客票

单程客票指点到点去程票。

3. 往返客票

往返客票指从出发地至目的地按原航程返回原出发地的客票。

4. 联程客票

联程客票指始发地到目的地之间经另一个或几个机场中转，含有两个（及以上）乘机联，使用两个（及以上）不同航班号的航班抵达目的地的机票。

5. 正价票

正价票指旅客购买的是航空公司正常票价,允许进行签转和更改,有效期为一年。

6. 特价票

特价票指旅客购买的是航空公司特殊优惠票价,不允许签转,有很多限制条件,有效期各异,但较便宜。

7. 不定期票

不定期票是指在航班、座位等级、乘机日期和起飞时间都没有订妥的机票。一般在国际航班的联程票上会有这样的情况。

8. 定期票

定期票是指在航班、座位等级、乘机日期和起飞时间均订妥的机票。

9. 成人票

成人票指12周岁(含)以上的旅客票。

10. 儿童票

儿童票指满2周岁且未满12周岁的儿童,按全票价的50%购买,免机场建设费,需一半燃油费。

11. 婴儿票

婴儿票指出生14天且未满2周岁的婴儿,按全票价的10%购买,无机场建设费和燃油费,一个大人只能带一个婴儿,如一个以上需买儿童票(无免额行李)。

12. 团体机票

团体机票是旅行社特有的一种廉价机票。按照规定,旅行社作为航空公司的指定代理向航空公司订下的这些优惠机票,只能作为旅行社组织团体旅行之用,不能出售与散客游客。但实际上,在一些旅行社也能买到。购买这类机票时,应该注意机票的有效期以及是否允许退票。多数团体票会有不能退票的限制在机票上注明。购买了此类机票后,如因签证或其他原因延误,引致不能按期出发,则一定会有损失。

13. 包机机票

包机公司或旅行社向航空公司包下整架或部分飞机座位,以供旅客乘搭。这类机票的票价及营运限制,均是由包机公司或旅行社自行确定。在购买此类机票时,需要事先向售票部门了解清楚。

(三)航空公司通用的舱位

(1) F(头等舱);

(2) C(公务舱);

(3) Y(经济舱)。

(四)免费行李额

(1) 头等舱(F):40 kg;

(2) 公务舱(C):30 kg;
(3) 经济舱(Y):20 kg。
持婴儿票的旅客无免费行李额。

(五) 各种税费的计算

国内航空公司税额目前包括以下两种。

1. 机场建设费

按国家规定 12 周岁以上(婴儿票、儿童票免收)成人均需按照大机型 50 元、小机型 10 元的标准收取机场建设费。

2. 燃油附加费

燃油附加费按照航班飞行里程计算,成人票 800 千米以下的航段收取 60 元至 80 元,800 千米(含)以上收取 100 元至 150 元。购买任何舱位的儿童(含无成人陪伴儿童)、革命伤残军人和因公致残的人民警察国内航线旅客运输燃油附加费实行减半收取,即 800 千米以下航段每位旅客收取 40 元,800 千米(含)以上航段每位旅客收取 70 元。

(六) 机票的停留期限

很多特惠国际机票均要求客人的旅行日期满足最短、最长停留期限的限制,这是指:
(1) 最短停留期:客人必须在目的地停留的最短天数;
(2) 最长停留期:客人可以在目的地停留的最长天数。
除此以外,有的票价还对出发、往返是周中还是周末有要求。

(七) 最后出票时限

对于旅客所预订的机位,航空公司具有一定的保留期限,一般要求提前 3 天出票,否则座位将被航空公司取消。对于这一时限,不同的航空公司有各自的规定。

(八) 不可签转、不可改期、不可退票

(1) 不可签转:指出票后不能更改航空公司。
(2) 不可改期:指出票后不能更改出发或回程日期(具体依照航空公司规定)。
(3) 不可退票:指出票后不能退回程票或全部机票(具体依照航空公司规定)。

(九) 转机与经停

对于国际机票,一般规定在转机点停留不超过 24 小时视为转机,超过则视为经停。但有的航空公司规定不同,如加航规定为 4 小时。

主要机型介绍

1. 波音系列(The Boeing Company)

波音公司是全球航空航天业的领袖公司,也是世界上最大的民用和军用飞机制造商。此外,波音公司设计并制造旋翼飞机、电子和防御系统、导弹、卫星、发射装置以及先进的信息和通信系统。作为美国国家航空航天局的主要服务提供商,波音公司运营着航天飞机和国际空间站。波音公司还提供众多军用和民用航线支持服务,其客户分布在全球90多个国家。

(1) 737(733、737、735、736、738、73G)——130~150人;
(2) 747——400人;
(3) 757——200人;
(4) 767——225人;
(5) 777——380人;
(6) 787——600人。

2. 空中巴士系列(Airbus,又称空客、空中巴士)

空中巴士系列是欧洲一家飞机制造、研发公司,1970年12月于法国成立。空中客车公司的股份由欧洲宇航防务集团公司(EADS)100%持有。

(1) A319——160人;
(2) A320——140人;
(3) A310——230人;
(4) A300——280人;
(5) A340——400人;
(6) A380——600人。

3. 麦道系列(麦克唐纳—道格拉斯公司 McDonnell-Douglas Corporation)

麦道系列是美国制造飞机和导弹的大垄断企业。1939年由詹姆斯·麦克唐纳创办,称麦克唐纳飞机公司。1967年兼并道格拉斯飞机公司,改为现名。总部设在密苏里州的圣路易斯。

(1) MD82——150人;
(2) MD90——160人;
(3) MD11——340人。

(十) 航空名词解释

(1) 国际航协(简称 IATA):是一个由全世界各国航空公司于1945年组建的大型民间组织,总部设在加拿大的蒙特利尔,执行总部在瑞士日内瓦。目前,国际航协会员航空公司逾200个,遍布30个国家。在世界定期国际航空运输业务中,会员航空公司占了98%。

(2) 中国民航(简称 CAAC):中国民用航空局简称民航局或 CAAC 局或 CAAC,是中华人民共和国国务院主管民用航空事业的部委管理的国家局,归交通运输部管理。

(3) 航线:指经过批准开辟的连接两个或几个地点的航空交通线。航线确定了飞机飞行的具体方向、起讫与经停地点,并根据空中交通管制的需要,规定了航线的宽度和飞机飞行高度。

（4）航线的分类:按照飞机飞行的起讫点,航线可分为国际航线、国内航线和地区航线三大类。国际航线是指飞行路线连接两个或两个以上国家的航线;国内航线是指在一个国家内部的航线,它又可分为干线、支线和地方航线三大类;地区航线指在一国之内,连接普通地区和特殊地区的航线,如中国内地与港、澳、台地区之间的航线。另外,航线还可分为固定航线和临时航线,临时航线通常不得与航路、固定航线交叉或是通过飞行频繁的机场上空。

（5）航班:指根据班期时刻表,飞机由始发站起飞,按照规定的航线,经过经停站至终点站或直接到达终点站进行运输生产飞行。航班分去程航班(从基地出发的飞行)和回程航班(返回基地的飞行)。

（6）航班号:为便于组织运输生产,每个航班都按一定规律编以不同的号码以便于区别,这种号码称为航班号。

（7）班次:指在单位时间内(通常以一周计算)飞机的航班次数。

（8）航段:指在航线上各经停点之间的航程。有的航线只有一个航段,有的则由几个航段组成。

（9）承运人:指包括填开客票的航空承运人和承运或约定承运该客票所列旅客及其行李的所有航空承运人,即航空公司。

（10）销售代理人:指从事民用航空运输销售代理业务的企业。

（11）团体旅客:指统一组织的人数在10人以上(含10人),航程、乘机日期和航班相同的旅客,团队的价格一般是一团一议,需向航空公司申请。

（12）电子机票:电子机票(Electronic Ticket)也称电子客票,是纸质机票的电子形式,是一种电子号码记录,电子机票将票面信息存储在订座系统中,可以像纸质票一样执行出票、作废、退票、换开、改转签等操作。电子机票依托现代信息技术,实现无纸化、电子化的订票、结账和办理乘机手续等全过程。对于旅客来讲,它的使用与传统纸质机票并无差别。

（13）客票有效期:国内客票有效期一般为一年。定期客票自旅客开始旅行之次日零时算起,不定期客票自填开客票之次日零时算起。

（14）无成人陪伴儿童:指年龄在满5周岁但不满12周岁的无成人陪伴单独乘机的儿童。无成人陪伴儿童需客人去航空公司申请,代理人无法销售此种机票。

阅读材料

表7-1 常见国内外航空公司代码

代码	航空公司	代码	航空公司	代码	航空公司
CA	中国国际航空公司	MF	厦门航空公司	BA	英国航空公司
HU	海南航空有限公司	NX	澳门航空公司	HY	乌兹别克斯坦航空公司
X2	中国新华航空公司	AF	法国航空公司	JS	朝鲜航空公司

续 表

代码	航空公司	代码	航空公司	代码	航空公司
KE	大韩航空	MU	中国东方航空公司	OZ	韩亚航空公司
LH	德国汉莎航空公司	F6	中国航空股份有限公司	QF	澳大利亚快达航空公司
6U	乌克兰航空公司	ZH	深圳航空公司	RO	罗马尼亚航空公司
KA	港龙航空公司	8C	山西航空公司	SU	瑞士航空公司
CZ	中国南方航空有限公司	FM	上海航空公司	PK	巴基斯坦国际航空公司
XO	新疆航空公司	WU	武汉航空公司	QV	老挝航空公司
SC	山东航空公司	AZ	意大利航空公司	SK	斯堪的纳维斯(北欧)航空公司
SZ	中国西南航空公司	CP	加拿大国际航空公司	TG	泰国国际航空公司
3U	四川航空公司	GA	印度尼西亚鹰航空公司	VJ	柬埔寨航空公司
AY	芬兰航空公司	LR	伊朗航空公司	UB	缅甸航空公司
BL	文莱皇家航空公司	JL	日本航空公司	OS	奥地利航空公司
E5	萨马拉航空公司	K4	哈萨克斯坦航空公司	PR	菲律宾航空公司
JD	日本航空系统株式会社航空公司	LY	以色列航空公司	RA	尼泊尔航空公司
KL	荷兰皇家航空公司	NH	全日航空公司	SQ	新加坡航空公司
LO	波兰航空公司	MH	马来西亚航空公司	UA	美利坚联合航空公司
ML	新加坡航空公司	NW	美国西北航空公司	VN	越南航空公司

阅读材料

表7-2 国际机票的票面信息

字段名称	中文意义	字段说明
BY	航空公司名称	如 AIL CHIA 即指"中国国际航空公司"
ENDORSEMENTS/RESTRICTIONS	禁止背书转让和其他限制栏	NON-ENDO 意为不能转换,NON-RERTE 意为不能更改行程,NON-RFND 意为不能退票
PASSENGER NAME	旅客姓名栏	如 HU/SHUMING,需与护照姓名完全一致
DATA OF ISSUE	发票日期	如 15MAY10,即2010年5月15日
ORIGIN/DESTINA-TION	起点/终点	如 PEK PEK,则是代表由北京出发,回程终点亦是北京的机票
BOOKING REFERENCE	订位代号	
ISSUED IN EXCHANGE FOR		行程、舱位等改变需重新开发票时填写原机票数据域
PLACE OF ISSUE	开票代理、开票地及日期栏	如 ZHONG HANG FU 即是指机票由广州中航服开出

续 表

字段名称	中文意义	字段说明
X/O	停留限制栏	在行程栏的左边,打 X 则表示此城市不能入境,只能过境。前后段的机位需先订妥(Confirmed),在抵达该城市后 24 小时内转机离开。若打 O 为停留点,或者是空白,皆可入境至该城市停留
FROM AND TO	行程栏	出发地及抵达地
CARRIER	航空公司代号	如 CZ 即中国南方航空公司
FLIGHT	班机代码	班机的号码。若回程未定时此处会打出 OPEN 的字样。VOID 是指此栏空白作废,以防他人篡改
CLASS	机位舱等栏	通常 Y 是指经济舱,C 是商务舱,F 是指头等舱
DATE/TIME	起飞日期	由两位数与三个英文字母的月份代号组成,EX:06SEP,即 9 月 6 日;TIME 则为飞机起飞地的当地时间(Local Time)
STATUS	订位状况	OK 为订位完毕,RQ 为候补状,NS 则表示不占位子的机票,如婴儿机票
FARE BASIS	票价类栏	依不同的票价可能出现的代号如下:① 原始舱等代号 R、P、F、J、C、Y、K、M。② H 为旺季票,L 为淡季票。③ W 为周末使用,X 为平常日使用,N 为晚上使用。④ CH 为小孩,IN 为婴儿。⑤ 依票价高低而有 1、2、3 等级之分。
NOT VALID BEFORE/AFTER	使用期限栏	通常越是便宜的特殊票,此栏标明的限制就越多
ALLOW	免费托运行李的限制	有两种表达方式:① 计件式(PC):美国、加拿大、中南美地区。② 重置(K):上述以外的地区采用,通常因舱等不同限制会不同,ex:F(40 千克)、C(30 千克)、Y(20 千克)。
FARE	票价栏	即一般所谓的票面价,通常以购买地的货币单位表示,ex:RMB 即为人民币
EQUIV. FARE PD.	实际付款币值栏	若旅客实际要付的币值不同于购买地的币值时,此字段会写出实际的付款额
TAX	税	有时经过某些国家或城市时,需加付当地政府规定的某些税,此字段即表示所代收的税款金额及种类
TOTAL	票面总价栏	即 FARE 栏及各项税金(TAX)的总和金额
FARE CALCULATION AREA	计算票价步骤栏	计算票价的流程细目
FORM OF PAYMENT	付款方式栏	标示旅客购买机票时的付款方式,ex:现金(Cash)、信用卡(Credit Card)等
AIRLINE CODE	航空公司票号栏	
ORIGINAL ISSUE		为旅客行程、舱位等有改变,而需要重新开发票时才会使用到,用以填写原始机票的数据

二、旅行社航空票务操作

（一）旅行社航空票务机票预订流程

（1）询问是国内机票还是国际机票。

（2）填写航班信息：选择需要出票、送票的城市名称；选择航班类型、起飞/到达城市及起飞日期，具体填写内容如下。

① 单程：起飞城市、起飞日期、到达城市；

② 往返：起飞城市、起飞日期（去程）、到达城市、起飞日期（返程）；

③ 联程：起飞城市、起飞日期（第一程）、到达城市、起飞日期（第二程），第二到达城市；

④ 选择人数：每张订单只能选择成人、儿童、婴儿的一种；

⑤ 选择舱位等级；

⑥ 选择航空公司：可以选择本人喜好的航空公司。

（3）选择航班。查看航班信息，可以了解该航班的具体信息。提示：点击"退改签规定"可以了解折扣机票的相关规定，选定需要的航班。

（4）核对航班信息是否正确。

（5）填写联系人信息：填写联系人全名，填写联系人手机、固定电话和 e-mail 地址。

（6）付款购买机票。

（二）退票

1. 退票要求

旅客要求退票，应在其客票有效期内向承运人提出，否则承运人有权拒绝办理。旅客退票应出示本人的有效身份证件。如退票收款人不是客票上列明的旅客本人，应出示旅客及退票收款人的有效身份证件。

旅客如在出票地要求退票，只限在原购票的售票处办理；在出票地以外的航班始发地或终止旅行地要求退票，可在当地的承运人售票处办理；如当地无承运人售票处，可在经承运人特授权的当地销售代理人售票处办理。受理退票的售票处必须获得旅客原购票的售票处和承运人财务部门的书面授权后，方可予以办理。持不定期客票的旅客要求退票，只限在原购票的售票处办理。

2. 退票费

（1）旅客在航班规定离站时间 24 小时以前要求退票，收取原付票款 5% 的退票费。

（2）旅客在航班规定离站时间 24 小时以内，2 小时以前要求退票，收取原付票款 10% 的退票费。

（3）旅客在航班规定离站时间 2 小时以内要求退票，收取原付票款 20% 的退票费。

（4）旅客在航班规定离站时间后要求退票，按误机处理，收取原付票款 50% 的退票费。

（5）持有不定期客票的旅客要求退票，收取原付票款 5% 的退票费。

（6）持联程、来回程客票的旅客要求退票,根据提出退票的时间和各航段的离站时间按上述规定办理。

（7）如果客票全部未使用,应从全部原付票款中减去根据退票规定收取的退票费,余额退还旅客。

（8）如果客票部分已使用,应从全部原付款中减去已使用航段的票价,并根据退票规定收取未使用航段的退票费后,余额退还旅客。

（9）革命伤残军人要求退票,在航班起飞时间前收取原付票款20%的退票费;在航班起飞时间后收取原付票款50%的退票费。

（10）购10%婴儿票的旅客要求退票,免收退票费。

因为航空公司的原因(如航班取消、航班延误)造成旅客退票的,不收取手续费。旅客因病不能按时成行的也不收取手续费,但要有医院证明。

航空公司对待折扣机票的规定不完全一样。一般在机票票面姓名或航班时间附近应有明显的不得更改、不得签转或不得退票等字样。

任务四 铁路交通

铁路运输具有价格便宜,沿途又可以饱览风光的特点,特别在包价产品中具有竞争力。近年来,我国铁路加大力度改善交通环境,特别是近几年高铁大力发展,相对于传统火车和其他出行方式,具有更快捷、更舒适、更卫生等优势,大大提高了城乡居民出游质量,增加了出游愿望。目前,国内多数近距离旅游者仍将火车作为出游的首选交通工具。

一、我国铁路分类

国内现有铁路一般可分为国家铁路、地方铁路、专用铁路和铁路专用线四类。一般情况下,我们所说的铁路运输中使用的铁路是指国家铁路和地方铁路两种,它们之间的主要区别在于铁路的管理部门及使用者。其中,国家铁路是指由国务院铁路主管部门管理的铁路;地方铁路是指由地方人民政府管理的铁路;专用铁路是指由企业或者其他单位管理,专为本企业或者本单位内部提供运输服务的铁路;铁路专用线是指由企业或者其他单位管理的与国家铁路或者其他铁路线路接轨的岔线。

二、我国目前客运列车的分类

（1）G——高速列车;
（2）D——动力组列车;
（3）Z——直达特快列车;
（4）T——特快列车;
（5）K——快速列车;

（6）N——管内快速列车；

（7）L、A——临时旅客列车；

（8）Y——旅游列车；

（9）没有字母的四位车次——普通列车。

三、火车票

火车票分为客票和附加票两个类型，对旅行社来说，一般是采购相关的客票中的软卧、软座、硬卧和硬座。

四、火车票的采购业务

旅行社火车票的采购业务主要是火车票的预订与购买、退票。

（一）火车票的预订与购买

铁道部客户服务官网"12306"已于2011年年底全面开启了网络订票，另外国内一些知名度较高的出行网站，如携程、去哪儿等也提供订票服务。铁道部公布的全国统一订票电话为95105105。2012年1月1日，铁道部对火车票的购买采取实名制，旅客须凭本人有效身份证件购买车票，一人一票。为了节省排队的时间，可以在出行时间确定以后，安排一个人携带所有购票人的证件，进行集体购票。

（二）火车票的退票

（1）在发站开车前，特殊情况也可在开车后2小时内，退还全部票价。团体旅客必须在开车48小时以前办理。

（2）在购票地退还联程票和往返票时，必须于折返地或换乘地的列车开车前5天办理。

（3）旅客开始旅行不能退票。但如因伤、病不能继续旅行时，经站、车证实，可退还已收票价与已乘区间票价差额。已乘区间不足起码里程时，按起码程计算，同行人同样办理。

（4）退还带有"行"字戳迹的车票时，应先办理行李变更手续。

（5）站台票售出不退。

任务五　旅行社票务管理

旅游是一种异地活动，无论从常住地到旅游目的地，还是在目的地的暂时逗留与旅游活动期间各地之间的往返，交通都承担着旅游者空间位移的任务。交通不仅要解决旅游者往来不同旅游点间的空间距离问题，而且更重要的是解决其中的时间距离问题。因此，安全、舒适、便捷、经济是旅行社采购交通时需要考量的因素,交通的形式主要有飞机、火车、汽车和轮船,旅行社必须与包括航空公司、铁路部门、轮船公司、汽车公司在内的交通部门建立密切的合作关系。事实上,为寻找稳定的客源渠道,交通部门也非常倾向同旅行社的业务合作。旅行社要争取取得有关交通部门的代理资格,以便顺利采购到所需的交通服务(如取得航空公司销售代理人资格、铁路销售代理等),另外交通代理已成为国内许多旅行社获得利润的来源之一。

一、采购航空服务

作为大众旅游时期远程旅行方式之一,航空服务的主要优点是安全、快速和舒适。一般而言,旅行社选择航空公司主要考量以下因素:
(1) 机票折扣;
(2) 机位数量;
(3) 工作配合度;
(4) 付款方式;
(5) 航班密度;
(6) 各地联络网络方便与否。

随着出游人数的增加,我国航空运力的缺口逐渐显现,尤其是在旅游旺季。远距离旅行的航班常常供不应求,运送游客的一种补充办法便是组织包机。如果旅游团队的流量超过正常航班的运力,而部分团队必须按正常航班抵达下一站旅游地或者有些团队的出行之日没有正常的航班时,旅行社就应当考虑申请旅游包机。申请旅游包机,应当尽量与临近的旅行社联合申请,机型的选择尽可能满足旅游团队的人数要求,还要争取双向客流,以降低包机成本,充分利用运力。

远距离和中高端旅游,可以这么说,谁掌握了航空资源,谁就赢得了市场。

二、采购铁路服务

近距离或中低端旅游,游客大部分选择火车出游。特别是高铁的快速发展,吸引了更多的游客选择火车这一交通工具。采购铁路服务就是按照旅游接待计划订购火车票,确保团队顺利成行。出票率、保障率是衡量铁路服务采购的重要指标,尤其是在旅游旺季和节假日。

三、采购水路服务

鉴于我国的大陆形态,除去三峡、桂林等内河及少数海路,轮船不是外出旅游的主要交通工具。旅行社向轮船公司采购水路服务,关键是做好票务工作。如遇运力无法满足,或遇不可抗力因素无法实现计划,造成团队航次、船期、舱位等级变更,应及时果断地采取应急措施。

四、采购公路服务

尽管汽车已成为人们普遍的旅行方式,但一般认为,乘汽车旅游的距离不宜过长。省内游等短距离一般会选择汽车旅游。旅行社在采购汽车服务时应考虑:

（1）车型；

（2）车况；

（3）司机驾驶技术；

（4）服务规范；

（5）准运资格。

通过考察,旅行社应最终选择管理严格、车型齐全、驾驶员素质好、服务优良、已取得准运资格,且善于配合,同时车价优惠的汽车公司,并与之签订协议书。

项目小结

本项目主要从旅行社票务定义出发,阐述了航空销售代理人设立的条件,旅行社航空票务操作流程以及相关的航空和铁路基本常识;加深学习者对旅行社票务工作的认识和管理。

综合能力训练

•••••• 基本训练 ••••••

1. 简述航空销售代理人设立的条件。

2. 国际机票中,我们拿到手的国际机票,上面可能还会有一些标记,也和我们的出行有关。比如"NON-PRT"代表什么意思？"NON-REFUN"代表什么意思？

3. 旅行社在采购汽车服务时应考虑哪些因素？

•••••• 技能训练 ••••••

1. 登录网站,模拟预订机票。

2. 登录12306官网,模拟预订火车票。

项目八 旅行社财务管理

学习目标

知识目标：1. 熟悉旅行社财务管理的相关概念，掌握旅行社资产管理、成本费用控制和利润管理的方法。
2. 熟悉旅行社资产管理、成本费用管理和利润管理的业务知识。
3. 了解旅行社财务评价的方法和作用。

能力目标：具有旅行社资产管理、控制成本费用和旅行社营业收入和利润管理、财务评价的能力。

技能目标：能进行旅行社资产管理、成本费用控制和收入与盈利管理，以及运用相关评价指标分析旅行社财务运行状况。

案例导入

金融危机之下，在欧洲游一片降价声后，泰国游、澳洲游等价格依旧坚挺，部分旅行社正在悄然转变"策略"，将一直低利润甚至零或负团费的泰国、澳洲团价格不变。近来，记者在市场上发现，虽然欧洲游线路团队游已跌至万元以下，但泰国游的价格并没有伴随当地酒店、机票价格一起下落。捷达假期国旅、中青旅等多家旅行社，泰国游的价格与往年基本持平，最普通的泰国6日游价格都在3500元左右。

看似价位同于往年，记者通过了解行程后发现，这些泰国游产品已经经过"升级改造"，在住宿、用餐等方面都做出了调整。"升级后成本有所增加，市场价自然不能得以下落。"中青旅一位工作人员表示。

此外，记者在多家旅行社发现，澳新12日游几乎都在主打品质游的概念，要价17000元上下，比最基本的澳新12日游高出4000元左右。

业内分析：尝试改变价格战，"规范"市场。

近日，记者从神舟国旅、华远国旅等多家旅行社了解到的数据显示，自泰国动乱以来，泰国游在市场上几乎无人问津。另外，加之金融危机的制约，自今年10月份以来，据保守估计，泰国游的收容量同比下降了50%，而一些旅行社甚至坦言收容量同比下降80%还要多。同时，据了解，澳洲的收容量也普遍比往年下降了约20%。

在如此低迷的市场情况之下，旅行社之所以放弃低价竞争反而攻向高端市场，看似铤而走险，实际却是旅行社对市场做出的一种抗争。从旅行社自身的利益来说，华远国旅佰程旅行网市场部负责人孙丽婵告诉记者，之所以选中泰国游和澳洲游，是因为这两条线一直是低价团，几乎让旅行社无利可图，甚至在澳洲游上，如果没有购物的利润，有的团都是赔钱在做。她表示，不如做一个是一个，反正也收不上人，大家不如趁机尝试改变。打个比方，收10个人赚取每人100块，和收50个人赚取每人10块钱相比，旅行社当然愿意做前者。

从整个行业来看，多家旅行社负责人表示，以前市场上常出现的那种强制购物，靠购物来获取利润的低品质线路，早已经被业内人士嗤之以鼻。业内人士也一致认为，在产品研发上和品质上没有竞争力的旅行社，将很快被淘汰出市场。

专家点评：换种方式争取利润值得肯定。

对此,北京第二外国语学院旅游发展研究院院长张辉表示,旅行社学会把线路、产品做精做细,以争取利润,是值得肯定的。面对金融危机,旅行社不能再延续以往粗放的经营模式。专家认为,不妨向两方面拓展市场:一方面,要在出境等长线游市场上打造高端游客最适合的新产品,如针对高端游客喜爱的运动高尔夫、海钓等,策划相关线路;另一方面,在国内或是周边游市场上,将现有产品从长线改为短线,针对特殊人群设计旅游项目等。

案例分析

旅行社的利润是反映旅行社经营情况的基本指标,也是考核、衡量旅行社经营成果的重要标准。旅行社想要获得可观的利润,必须从多方面去下功夫。利润是从收入中获得的,因此必须熟悉收入的构成等知识,才能对利润进行有效的分析和管理。

旅行社的利润是旅行社财务管理的重要组成部分。加强旅行社的财务管理,既能够有效组织旅行社的财务活动,又能妥善处理旅行社的各种内外经济关系,同时还可以积极地促进旅行社各项经营活动的改善与管理水平的提高,因而具有重要意义。

任务一 旅行社财务管理概述

一、旅行社财务管理的概念

旅行社财务管理是一种价值管理,它利用货币形式对企业的资金运动进行预测、计划、组织、监督和控制,是旅行社管理的重要组成部分,并贯穿于旅行社经营活动的全过程。

旅行社财务管理是指旅行社为保证其经营业务的顺利开展,利用货币形式对旅行社经营活动进行全过程的管理。旅行社按照资金运动规律,通过对资金筹集、资金运用、资产管理和资金分配等管理,来实现旅行社利润最大化和所有者权益最大化的目标,使旅行社财务状况处于最优状态,并利用货币形式对旅行社经营活动进行全过程管理。

二、旅行社财务管理的内容和特点

旅行社财务管理是随企业规模的不断扩大而出现的一种管理职能,主要解决旅行社经营中遇到的一些理财问题。财务管理是旅行社管理中极为重要的一项内容,管理者应根据企业经营目标和经营需要,按照资金运动规律,对旅行社的财务问题进行科学有效管理,并正确处理企业各方面的经济关系。

(一)旅行社财务管理的内容

旅行社财务管理的内容主要包括旅行社的资金管理、成本费用管理、营业收入与利润分配管理、旅行社财务报表分析等，具体如下。

（1）资金管理。它是企业物质生产之源，包括筹资和投资管理以及各项资产管理（包括对旅行社的流动资产、固定资产、无形资产及其他资产等的管理）。

（2）成本费用管理。它是企业利润之源。成本费用管理是对旅行社成本费用的开支项目、开支标准和开支范围的管理。

（3）营业收入及利润分配管理。它是对旅行社财务的控制与治理。营业收入、利润及分配管理是对旅行社收入实现及分配的管理。

（4）危机财务管理。它是对旅行社财务出现混乱、脆弱情况的管理。

（5）财务报告及评价。它主要是利用各种财务报表对旅行社的经营活动及其所取得的财务成果进行分析、考核与评价。

（二）旅行社财务管理的特点

相对于其他类型企业的财务管理，旅行社财务管理具有时效性、复杂性两大特点。旅游业务本身就具有较强的时间性、季节性，由于旅游业务的这种特点，旅行社财务管理也具有较强的时间性。旅游团在一地的停留时间有限，旅行社应为客人提供简单、快捷的结账服务，并在较短时间内完成各种财务结算。旅行社的宣传促销需要大量资金，如果贻误时机就会影响旅行社产品的销售。旅行社业务涉及旅游者食、住、行、游、购、娱等各环节，并且旅行社与旅游者、各类旅游产品供应商和其他旅行社都有财务往来，业务较为烦琐和复杂。

三、旅行社财务管理的目标

旅行社财务管理的目标通常是指旅行社财务管理的总体目标。从我国旅行社行业的现状来看，不同旅行社有着不同的财务管理目标，归纳起来主要有以下三个目标。

（一）利润最大化

旅行社的利润大小从一定程度上反映了旅行社经济效益的高低和对社会贡献的大小，同时它也是旅行社补充资本、扩大经营规模的源泉。利润最大化是在商品经济社会中人们分析和评价企业行为和绩效的主要标准。旅行社通过经济核算，加强对旅行社资金、成本和利润的管理，设法降低各种耗费，并结合市场营销策略以获取经营利润的最大化。利润最大化没有考虑利润取得的时间价值因素，也没有考虑所得利润和投入资本的关系。另外，利润最大化也忽视了所获取的利润和所承担的风险的关系。

（二）资本利润率最大化或每股利润最大化

资本利润率或每股收益反映了利润与投入资本之间的关系。针对利润最大化对企业行为和绩效评价所产生的局限性，人们提出了以资本利润率或每股利润作为考察财务效果的重要指标，并由此得出企业的目标就是使这一指标最大化。这个指标的特点是将企业实现的利润额同投入的自有资本或股本股数进行对比,可以更好地说明企业的赢利水平。然而,这一目标没有考虑每股盈余取得的时间价值因素和旅行社经营风险。

(三)企业价值最大化

企业价值最大化也就是所有者权益最大化,是企业未来现金流量的现值。这一目标考虑了上述最大化目标实现中无法避免的资金、时间、价值和风险问题。在一般情况下,旅行社所得的收益越多,实现收益的时间越近,应得的报酬越是确定,则旅行社的价值或股东的财富就会越大。

四、财务管理在旅行社管理中的地位和作用

(一)财务管理在旅行社管理中的地位

旅行社财务管理在旅行社经营过程中,始终处于制约和促进全局发展的重要地位,具体表现如下:
(1)经商就是理财,理财促进经商;
(2)理财就是加强财务管理,不断地增收节支,改善经营管理,获取良好的经济收益;
(3)理财过程就是通过资金运动的操作与管理使企业增值的过程。

(二)财务管理在旅行社管理中的作用

财务管理的地位决定作用具体如下。

1. 计划作用

财务预测是在认真研究分析有关历史资料、经济技术条件的情况下,对未来的财务指标做出估计和判断,制订财务计划的过程。通过预测和分析,找到增收的渠道和节支的途径。财务预测的内容主要包括:销售预测、资金预测、成本预测和利润预测四个方面。旅行社的财务计划要以货币形式综合反映计划期内进行生产经营活动所需要的各项资金、预计的收入和经济效益,也就是说,财务计划是预测资金的来源和使用,并提出资金使用的要求。

2. 控制作用

财务控制就是通过控制收支、降低成本来实现旅行社利润的最大化。财务控制是保证企业财务活动符合既定目标,取得最佳经济效益的一种方法。财务控制的内容主要有以下几点。

(1)加强财务管理的各项基础工作。加强财务管理的基础工作是做好财务控制工作的前提,财务管理基础工作的主要内容是健全原始记录、加强定额管理、严格计量验收以及制定旅行社内部结算价格制度等。

(2)组织财务计划的实施。编制财务计划只是财务管理的起点,最终要组织计划的执行和落实,以达到不断改进工作、提高效率、降低成本、节约支出的目的。在组织计划的执行过程中,

通过对各项财务指标完成情况的分析,来评价各项管理工作的质量,为决策提供依据。

(3) 平衡财务收支。平衡财务收支也是财务控制的主要内容,其任务是及时根据实际情况,积极调度、合理组织资金,以保证生产的合理需要。平衡财务收支的方法是增加产量、增加收入以平衡支出,降低消耗、节约开支以平衡收入。此外,还可按规定程序向社会融资或向银行贷款。

3. 监督作用

财务监督主要是利用货币形式对企业的生产经营活动所实行的监督,具体来说就是对资金的筹集、使用、耗费、回收和分配等活动进行监督。例如,旅行社通过资金周转指标的分析,能够反映旅行社物资的占用和使用情况,对生产经营资金的形成和使用实行严格的监督,从而促进旅行社改进物资供应工作;旅行社通过对产品成本有关指标的分析,能够反映生产中物化劳动和活劳动的耗费,推动旅行社合理地使用人力、物力和财力,节约消耗、降低成本;旅行社通过对利润指标的分析,能够反映旅行社的财务成果和经营管理水平,对利润的形成和分配实行严格的监督,从而促进旅行社挖掘潜力、改善管理、节约开支、增加收入。

4. 资本运营

资本运营不仅仅是运营产品,也是运营资本。资本运营是现代财务管理的一项重要工作。它不采用财务会计中记账、算账、报账的方法,也不采用管理会计中预测利润的量本利法,而是采用管理会计中投资决策的理论和方法,采用财务管理中投资组合选择原理、资本结构理论等重要方法,将投资、融资和盘活存量资产作为主要内容。

五、旅行社财务管理工作的任务及应遵循的基本原则

(一) 旅行社财务管理工作的任务

旅行社财务管理的任务是做好各项财务收支的计划、控制、核算、分析和考核工作,依法合理筹集资金,有效利用企业的各项资产,努力提高经济效益。具体而言包括以下四个内容。

(1) 制订财务计划。制订财务计划时应该分三个步骤:第一步是规划某一特定时期内要实现的目标,第二步是制定一些与此有关的更具体的分项指标,第三步是确定实现这些目标的战略和步骤。

(2) 实施财务控制。财务控制的基本原则包括:目的性原则、充分性原则、及时性原则、认同性原则、经济性原则、客观性原则、灵活性原则、适应性原则、协调性原则和简明性原则。

(3) 进行日常核算。日常核算包括日记账、总账账务的处理、记账凭证的处理、汇总记账凭证账务的处理、科目总表账务的处理以及现金收款工作等。

(4) 分析、评价旅行社的财务状况。旅行社财务人员要分析财务报表,评价企业的营运能力、偿债能力、获利能力等经济指标,以满足投资者、债权人及企业内部管理部门的需要;旅行社通过对报表的分析,总结经验,预测企业今后的发展趋势,从而促进企业不断改善管理。

(二) 旅行社应遵循财务管理的基本原则

《企业财务通则》规定的基本原则:建立健全企业内部财务管理制度,做好财务管理基础工作,如实反映企业财务状况,依法计算和缴纳国家税收,保证投资者权益不受侵犯。而旅行社内

部财务管理体制大体分为两种:中小型旅行社一般采取一级核算方式,大型旅行社通常采取二级核算方式。

财务管理的基本原则是企业财务管理工作应遵循的基本原则。一般而言,财务管理工作的基本原则包括以下内容。

1. 风险与收益平衡原则

风险是经济生活中不可避免的,是由于某种事情发生的不确定性。具体说,风险是在一定条件下和一定时期内可能发生的各种结果的变动程度。风险广泛存在于重要的财务活动中,并且对企业实现其财务目标具有重要影响;风险的大小与财务活动的收益高低有密切关系,一般说来,高风险往往带来高收益。风险与收益之间存在的这种关系使得财务决策必须均衡两者的平衡性,不能只追求收益而忽略风险,又不能因害怕风险而放弃收益,而要尽可能在同等风险中,选取收益最大的或是在同等风险中选取风险最小的。只有把风险与收益放在一起均衡来考虑,才能有良好的财务成果。

2. 成本与效益对等原则

成本与效益也是从事财务活动时必须考虑的基本原则。为了获得某种效益必然要花费成本,这也是不可避免的。成本与效益原则就要求以最小的资金投入追求最大的效益产出,从而转变企业单纯追求产值的片面观点。

3. 协调各方财务关系原则

企业的财务活动反映了企业同各方面发生的财务关系。其中有企业与国家、企业与银行、企业与企业之间等各方面的关系。只有把企业各方面财务关系协调好,才能使其共同关心与支持企业经营活动,偏袒任何一方只能导致某种财务关系的恶化。协调财务关系最重要的一方面是在利益分配时,应采取合适的方法,使各方面都获得尽可能满足,同时又不能只考虑满足各方面利益,而忽视企业自身的发展活动。因此,财务管理人员就应在这些错综复杂的关系中寻求最佳结合点。

任务二 旅行社筹资和投资管理

一、旅行社资金筹集

旅行社的经营活动,从价值上看是一种资金运动。资金运动贯穿旅行社经营活动的始终,可以说资金既是旅行社经营活动的起点,又是旅行社经营活动的终点。因此,旅行社要开展经营活动,必须筹集足够的资金,资金筹集也就成为旅行社财务管理的首要任务。

(一)资金筹集概述

1. 资金筹集的概念

资金筹集是指旅行社根据业务经营、对外投资和调整资金结构的需要,通过筹资渠道和资金市场,运用筹资方式,经济而有效地筹集资金的过程。

2. 资金筹集要考虑的问题

(1) 需要筹集多少资金,即资金需要量的确定,如筹集的资金无法满足需要,就会造成资金短缺,导致生产经营中断。反之,资金过多又会使资金呆滞,降低资金使用效率。

(2) 资金从何而来。

(3) 该项资金筹集和使用的代价。

(4) 可能带来的风险。

3. 资金筹集的具体要求

(1) 合理确定资金筹集的数量,控制资金投放时间。

(2) 认真选择筹资来源,力求降低资金成本。

(3) 适当安排自有资金比例,正确运用负债经营。

(二) 资本金制度

1. 资本金的概念

资本金是旅行社在工商行政管理部门登记的注册资金,企业实际收到投资者投入企业的资金称为实收资本。资本金等于实收资本,也等于注册资金。法定资本金也称法定最低资本金,是国家规定的开办企业必须筹集的最低资本金数额,即最低限额的本钱。

2. 资本金的构成

(1) 国家资本金:指有权代表国家的部门或机构以国有资产投入旅行社所形成的资本金。

(2) 法人资本金:指有法人资格的企事业单位、社会团体以其依法可以支配的资产投入旅行社所形成的资本金。

(3) 个人资本金:社会个人或者本企业内部职工以个人合法财产投入旅行社所形成的资本金。

(4) 外商资本金:外国投资者以及我国香港、澳门、台湾地区投资者投入旅行社所形成的资本金。

3. 资本金筹集方式、筹集期限

根据国家法律、法规的规定,资本金筹集方式有以下三种:其一,国家投资,就是有权代表国家的部门和机构以国有资产投入企业的资本金;其二,各方集资,就是由各种经济性质的企业法人以其依法可以支配的资产以及国外和港、澳、台地区投资者投入到旅行社的资本金;其三,发行股票,就是指股份制旅行社,用发行股票的方式筹集资本金,它是由股票持有者以其可以合法支配的资产投入股份制旅行社的资本金。

旅行社资本金可由投资者用各种形式投入,主要有以下三种。其一,现金投资,包括本币和外币投资,外币投资必须将外币金额按照规定的折合率折合为本位币金额。其二,实物投资,包括设备、建筑物、原材料、燃料等实物。实物必须经过中国注册会计师评估后确认的评估价值进行计价。其三,无形资产投资,包括专利权、商标权、非专利技术、土地使用权等。无形资产必须经过中国注册会计师评估和确认的实际成本计价。以无形资产作为投资所占的份额不得超过其资本总额的20%,特殊情况需高于20%的应经其审计部门提出,但最高不得超过30%。

旅行社资本金可以一次性筹集,也可以分期筹集。一次性筹集的,应从营业执照签发之日起六个月内筹足。分期筹集的,第一次筹集的资金不得低于投资者认缴数额的30%,并在营业执照签发之日起三个月内缴清,最后一期出资应在营业执照签发之日起三年之内缴清。投资者各方必须按照投资合同的约定,及时足额地缴纳资本金。由于投资者在出资中违约,致使企业无法按期足额筹集资金的,企业和其他投资者有权依法追究其违约责任。

4. 资本金的管理要求

(1) 企业对筹集的资本金依法享有经营权。按所有权与经营权分离的"两权分离"原则,企业对依法筹集的资本金享有经营使用权。

(2) 投资者应按合同规定按期出资。

(3) 投资者不得以任何方式抽走资本金,以保证资本金完整。

(4) 投资者对其所出资金享有权利并承担义务。

(三) 资本公积金制度

1. 资本公积金的概念

资本公积金是指企业投资人对企业投入资本以外的,属于资本性质的所有者权益。它是一种对企业的投资行为,或因投资人对企业投入资本的行为所形成的,是所有者权益的组成部分。

2. 资本公积金的内容

(1) 资本溢价:投资人缴付的出资额大于注册资本的差额。

(2) 股票溢价:股份有限公司在采用溢价发行股票的情况下所获取的股票溢价净收入。

(3) 接受捐赠资产:企业接受外界的现金或者实物捐赠而增加的所有者权益。

(4) 资产重估增值:企业因分立、合并、变更投资时资产评估或合同、协议确认的资产价值与原账面净值的差额。

(5) 资本汇率折算差额:企业投资人向企业投入资本时,由有关资产账户与实收资本账户所采用的折算率不同而产生的记账本位币差额。

(6) 盈余公积金:盈余公积金是旅行社按税后利润的规定比例提取的积累资金。

盈余公积金分为两类:一类是法定盈余公积金,按所得税后利润的10%提取;另一类是公益金,专门用于企业职工集体福利和设施的准备金,按规定的一定比例提取。股份制旅行社盈余公积金的提取分为三种:一是法定盈余公积金,按所得税后利润的10%提取,但此项公积金累计达到注册资本的50%时不再提取;二是任意盈余公积金,是按照公司章程规定或股东会议规定的比例提取;三是公益金,也称集体福利基金,有限责任公司按所得税后利润5%提取,股份有限公司则按股东会议规定的比例提取。

旅行社盈余公积金的用途按照企业组织形式不同而有所不同。一般可用于弥补亏损或用于转增资本。但转增资本后留存企业的盈余公积金以不少于注册资本的25%为限。公益金主要用于职工集体福利和设施。股份制旅行社其法定盈余公积金可用于弥补亏损、转增资本、分配利润。用盈余公积金分配利润,其利润率不得超过股票面值的6%,分配利润后,法定盈余公积金不得少于注册资本的25%。

(7) 未分配利润：旅行社截至年底，在经过各种形式利润分配后所剩余的利润部分。必须注意的是未分配利润也可能是负数，即年度累计的未弥补亏损，由以后年度的利润或者盈余公积金弥补。

（四）负债融资

负债融资是通过负债筹集资金。负债是旅行社一项重要的资金来源，几乎没有一家旅行社是靠自有资金而不利用负债就能满足资金需要的，通俗的说法就是举债经营。

负债筹集的资金具有使用上的时间性——需要到期偿还。不论旅行社经营好坏，均须固定支付债务利息，从而形成旅行社的固定负担，但资金成本一般较普通融资低且不会分散旅行社的控制权。

1. 短期负债融资

短期负债融资所筹集的资金必须在一年之内偿还。其特点体现在融资速度快，容易取得；融资富有弹性；融资成本较低，融资风险高。短期负债融资形式主要有以下两种。

（1）商业信用。商业信用是指在商品交易中由于延期付款和预收货款所形成的企业之间的借贷关系。

① 应付账款。它是旅行社因为购置商品、原材料、物料用品和接受劳务而应付给供应单位的款项，是旅行社应付而暂时未付的可供短期使用的资金，但应付账款必须在信用期内偿还。

② 应付票据。它是企业进行延期付款商品交易时开具的反映债权、债务关系的票据。一般有商业承兑汇票和银行承兑汇票两种。支付期最长不得超过九个月。

③ 预收账款。它是卖方企业在交付货物之前，买方预先收取部分或全部货款的信用形式。旅行社一般采用部分预收法。

此外，旅行社往往还存在一些非商品交易产生的，但也为自然性融资应付工资、应缴税金、其他应付款等。

（2）短期借款。短期借款指旅行社向银行和其他金融机构借入的期限在一年以内的借款。我国目前的短期借款有经营周转借款、临时借款、结算借款。

2. 长期负债融资

长期负债融资所筹集的资金在一年以上偿还。其特点体现在融资速度快、借款弹性大、借款成本低和长期借款的限制性条款多。长期负债融资的方式主要有以下两种。

（1）长期借款。长期借款是旅行社向银行和其他非银行金融机构借入使用期超过一年的借款。长期借款可分为固定资产投资借款、更新改造借款、科技开发和新产品试制借款。

（2）发行债券。债券是一种按照法定程序发行，约定在一定期间的还本付息具有一定价值的证券。由企业发行的债券称为企业债券或公司债券。债券种类可分为：记名债券、不记名债券、可转换债券、不可转换债券、抵押债券。债券发行价格通常用平价、溢价、折价三种。

（五）资金成本

资金成本是指旅行社在筹集资金过程中支付的资金筹集费和使用资金过程中支付的资金占用费。

资金筹集费是指资金筹集过程中支付的各项费用,如发行股票债券支付的印刷费、发行手续费、律师费、资信评估费、公证费、担保费、广告费等。资金占用费是企业在一定时间内使用一定资金支付的费用,如股票的股息、银行借款利息、发行债券的利息。

旅行社筹集资金总额扣除资金筹集过程中支付的各项筹集费用等于企业实际筹资所得。资金成本率是旅行社资金占用费与实际筹集资金的比率。

旅行社资金成本是旅行社财务管理的重要概念。对旅行社筹资来讲,资金成本是选择资金来源、决定筹资方案的重要依据,旅行社要选择资金成本最低的筹资方式。

同时,资金成本也是投资决策的重要标准,只有在其投资收益率高于资金成本率时投资方案才是可以接受的,否则将无利可图。另外,资金成本还可以作为衡量旅行社经营成果的尺度,其经营利润率应高于资金成本率,否则表明经营不利,业绩欠佳。

(六)股东筹资和负债筹资的比较

1. 股东筹资的影响

股东筹资的有利方面是股东筹资的资金是企业的永久资金,股东筹资使企业的资本金增加,从而使企业的实力增强,也使企业对负债的偿债能力增强,从而使企业未来的财务风险下降。股东筹资的不利方面是由于股东比债权人承担了更大的风险,股东筹资的资金成本更高。股东筹资对企业的影响可以概括为:高成本和低风险。

2. 负债筹资的影响

负债筹资的有利方面是负债筹集的资金,可以弥补企业资金的不足,更重要的是,由于债权人面临的风险更低,而且负债的利息可以作为财务费用在税前列支,从而带来税金的减免,所以,负债筹集的资金,资金成本更低。负债筹资的不利方面是企业对负债负有法定的偿债责任,随着企业资金进行总额中负债资金比重的不断增加,企业还本付息的压力会越来越重,在资不抵债时,企业必须破产。负债筹资对企业的影响可以概括为:低成本和高风险。

二、旅行社投资管理

(一)旅行社投资的概念与种类

1. 旅行社投资的概念

投资是旅行社财务管理的重要内容之一。投资通常是指旅行社投入一定的资金,以期望未来取得更多的报酬,从而获取利润的经济活动。

2. 旅行社投资的种类

按照投资期限可将投资分为短期投资和长期投资。

(1)短期投资是指可在一年内收回的投资,通常列为旅行社的流动资产,主要包括现金、应收票据、应收账款、存货和准备随时变现的各种有价证券。短期投资一般具有时间短、变现能力强、周转快、波动性大的特点。加强对短期投资的管理和控制对减少资金占用、加速资金周转、提高旅行社效益是十分重要的。

(2)长期投资是指超过一年时间才能收回的各种投资。长期投资一般列为旅行社的非流动资产,主要包括旅行社的房屋建筑物、机器设备等固定资产,以及旅行社为控制和影响其他企业而购入的、持有期限在一年以上的各种股票和期限在一年以上近期内不准备出售的各种债券等各种有价证券投资和其他形式的实物投资。长期投资回收期长,耗资多,变现能力差。旅行社长期投资必须做好可行性研究,对资金的投向、未来年度内现金流量和投资回收等做出正确决策。

按投资范围可将投资分为内部投资和外部投资。内部投资又称对内投资,是指旅行社内部经营所需要的各种资产的投资,其目的是保证旅行社经营过程的连续性和扩大经营规模。它主要包括固定资产投资。外部投资又称对外投资,是旅行社将所有的资产直接投放到其他企业和购买各种证券形成的投资。一般分为股票投资、债券投资和其他投资三种。

(二)旅行社内部长期投资的特点与程序

1. 旅行社内部长期投资的特点

旅行社内部长期投资是指对旅行社内部的各种长期资产进行的投资。其特点为:
(1) 期限长:内部长期投资需要几年后才能收回投资;
(2) 数额大:内部长期投资需要大额的资金,对旅行社现金流量和财务状况有很大影响;
(3) 次数少:旅行社通常几年才发生一次长期投资;
(4) 变现差:内部长期投资项目一旦完成,将长期保持实物状态,不易变现。

2. 旅行社内部长期投资的程序
(1) 项目的提出:旅行社投资项目一般由旅行社最高层拟定。
(2) 项目的评价:对投资项目的经济评价,一般采用可行性研究进行投入—产出分析。
(3) 项目的决策:通过可行性研究后交总经理和董事会决策。
(4) 项目的执行:决定对某项目进行投资后,要积极筹资,实施投资。
(5) 项目的反馈:对项目投资结果做出评价,并及时反馈。

任务三 旅行社营运资金管理

旅行社营运资金是指流动资产减流动负债的余额。旅行社营运资金的管理,包括对流动资产和流动负债的管理。旅行社营运资金涉及企业的一切经营活动,因而,对营运资金的管理显得十分重要。

一、旅行社现金管理

企业的现金包括库存现金、银行存款、其他货币资金等。

(一)现金预算

编制现金预算的目的:通过估计旅行社在未来时期内现金流入和现金支出的情况,可掌握企业是否有足够的可动用现金,是现金节余还是现金不足,从而提前做好准备。如果旅行社现金流动情况较为稳定,现金预算期可适当延长。一般来说,预算未来现金流转的时期离今天越远,预算的结果就越不可靠。通常旅行社只预算近期的现金流转情况。

1. 销售预算

现金预算的基础是销售预算,现金预算的准确性取决于销售预算。

2. 账款收现和从其他方面收入现金

账款收现,就是从本期销售收入中能收入多少现金。必须正确预计主营业务收入总额中产生应收账款的赊销收入和实现现金的现售收入的比重。我国旅行社均采用权责发生制原则,可计算一下应收账款间隔期究竟有多长。旅行社对应收账款的催款特别重要。

3. 现金开支

根据销售预算,旅行社可以估计为营业需要而购置固定资产、物料用品、低值易耗品等存货的现金支出。除存货外还需支出员工的工资和福利费、管理费用、上缴营业税、利息。除用现金支付旅行社经营费用外,还需要用现金支付资本支出、利润、所得税、用现金收回股票、用现金偿还长期借款等。

4. 净现金流量与现金余额

汇总现金预算的流入和流出量就可以分别计算出本期净现金流入量和净现金流出量。如果现金余额发生赤字,则必须向银行借款来弥补或采用其他办法,如推迟购置固定资产、延缓支付采购材料欠款等,但主要还是靠增收节支来解决。可见现金预算有助于财务计划短期资金的筹措,也有助于管理者管理旅行社的资金投放。

(二)现金流转控制

旅行社为了日常经营和预防紧急情况而持有一定的现金,一方面是为了满足旅行社在日常经营活动中现金支付的需要,另一方面在于应付意外紧急的支出。为力求做到使现金能得到最大限度的利用,让每一笔闲置资金都能得到最高的收益,旅行社必须对现金流转加强控制。旅行社除了加快收回应收账款外,有效控制现金支出也能使现金加速周转。现金收入的基本目标是尽量加速对应收账款的收现,而现金支出的基本目标则是尽可能地延缓现金的支出。加快现金收入和放慢现金支出两者结合起来,这将可能使旅行社的现金得到最大限度的利用。

因此,对现金流转的控制显得特别重要。旅行社为了实现现金流转同现金预算估计数保持连续不断的比较,最方便的方法是使用现金收支日报表。它将表明现金流出速度和现金流入速度接近预算估计的程度。同时,现金收支报表上的现金差额,表明了哪些日子会在预先安排的信贷额度内出现借款,哪些日子现金结存数超过正常需要。

二、旅行社应收账款的管理

(一)应收账款的概念

应收账款是指旅行社因对外销售商品、材料、供应劳务及其他原因,向供货单位和接受劳务的单位及其他单位、个人收取的款项。它包括应收账款、应收票据、其他应收款。

（二）应收账款管理目标

1. 应收账款产生的原因

（1）市场竞争。在市场经济条件下，存在着激烈的商业竞争，竞争的机制除了依靠产品质量、价格、售后服务、广告等之外，赊销也是扩大销售的手段之一，于是产生了应收账款。

（2）定期结算。旅行社和客户之间建立在信用基础上的定期结算制度，是形成应收账款的重要原因。

2. 有效控制应收账款的标准

（1）应收账款占用的资金达到最低。衡量应收账款占用资金水平的指标是应收账款平均余额。影响应收账款平均余额的因素有两个，即平均每日赊销额和应收账款平均收款期。因此，使应收账款占用的资金达到最低的关键是加强应收账款收款期的控制。

（2）应收账款周转最快。应收账款周转速度快慢决定了应收账款变现能力的高低。为了使企业有更多的可动用现金，必须加强应收账款周转率的控制。

（3）应收账款的成本最小。应收账款的成本是指由于赊销而产生的坏账损失、收账成本、机会成本和折扣费用。因此，只有当赊销带来的收入大于其产生的成本时，赊销才是可行的。有效地控制应收账款的成本，才能使赊销带来最大的经济效益。

3. 信用政策的决定

旅行社应建立妥善的信用政策，并利用它作为促进销售的有力工具。

（1）信用期限。信用期限是指旅行社允许客户从赊欠到付款之前的时间，或者说旅行社给予客户的付款时间。如某旅行社允许客户在消费后 30 天内付款，则信用期限为 30 天。信用期的决定，主要是分析改变现行信用期对收入和成本的影响。

（2）信用标准。信用标准是指客户获得旅行社的交易信用应具备的条件。一般采用信用的"5c"系统。信用的"5c"系统即旅行社在设定某一客户的信用标准时，往往先要评估他赖账的可能性，即他的信用品质。所谓"5c"系统是评估客户信用品质的五个方面，即品质、能力、资本、抵押和条件。

① 品质（Character）：是客户的信誉，即其履行偿债义务的可能性。

② 能力（Capacity）：是客户的偿债能力，即其流动资产的数量和质量及其与流动负债的比例。

③ 资本（Capital）：是客户的财务实力和财务状况。

④ 抵押（Collateral）：指客户拒付或无力支付款项时能用于抵押的资产。

⑤ 条件（Condition）：指可能影响客户付款能力的经济环境。

（3）现金折扣政策。现金折扣是旅行社对客户在商品价格上所做的扣减，现金折扣常用 5/10、3/20、N/30 来表示。5/10 表示 10 天内付款，可享受 5% 的价格优惠；3/20 表示 20 天内付款，可享受 3% 的价格优惠；N/30 表示付款的最后期限为 30 天，此时付款无优惠。

4. 应收账款的收款期控制

旅行社应收账款的收款期有长有短，有的尚未超过收款期，有的超过收款期。拖欠时间越长,款项收回的可能性越小,形成坏账的风险也越大。因此,要对应收账款的收款期进行有效控制,一般采用账龄分析法。从账龄分析表中必须了解到以下信息:

(1)哪些欠款尚在信用期内,其占欠款总额的比例是多少;
(2)哪些欠款超过了信用期,其过期时间的长短及比例;
(3)哪些欠款因为拖欠时间太久而发生坏账。

在账龄分析基础上,可以使应收账款的催收工作做到有的放矢。

(三)坏账损失

坏账损失是指旅行社无法收回的应收账款,由于发生坏账而产生的损失。坏账损失确定的条件主要有以下两个:

(1)因债务人破产或死亡,以其破产后的财产或者遗产清偿后,仍然不能收回的应收账款。
(2)因债务人逾期未履行偿债义务超过三年仍不能收回的应收账款。

旅行社应该按照应收账款余额的一定比例计提坏账准备,作为抵补坏账损失。坏账准备的提取方法和比例由企业自行确定,一经确定,不得随意改变。

任务四 旅行社的成本费用管理

一、旅行社的成本与费用

(一)旅行社的营业成本

营业成本是指为组织接待旅游者而发生的直接费用,包括已计入营业收入总额的房费、餐费、交通费、文娱费、行李托运费、票务费、门票费、专业活动费、签证费、陪同费、劳务费、宣传费、保险费和机场费等代收费用。

(二)旅行社的费用

旅行社的费用包括营业费用、企业管理费用和财务费用。营业费用是指旅行社各营业部门为组织经营活动而发生的各项费用,包括运输费、装卸费、包装费、保管费、保险费、燃料费、水电费、展览费、广告宣传费、邮电费、差旅费、洗涤费、清洁卫生费、低值易耗品摊销、物料消耗、经营人员的工资(含奖金、津贴和补贴)、职工福利费、服装费及其他营业费用。

管理费用是指旅行社管理部门为组织和管理业务经营所发生的费用,以及由企业统一负担的费用,包括公司经费、工会经费、职工教育经费、劳动保险费、待业保险费、劳动保护费、董事会费、外事费、租赁费、咨询费、审计费、诉讼费、排污费、绿化费、土地使用费、土地损失补偿费、技术转让费、研究开发费、税金、燃料费、水电费、折旧费、修理费、无形资产摊销、低值易耗品摊销、开办费摊销、交际应酬费、坏账损失、存货盘亏和毁损、上级管理费及其他管理费用。

财务费用是指旅行社经营期间发生的利息净支出、汇兑净损失、金融机构手续费、加息及筹资发生的其他费用。

二、旅行社成本费用的核算、分析及控制

（一）旅行社成本费用的核算

旅行社成本费用核算可以根据旅行社的经营规模和范围分别实行单团核算和部门批量核算。

1. 单团核算

单团核算是指旅行社就接待的每一个旅游团（者）为核算对象进行经营盈亏的核算。单团核算有利于考核每个团队的经济效益，有利于各项费用的清算和考核，有利于降低成本。但单团核算的工作量较大，一般适用于业务量较小的旅行社。

2. 部门批量核算

部门批量核算是指旅行社以业务部门在规定期限内接待的旅游团（者）的批量为核算对象进行的核算。按部门批量核算虽不像单团核算那样详细，但它能从不同的侧面反映出旅行社经营的盈亏状况，为开拓市场、改善经营管理提供依据。这种核算方法适用于业务量较大的旅行社。

（二）旅行社成本费用的分析

成本是影响旅行社经济效益的一个重要因素。在营业量一定的前提下，成本费用越低，经济效益就越高。对成本分析可以按核算的要求实行单团成本分析和部门批量成本分析。

1. 单团成本分析

单团成本分析的前提是实行单团成本核算。为了达到控制成本、提高旅行社经济效益的目的，应采取以下几个步骤。

（1）在综合分析市场状况和旅行社自身经营状况的基础上编制成本计划，制定出一套分等级的计划成本，并以此作为衡量旅行社经济效益的标准。

（2）将单团的实际成本与计划成本进行对比，找出差异。对于差异较大的旅游团要逐项进行分析，找出导致成本上升或下降的原因并加以改进或发扬。

（3）加强信息反馈，把在成本分析中发现的差异及其原因及时反馈给有关领导和部门，以便加强对成本的控制。

2. 部门批量成本分析

接待业务量较大的旅行社应实行部门批量成本分析和核算，将不同部门接待的旅游团作为成本核算的对象，进行成本的归集和分配，核算出各个部门接待一定批量旅游者的成本水平和经济效益。旅行社在进行成本分析和核算时应采取以下几个步骤：

（1）编制各部门接待一定批量旅游者的计划成本及计划成本降低额（率），核算出实际成本及实际降低额；

(2) 从部门接待旅游者数量变动、产品结构变动、成本变动三方面进行因素替代分析,找出各因素的影响程度;

(3) 将信息反馈给有关部门,采取措施,扭转不利因素的影响。

旅行社对费用的分析主要采用比较分析法,即将计划费用指标与实际费用发生额进行对比,找出费用上升的原因,按照变动费用和固定费用与业务量的关系,逐项分析其变动是否合理,如不合理要采取措施加以改进。

(三) 旅行社成本费用的控制

成本费用控制是指旅行社在经营过程中,根据事先制定的成本费用目标,并按照一定的原则,采用专门的方法对旅行社日常发生的各项经营活动进行严格管理和监督,把各项成本费用控制在一定范围之内的成本费用管理方法。成本费用控制是旅行社实行成本费用管理的重要步骤之一。旅行社通过对产品设计、产品开发、旅游服务采购、产品销售与促销和旅游接待等方面成本和费用的形成过程进行监督和分析,及时纠正所发生的偏差,把经营成本限制在目标决策的范围内,以保证目标成本的实现。旅行社成本费用控制的内容主要包括以下几个方面。

1. 制定成本费用标准

旅行社在经营过程中需要付出大量的成本费用,以获得预期的经营收入。如果成本费用过高,会使旅行社的经营利润大幅度下降,甚至造成亏损。因此,旅行社管理者必须根据本企业的实际情况和经营目标,并参照其他旅行社的成本费用水平,制定出本旅行社的成本费用标准。这是旅行社成本控制的首要步骤。旅行社制定成本费用标准的方法主要有分解法、定额法和预算法。

(1) 分解法:指将目标成本费用和成本费用降低目标按成本费用项目进行分解,明确各成本费用项目应达到的目标和降低的幅度。在此基础上,把各成本费用项目指标按部门进行归口分解。然后,各部门再把成本费用指标落实到各个岗位或个人,再由各个岗位或个人分别制定各项成本费用支出的目标和措施,对分解指标进行修订。各项修订后的指标要以实现目标成本费用为标准,进行综合平衡,经过综合平衡以后,即可形成各项成本费用开支的标准。

(2) 定额法:指旅行社首先确定各种经营成本或费用的合理定额,并以此为依据制定成本费用标准。凡是能够直接确定定额的成本或费用,都应制定标准成本或费用。不能直接确定定额的成本费用,也要比照本行业平均水平确定成本费用开支标准限额,用以控制盲目的成本费用开支。

(3) 预算法:指旅行社在把经营费用划分为同销售收入成比例增加的变动费用、不成比例增加的半固定成本费用或半变动成本费用以及与销售收入增减无关的固定费用的基础上,按照各部门的业务量分别制定预算,并以此作为费用控制的标准。各部门的业务量不同,其费用预算也不一样。旅行社可据此对业务量不同的各个部门制定弹性费用预算。

2. 日常控制

旅行社应当在日常经营管理中,按照预先制定的成本费用标准,严格控制各项消耗和支出,并根据已发生的误差,及时进行调整,以指导当前的经营活动。旅行社成本费用的日常控制主要包括建立成本控制信息系统、实行责任成本制和进行重点控制三项措施,并通过这些措施对旅行社经营管理的成本费用实行全过程、全面和全员的控制。

(1) 建立成本控制信息系统。旅行社应该通过建立成本费用控制信息系统对经营活动过程中产生的成本费用进行控制。成本控制信息系统主要包括三个部分:成本指标、标准、定额等输入系统,核算、控制、反馈系统,分析预测系统。这三个系统构成一个整体,就会发挥提供、传递与反馈成本费用信息的作用,并成为旅行社成本控制的有效手段。

(2) 实行责任成本制。为了加强成本控制,旅行社应实行责任成本制度,即把负有成本责任的部门作为成本责任中心,使其对可控成本负完全责任。通过责任成本制度,可以把经济责任落实到旅行社内部各个部门,推动各部门控制其所负责的成本。

(3) 进行重点控制。旅行社管理者应在日常成本费用控制中对占成本比重较大的部门或岗位、成本降低目标较大的部门或岗位和目标成本实现较难的部门或岗位进行重点控制。按照确定的标准,对这些部门或岗位的成本费用进行检查和监督,以降低成本费用,提高经营利润。

3. 检查与考核

旅行社管理者应定期对各部门成本费用控制情况及整个旅行社的成本费用控制情况进行检查和考核。在检查与考核过程中,旅行社管理者应着重做好以下几项工作:

(1) 检查成本计划的完成情况,查找和分析产生成本差异的原因;

(2) 评价各部门和个人在完成成本计划过程中的成绩和缺点,给予应有的奖励和惩罚;

(3) 总结经验,找出缺点,提出办法,为进一步降低经营成本提供资料。

以上成本控制的三项内容,是紧密联系、循环往复的,每经一次循环,成本控制标准都应有所改善,成本控制手段都应更科学化。

任务五 旅行社营业收入与利润管理

一、旅行社营业收入的管理

(一) 旅行社营业收入的构成

旅行社的营业收入是指旅行社在一定时期内,向旅游者提供服务而获得的全部收入。旅行社的营业收入主要由以下几个部分构成。

1. 综合服务费收入

综合服务费收入指为旅游团(者)提供综合服务所获得的收入,包括导游费、餐饮费、市内交通费、全程陪同费、组团费和接团手续费。

2. 房费收入

房费收入指旅行社为旅游者代订饭店的住房后,按照旅游者实际住房等级和过夜天数收取的住宿费用。

3. 交通收入

交通收入指旅游者为其旅游期间在旅游客源地与旅游目的地之间及在旅游目的地的各城市或地区之间乘坐各种交通工具所付出的费用而形成的收入。

4. 专项附加费收入

专项附加费收入主要指旅行社向旅游者收取的汽车超公里费、风味餐费、游江(湖)费、特殊游览门票费、文娱费、专业活动费、保险费、不可预见费等项收入。

5. 单项服务收入

单项服务收入主要指旅行社接待零散旅游者和委托代办事项所取得的服务收入,代理代售国际联运客票和国内客票的手续费收入以及代办签证收费等收入。

(二)旅行社营业收入的确认及营业时间界定

在旅行社的营业收入中,代收代支的款项占了很大比重,这是旅行社在业务经营方面区别于其他旅游企业的一个重要特点。旅行社在核算其营业收入时应根据这一特点,加强管理,准确地对其进行确认和时间上的界定。

1. 确认营业收入的原则

按照国家的有关规定,旅行社在确认营业收入时应实行权责发生制。根据权责发生制,旅行社在符合以下两种条件时,可确认其获得了营业收入:

(1)旅行社已经向旅游者提供了合同上所规定的服务;

(2)旅行社已经从旅游者或者组团旅行社处收到价款或取得了收取价款权利的证据。

2. 界定营业收入实现时间的原则

由于旅行社经营的旅游产品不同,其营业收入实现的时间也各异。根据有关规定,对旅行社营业收入实现时间的界定原则为:

(1)入境旅游:旅行社组织境外旅游者到境内旅游,以旅游者离境或离开本地时作为确认其营业收入实现的时间;

(2)国内旅游:旅行社组织国内旅游者在国内旅游,接团旅行社应以旅游者离开本地时,组团旅行社应以旅游者旅行结束返回原出发地时作为确认其营业收入实现的时间;

(3)出境旅游:旅行社组织中国公民到境外旅游,以旅游者旅行结束返回原出发地时作为确认其营业收入实现的时间。

二、旅行社利润的管理

(一)旅行社利润的构成

利润是旅行社在一定时期内经营活动的最终财务成果,是旅行社经营活动的效率和效益的最终体现。它不仅是反映旅行社经营状况的一个基本指标,而且也是考核、衡量旅行社经营成果与经济效益最重要的标准。旅行社的利润由营业利润、投资净收益和营业外收支净额构成,它是旅行社在一定时期内经营的最终成果。旅行社通过对利润指标的考核和比较,能够综合地反映出企业在这段时期内取得的经济效益。

1. 营业利润

旅行社营业利润是指营业收入扣除营业成本、营业费用、营业税金、管理费用和财务费用后的净额。

2. 投资净收益

旅行社投资净收益是指投资收益扣除投资损失后的数额。投资收益包括对外投资分得的利润、取得的股利、债券利息、投资到期收回或中途转让取得的款项高于投出资产账面净值的差额。投资损失是投资不当而产生的投资亏损额或指投资到期收回或中途转让取得的款项低于投出资产的账面净值的差额。

3. 营业外收支净额

旅行社营业外收支净额是指营业外收入减营业外支出后的差额。营业外收入包括固定资产盘盈和变卖的净收益、罚款净收入、确实无法支付而按规定程序批准后转作营业外收入的应付账款、礼品折价和其他收入等。营业外支出包括固定资产盘亏和毁损、报废的净损失、非常损失、赔偿费、违约金和公益性捐赠等。

(二)旅行社利润的分析

利润分析是指旅行社根据期初的利润计划对本期内所实现的利润进行的评价,主要包括利润总额分析、利润总额构成因素分析和营业利润分析三个方面的内容。

1. 利润总额分析

利润总额分析是指旅行社运用比较分析法将本期的利润总额同上期的利润总额或本期的计划利润指标进行对比,分析其增减变动的情况。计算本期利润比上期的利润增长(减少)的情况,可以使用下面的公式。

$$本期利润比上期增长(减少)额 = 本期利润总额 - 上期利润总额$$

$$利润增长(减少)率 = 利润增长(减少)额 / 上一期利润总额 \times 100\%$$

计算本期计划利润完成情况可以使用下面的公式。

$$完成计划百分比 = 本期实际利润总额 / 本期计划利润总额 \times 100\%$$

2. 利润总额构成因素分析

旅行社在分析其利润总额增长情况后,还应对利润的构成因素进行分析,以便发现导致本期利润变化的主要因素,并采取相应的措施。如果发现某项因素的增长比例或绝对额与上一期相差较大,则应对其发生的原因进行深入的分析。

3. 营业利润分析

营业利润分析是指旅行社通过将利润计划指标与实际结果对比,运用因素分析法,找出影响营业利润实现的因素,以便采取措施,加强管理,为进一步增加营业利润指明方向。在营业收入一定的情况下,影响营业利润高低的因素是营业成本、营业费用、营业税金、管理费用和财务费用。尽可能降低成本费用,特别是严格控制费用的支出是增加营业利润的有效途径。

(三)旅行社利润的确定及分配

利润管理是旅行社财务管理的一项重要任务,其主要内容是确定目标利润和进行利润分配。

1. 确定目标利润

旅行社应该在每一个营业期之初确定将在这个营业期内获得多少利润,即确定其目标利润,以便采用各种合理而且可能的方法努力实现这个目标。此外,旅行社确定了目标利润后,还能够使其在营业期结束时将实际完成的利润同目标利润进行对比,以加强对利润的管理。旅行社采用下列公式计算目标利润。

$$目标利润 = 预计营业收入 - 目标营业成本 - 预计营业税金 - 预计费用$$

旅行社在确定了目标利润之后,可以运用各种方法来测算出为实现目标利润所应完成的销售量及所产生的各种成本和费用。"成本—业务量—利润分析法(简称量、本、利法)"是进行这种测算的一种有效的方法。量、本、利法将成本分解为固定成本和变动成本,并根据由此获得的信息,预测出旅行社的保本销售量和为完成目标利润而需增加的销售量。

对于产品单一、售价和成本稳定的旅行社,使用量、本、利分析法能够做出比较准确的预测。但是,对于多数旅行社来说,其产品、成本和售价因受市场供求关系、同行之间的竞争激烈程度以及其产品的规格、内容和档次等因素的影响,使用量、本、利分析法存在着一定的难度。旅行社可以参考上一期的平均成本和营业收入按照上述的公式进行估算。

2. 利润分配

利润分配是旅行社利润管理的另一项重要内容。由于旅行社的经营体制不同,利润分配的方式也存在一定的差异。目前,我国旅行社大致可以分为股份制旅行社和非股份制旅行社两类,其利润分配办法各不相同。

根据国家有关规定,股份制旅行社在依法向国家缴纳所得税后,应首先提取公益金,然后按照以下顺序分配所剩余的利润:

(1)支付优先股股利;

(2)按公司章程或股东会议决议提取盈余公积金;

(3)支付普通股股利。

非股份制旅行社应在依法向国家缴纳所得税后,按照下列程序分配税后利润。

(1)支付被没收的财务损失和各项税收的滞纳金、罚款。

(2)弥补旅行社以前年度的亏损。根据国家有关规定,旅行社发生亏损,可用下一年度的利润弥补;延续5年未弥补的亏损,可用所得税后的利润弥补。

(3)提取法定盈余公积金。

(4)提取公益金。

(5)向投资者分配利润。旅行社以前年度未分配的利润可以并入本年度利润一并分配。

根据国家有关规定,旅行社提取的法定盈余公积金应为税后利润的10%;法定盈余公积金已达到旅行社注册资金的50%后,可不再提取。旅行社提取的盈余公积金用于弥补亏损或按规定转增资本金。旅行社提取的公益金主要用于职工集体福利、设施支出。

任务六 旅行社财务评价

一、旅行社财务会计报告的概念

旅行社财务会计报告是指企业对外提供的,反映企业某一特定日期财务状况和某一会计期间经营成果、现金流量的文件。财务会计报告分为年度、半年度、季度或月度会计报告。年度、半年度财务会计报告应当包括:会计报表、会计报表附注、财务情况说明书。会计报表主要包括:资产负债表、利润表、现金流量表、相关附表。

为了帮助会计报表使用者理解财务会计报表的内容及会计报表的编制基础、编制依据、编制原则和方法,并对各主要项目做出解释,账务人员必须提供会计报表附注。

会计报表附注应当包括下列内容:
(1)不符合基本会计假设的说明;
(2)重要会计政策和会计估计及其变更情况、变更原因及其对财务状况和经营成果的影响;
(3)或有事项和资产负债表日后事项的说明;
(4)重要资产转让给其出售的情况;
(5)企业合并、分立;
(6)重大投资、融资情况;
(7)会计报表中重要项目的明细资料;
(8)有助于理解和分析会计报表需要说明的其他事项。

二、旅行社主要财务评价指标

财务报表使用者仅从报表提供的数据不足以全面判断旅行社的财务状况。因此,需对报表进行财务评价。通过评价,对旅行社的财务状况和经营活动做出判断,以便进行决策。

(一)反映旅行社短期偿债能力的评价指标

1. 流动比率
流动比率是用于衡量旅行社流动资产在短期债务到期之前可以变为现金,用于偿还流动负债的能力。

2. 速动比率
速动比率是旅行社流动资产中可以立即变现用于偿付流动负债的能力。

(二)反映旅行社长期偿债能力的评价指标

1. 资产负债率

资产负债率是用于衡量旅行社利用债权人提供的资金进行经营活动的能力。

2. 产权比率

产权比率是负债总额与股东权益总额之比,也叫债务股权比。

(三)反映旅行社营运能力的评价指标

1. 应收账款周转率

应收账款周转率适用于反映旅行社应收账款的流动程度。

2. 资产周转率

资产周转率适用于反映旅行社资产周转速度。

(四)反映旅行社赢利能力的评价指标

1. 资本金利润率

资本金利润率是用于衡量旅行社投资者投入旅行社资本金的获利能力。

2. 营业利润率

营业利润率用于衡量旅行社的赢利水平。

3. 总资产报酬率

总资产报酬率是旅行社运用全部资产获利的能力。

三、旅行社财务评价方法

旅行社财务评价是通过运用各种财务分析方法和技巧,评价企业过去的经营业绩,衡量企业现在的财务状况,预测企业未来的发展趋势,从而为给企业做出正确决策提供合理依据的一种财务管理方法。

(一)定性分析法

定性分析法是主要依靠熟悉企业实际经营业务和市场动态,具有丰富经验及综合分析能力的专家和财务管理人员进行的预测、分析、判断等的一系列财务管理方法。它分为以下两种。

1. 经验判断法

经验判断法是主要依靠熟悉经营业务、具有丰富经验和综合分析能力的人员进行分析,通过提出一些指定的问题,然后征求有关人员的意见,进行综合归纳,做出判断的方法。

2. 调查研究法

调查研究法是主要根据某一目的,进行调查,取得必要资料,进行加工整理和分析研究,据以做出判断的一种方法。

定性分析方法的优点是能发挥财务管理人员的主观能动性,比较灵活,方法简单。其缺点是这种方法主要依赖于人的经验和判断分析能力,容易受主观因素影响。

(二)定量分析法

定量分析法也称技术分析法,它主要应用各类财务指标及其变化关系来评价企业的经营情况和财务状况,是一种数量分析方法。定量分析法主要包括比率分析法、比较分析法、趋势分析法、图表分析法、平衡分析法、因素分析法等。旅行社主要运用比率分析法、比较分析法、趋势分析法和因素分析法。

1. 比率分析法

比率分析法是用两项相互依存、相互影响的财务指标的比率来分析评价企业财务状况和经营水平的一种方法。比率分析能够对企业的财务支付能力、营运能力、赢利情况等进行分析,因此,比率分析法已成为当前财务分析的主要方法。

2. 比较分析法

比较分析法也称对比分析法。它是将同一经济指标在不同时期的执行结果进行对比,从而进行差异分析的一种方法。比较分析法常有三种比较类型:实际和预算进行对比、当期和历史同期进行对比、同行业之间进行对比。比较分析法一般有下面两种形式。

(1)绝对数比较。它是利用绝对数进行对比,从而寻找出差异的一种方法,如主营业务收入、主营业务成本、营业费用、利润等本期实际数额比预算、比上年同期升降情况,从而分析本期经营业绩。

(2)相对数比较。它使用增长百分比或完成百分比指标进行分析的一种方法,如实际利润比去年同期增长百分比、预算利润完成百分比等。

3. 趋势分析法

趋势分析法是将两个或两个以上连续期的财务指标或比重进行对比,以便计算出它们增减变动的方向、数额以及变动的幅度,从企业的财务状况和经营成果的发展变化寻求其变动的原因、性质,从而预测其未来的发展趋势的一种分析方法。

(1)绝对数趋势分析法。通过编制连续数期的会计报表,将有关指标进行并行排列,比较相同指标的金额变动幅度,以此说明企业财务状况和经营成果的发展变化,如比较利润表、比较资产负债表。

(2)相对数趋势分析法。相对数趋势分析法主要用于分析企业的偿债能力、投资报酬率、资产利润率等指标。

运用趋势分析法要注意用于对比的不同时期指标的计算口径必须一致,不同时期的一些重大经济活动对有关指标造成的影响,在分析时应加以剔除,以利于做出正确判断。

4. 因素分析法

因素分析法又称因素替代法。它是对某项综合指标的变动原因按其内在的组合因素进行数量分析,用于确定各个因素对指标的影响程度和方向。

项目小结

旅行社财务管理是旅行社管理的重要内容。在旅行社的经营活动中,除了要大力开拓市场,尽可能大地增加旅行社营业收入,如何切实抓好旅行社的财务管理,正确组织好旅行社在生产经营过程中的筹资、投资、营业运转、利润分配等财务活动,处理好企业与各利益相关者之间的财务关系,是旅行社获得良好经济效益的重要保证。

本项目从旅行社财务管理的内容出发,着重分析了旅行社的资金筹集、投资决策、资产管理、成本费用管理、财务预算和财务评价六个方面的内容。旅行社的资金筹集,要求掌握旅行社资金筹集的方式、资金成本、筹资结构和风险几个方面的问题。投资决策必须注意投资决策的特点、投资决策的方法以及投资决策的分析。资产管理必须把握资产管理的目标、资产管理的内容和资产管理的方法。成本费用管理必须了解旅行社成本费用的内容、成本费用管理目标以及成本费用管理的方法。财务预算必须了解财务预算的意义、财务预算的内容和财务预算的方法。财务评价要求掌握财务评价的概念、财务评价的指标和财务评价的方法。

综合能力训练

••••• **基本训练** •••••

1. 旅行社财务管理有什么特点?
2. 如何增加旅行社营业收入?
3. 旅行社资产管理的重点是什么?
4. 旅行社成本和费用包括哪些内容?

••••• **技能训练** •••••

1. 到某旅行社的财务部见习,了解财务部工作的主要内容,通过阅读其主要财务报表,分析营业收入和利润的管理状况。

2. 了解并分析该旅行社的经营成本和管理费用等支出,提出如何控制旅行社成本费用的建议和措施。

项目九 旅行社人力资源管理

学习目标

知识目标：1. 掌握旅行社人力资源开发的内容、旅游投诉产生的原因、旅游投诉的处理方法。
2. 掌握旅行社人力资源绩效考评的原则。
3. 了解旅行社人力资源管理、构建旅行社企业文化的意义和旅游保险的保障范围。

能力目标：1. 掌握各种旅游事故的处理方法。
2. 理解旅行社人力资源管理对旅游企业发展的重要意义、旅行社人力资源开发的任务、旅行社激励机制、旅行社企业文化的特点和旅游保险的种类。

技能目标：1. 掌握旅行社人力资源的培训内容。
2. 理解旅行社人力资源管理的职能、旅行社企业文化建设的内容及旅行社责任免除的情况。
3. 学会应用掌握的知识进行案例分析。

随着知识经济时代的到来，企业之间的竞争突出表现为人才的竞争。美国《商业周刊》特辑《21世纪的公司》中指出："21世纪的经济是创造力经济，创造力是财富和成长的源泉。"创造力从何而来？创造力来源于人才，人才是企业的第一资源。员工的素质与士气，已成为企业生存与发展的基础。企业只有取得了优于竞争对手的人力资源，并充分发挥他们的智力能量，才能在竞争中取胜并保持其优势。因此，企业对人力资源的开发和管理日益成为企业发展的最重要因素。本项目将介绍旅行社人力资源管理的相关知识。

案例导入

老叶几天前才调到某旅游公司的人力资源部当助理就接受了一项紧迫的任务，要求他在10天内提交一份本公司3年内的人力资源方案，其中包括各类干部和职工的人数、从外界招聘的各类人员的人数，以及如何贯彻市政府关于旅游政策的计划。老叶从事人力资源管理工作已有多年，但是面对这样的问题，不免一筹莫展。

思考 老叶该从哪些问题开始入手处理呢？

任务一 旅行社人力资源管理概述

旅行社相关人员工作涉及面广、流动性大，有效地利用人力资源管理，可以帮助旅游管理者高效率地处理人力资源的信息，从而提高旅行社人力资源管理的效果。

一、旅行社人力资源管理的内涵及意义

(一)旅行社人力资源管理的内涵

1. 人力资源的内涵

人力资源是指那些体能、技能和智能健全,能够以各种有益于社会的脑力劳动和体力劳动创造财富,从而推动经济社会发展的那一部分人口。

2. 旅游人力资源的定义

旅游人力资源是指能够投身于旅行社服务,有利于旅行社实现预期经营目标的劳动者,包括已经进入旅行社行业的员工和尚未进入但具备进入能力的人员。

3. 旅行社人力资源管理

旅行社人力资源管理是指旅行社为了实现既定目标,对旅游人力资源进行有效开发、合理利用和科学管理的过程。从开发角度看,它不仅包括旅游人力资源的智力开发,而且也包括对旅游人力资源的思想觉悟和道德素质的综合提高。从利用角度看,它不仅包括旅游人力资源现有能力的充分发挥,而且也包括对旅游人力资源潜在能力的有效挖掘。从管理角度看,它不仅包括旅游人力资源的预测与规划,而且也包括旅游人力资源的绩效评估与薪酬奖惩。它是由传统人事管理演变而来的,由此,需要经历一个由静态到动态、由被动到主动、由短期到长期的转变过程。

(二)旅行社人力资源管理的意义

旅游人力资源是一种特殊的资源。它既是天然资源,又是再生资源;既是物质资源,又是非物质资源。其与其他经济资源相比,具有独立性、流动性、知识性、创造性等特点,是一种高素质的人力资源。

1. 独立性

旅行社业务的一个突出特点是分散性,即由某个员工单独实施和完善某一项产品销售、旅游服务采购或旅游接待任务。尽管旅行社制定了各种请示汇报制度,但由于旅行社的许多业务活动必须现场完成,或者员工需要远离旅行社所在地实施,所以必须授予从事这些工作的员工一定的现场处置权力,允许他们"先斩后奏",事后再向有关领导汇报。

2. 流动性

旅行社入门门槛较低,造成行业内的企业数量众多,并产生了对旅游专业人员的大量需求。相形之下,旅行社人才市场的供给则相对不足,导致大量的员工不断地从一家旅行社到另一家旅行社,从而使旅游人力资源产生较大流动性。我国旅行社行业的人才流动现象非常普遍。

3. 知识性

旅行社是知识密集型企业,不仅导游人员需要掌握较多的知识和接受较高层次的教育,具有较高的文化修养,而且其他的工作人员(如产品开发人员、销售人员、财务人员)都必须具备较高层次的知识水平。据有关调查资料显示,各个旅游行业中,旅行社行业的员工平均教育程度和知识层次均名列前茅。

4. 创造性

旅行社的业务以旅游者为服务对象,必须针对旅游者追求新、特、异的消费特点,提供具有新颖奇特的创意和功能的产品,这样才能满足旅游者不断变化着的消费需求,在竞争激烈的市场环境中得以生存和发展。因此,员工是否具备较强的创造性,对于旅行社的经营和发展具有重要意义。

二、旅行社人力资源管理的目标及职能

(一)旅行社人力资源管理的目标

旅行社人力资源的目标,即合理配置资源,充分挖掘潜力,促进个人成长和组织发展;为组织其他部门提供相关服务,保证组织总体目标的实现。前者,是由人力资源管理自身的特点所决定的;后者,则是由针对它作为企业职能部门而言的。

(二)旅行社人力资源管理的职能

旅行社人力资源管理主要分为计划、获取、开发、维护、评价和调整等职能,在每个职能中,又包括若干个环节。

(1) 计划职能:包括工作分析与设计和人力资源规划两个环节。这是开展人力资源管理其他职能的依据和基础。其中,第一个环节,直接影响到组织人力资源的获取、绩效评估和薪酬管理。在此基础上,企业可以形成人力资源信息系统。

(2) 获取职能:包括人力资源的招聘、甄选和录用等环节。

(3) 开发职能:包括员工培训、管理人员开发和职业管理等环节。

(4) 维护职能:包括员工薪酬管理、安全健康和人力资源沟通等环节。

(5) 评估职能:包括绩效评估和士气评价等环节。

(6) 调整职能:包括员工岗位调整、劳动关系调整和劳动制度调整等环节。

应当说明的是,随着咨询服务业务的发展,一些企业出于降低人力资源管理成本和增强企业核心竞争力的考虑,逐渐把企业原有的一些职能或环节,如档案、招聘、培训、评估、保障等,转向社会化的企业管理服务网络。

任务二 旅行社人力资源的开发

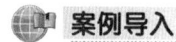 案例导入

麦当劳公司的员工培训与员工成长

麦当劳北京公司的总经理,原来仅是一名普通的员工,经过短短五六年时间,升到了总经理职位,这也与公司所提供的各种培训是分不开的。麦当劳公司现在中国拥有700多家餐厅,每家餐厅有员工100多人,餐厅的经理都是从普通员工一步一步晋升上来的。北京麦当劳公司仅一年的培训费就超过1000

万元。麦当劳培训系统在世界上拥有五所大学,教授来自世界各地,教学设备也很先进。目前,北京麦当劳公司各部门的现任主管也大都是从普通员工中提拔上来的骨干。今天,他们之所以在事业上取得了成功,受到人们的尊重,可以说得益于麦当劳的行之有效的人才开发体系和它的企业培训文化。

思 考

1. 你认为麦当劳公司的培训制度及培训系统对于促进人才的内部成长有何益处?
2. 麦当劳完善、规范的人才培养系统在公司持续、稳定的发展中发挥了哪些重要作用?

案例分析

1. 完善的培训制度保证了麦当劳公司培训工作的计划性、规范性和标准化,制度化的培训系统也保证了员工职业生涯能够获得充分的发展。
2. 体现了麦当劳公司重视人才投资,以人为本的经营管理理念;体现了其注重人才的培养、晋升,使用一体化的用人原则,因而使员工得到良好的成长,公司本身也获得了长足的发展。

一、旅行社人力资源开发的内容

(一) 综合素质的开发

从本质上说,旅行社提供的产品就是服务,而旅游者购买的旅行社产品,实际上就是一次旅游经历,这种经历是不可储存的、一次性的商品,而导游人员是这种商品的主导生产者。因此,旅行社员工的综合素质,尤其是导游人员的综合素质,是关系旅行社产品质量的重要因素。为此,导游人员应该具备渊博的知识和过硬的能力,除了掌握语言知识、史地文化知识、美学知识、心理学知识、旅行知识以及政治、经济和社会知识之外,还应具备较强的独立工作能力、较高的导游技能、健康的身心以及自信、得体的仪表仪容。

(二) 创新能力的开发

创新能力是指人在顺利完成以原有知识经验为基础的创建新事物的活动中表现出来的潜在的心理品质。旅行社应该为员工创新能力的开发提供宽松的环境,从制度的层面支持创新。例如,给予对旅行社产品进行创新的员工物质或者精神奖励。旅行社员工创新能力的有效开发是旅行社可持续发展的关键。

(三) 潜力的开发

人的能力有现有能力和潜在能力之分,人力资源潜力的发展成为旅行社在竞争中取胜的关键。旅行社应为员工的潜力发挥提供足够宽阔的舞台。

二、旅行社人力资源开发的任务

旅行社人力资源开发的任务包括发现人才、培养人才、使用人才、配置人才、优化人才政策等各个环节,是相辅相成的统一的整体。

(1) 发现人才。首要任务是发现适合旅行社岗位所需的人才,并挖掘人才、扩充人才,不断壮大队伍。

(2) 培养人才。提高人才质量,强化培训力度,不断提高旅行社人力资源素质。

(3) 使用人才。激发员工的活力,充分发挥员工的潜能,做到人尽其才。

(4) 配置人才。调整人才结构,使员工充分发挥群体效能。

(5) 优化人才政策。旅行社应创造有利于员工成长和发挥自身作用的企业环境,使旅行社可持续发展。创造这样的企业环境主要是依靠人才政策。

三、旅行社人力资源的培训

旅行社人力资源的培训是指旅行社为了获得进一步发展和增强竞争优势,根据人力资源规划和员工素质的实际状况,有计划地促使员工在较短时间内了解和掌握某种专门知识和技能,并熟练运用于工作实践之中的人力开发项目。旅行社员工的培训内容一般包括以下几个方面。

(一)思想品德和职业道德培训

旅行社工作特点不仅要求员工具备良好的思想品德,还要求具备良好的职业道德、社会公德。旅行社通过这方面的培训,引导员工的思想和行为与旅行社思想文化建设的要求统一起来,同时还可以增加员工的责任感、成就感和自信心,感受到自己的价值,从而热爱工作、对自己充满自信,自觉维护企业的良好形象。

(二)知识培训

旅行社要顺应时代,适应环境的需要,要求员工掌握现代科学知识和技能,具有现代人的意识、行为方式和适应能力。旅行社行业是知识密集型企业,要求员工必须具备渊博的知识,因此,员工的知识培训尤为重要。

(三)能力培训

旅行社业务的特点决定员工一定要具备独立分析、解决问题的能力,较强的组织协调能力,交际能力、外语能力、创新能力等,这些特点促使旅行社应不断加强提高员工素质与能力的教育与培训,增强企业的竞争能力。

(四) 思维培训

旅行社作为服务性企业，要求员工具有服务导向型思维方式和行为。为此，旅行社需要通过专题培训来激发员工的服务导向型思维方式和行为。

旅行社应根据自身规模、员工结构和培训目的来选择合适的培训方法，常用的培训方法有讲授法、讨论法、操作示范法等。

相关知识

熊猫集团注重培训员工的思想道德和个人职业道德培训

如今在激烈的市场竞争中，企业领导、员工大都看好业务能力、管理技能的提高，而不注意思想道德、个人职业道德修养，这是一个当今企业人力资源培训中经常出现的"误区"。殊不知，中国几千年流传下来的"个人人性修为"方面的传统在企业中还是存在巨大的"管理效能"的。要知道："做事讲原则，做人讲修为。"只有将做事的"原则"和做人的"修为"有机地结合起来，才能将众人的能力合为一体，形成坚不可摧的"团队""组织"，促进组织和员工个人的共同发展。目前，熊猫集团开展的员工教育培训可以分为职前培训和在职培训。

1. 职前培训

通过各种方式招聘进来的员工，即使学识丰富，见闻广博，但由于缺乏特定的实际工作经验与认识，必须加以职前培训，才能符合任用的条件。职前培训至少可以起到以下作用：第一，建立新进人员与企业之间的情感与友谊，让新进员工知道自己的个人利益与企业的前途是联系在一起的，促使他们愿意为企业目标衷心效劳，全力以赴；第二，培养新进人员职务上所需的特定技能，让他们了解工作方法与内容，并努力掌握新技能，从而能胜任当前的工作；第三，加强团队精神，使新进人员与原有员工迅速增进友谊，培育"团体"意识，以提高他们的合作与服务精神；第四，补充学校教育之不足，脱离理论的局限，在实践中灵活运用理论法则；第五，进一步考察新进人员的才能、专长，以便任用时充分量才录用，发挥潜力。职前培训基于以上的作用，因而用之则能提高管理效率，发掘并鉴定新进人员的才能，以补招聘方式之不足，不断改进求新，以奠定培训制度的基础标准，使任职人员得以活到老，学到老，随时于工作中吸引新知识，顺应时代的需求。

2. 在职培训

由于社会发展、学术进步，从业人员必须不断学习，增进新知识、新技能以适应环境。一般而言，在职培训能起到下列积极作用：第一，保持及增进在职人员的知识能力，培养企业的后备力量；第二，发挥员工潜能，提高工作技能，增加工作满足感；第三，促进团体合作，传授安全培训，协调人力供需，养成员工尽心尽责的品格，增加企业的竞争实力；第四，减少无谓损失与浪费，降低缺席率与人事流动率，减轻管理人员的负担，消除员工的抱怨。总之，企业必须认识到人力资源的重要性，它超乎资金、时间、设备之上，而切合企业所需人才，必须由企业本身采取教育培训措施，并使培训与企业目标、管理方向相一致。

任务三 旅行社人力资源的绩效考评和激励机制

案例导入

陈平是某公司的总监,他平时总是尽可能帮助他的员工,如帮员工度过"经济危机",帮员工减少离职损失,为此,他备受下属的爱戴。快到年底了,陈平的一个员工王霞却经常不来上班。据了解,王霞的丈夫在去年得了重病,至今仍在家休养;前不久,她的儿子又得了肺炎住院,这对债台高筑的王霞来说,无疑是雪上加霜。终于到了年底绩效考评的时候了,陈平决定尽可能地帮助王霞。虽然王霞在各方面都不突出,但实际上,陈平在每一项考核指标都给她评价为"优秀"。由于公司的报酬制度与业绩评价制度是挂钩的,所以,除了正常的生活补贴及福利提高之外,王霞有资格得到丰厚的绩效奖金,还有可能加薪。由于陈平的车间在本年度已超额完成了分配的定额,陈平在表格中的工作数量和工作质量情况的位置记为"优秀",而在合作态度上则填上了良好或一般。员工张明在工作中经常"突发奇想",有"偷懒"现象,陈平劝说无效,于是陈平在张明的工作态度栏下填上了较差,但在表格的评价栏中没有任何说明。当填到员工赵杰的评价表时,陈平升起一股内疚感。他知道赵杰被调离现职与自己有关,因而,为了避免面临的尴尬,便给了赵杰较高的分数。陈平把绩效评价表叠好时,脸上露出了轻松的微笑。一年一度的考核难关终于过去了。

陈总监在绩效考评时,如此"照顾、体贴"下属,请对陈总监的考核方法进行评价。

一、旅行社人力资源的绩效考评

(一)旅行社人力资源绩效考评的含义

绩效是相对于一个人所担当的工作而言的,按照其工作性质,为员工完成工作的结果或履行职务的结果。在企业中员工的工作绩效具体表现为完成工作的数量、质量、成本费用以及为企业做出的贡献等。

绩效考评就是针对企业中每个员工所承担的工作,应用各种科学的定性和定量的方法,对员工行为的实际效果及其对企业的贡献或价值进行考核和评价。

旅行社人力资源绩效考评就是对旅行社员工的工作行为与工作结果全面地、系统地、科学地进行考核和评价的过程。

(二)绩效考评的原则

1. 公开原则

应该最大限度减少考评者和被考评者双方对考评工作的神秘感,绩效标准和水平的制定要用协商来进行,考核结果公开。

2. 客观性原则

进行客观考评,用事实说话,切忌主观武断。如果缺乏事实依据,宁可不做评论。

3. 重视反馈原则

在绩效考评之后,进行面谈讨论,把结果反馈给员工,同时听取员工的意见及自我评价情况。对存在的问题应给予及时修改,达到发现问题、解决问题的目的。

4. 可行性原则

应该考虑的问题:一是和绩效标准相关的资料来源;二是潜在的问题分析,预测在考评过程中可能发生的问题、困难和障碍,准备应变措施。

5. 就事论事原则

绩效考评要针对工作,就事论事,不可将与工作无关的因素带入考评工作,更不可涉及员工的隐私。

(三)绩效考评方案设计的程序

1. 定义绩效考评的内容

考评内容是否科学、合理,直接影响到员工绩效考评的质量高低。一般完整的人力资源绩效考评包括业绩考评、能力考评、态度考评等内容。

(1) 业绩考评:通常称为"考绩",是对员工工作结果的考察与评价。它与员工担当工作的重要性、复杂性、困难程度成正比关系。通过反馈系统的反馈,业绩考评比其他考评更能体现旅行社的效率。

(2) 能力考评:能力考评是考评员工在职务工作中发挥出来的能力,如在工作中判断是否正确、工作效率如何、工作中协调能力怎样等。根据员工在工作中表现出来的能力,参照标准和要求,对其所担当的职务与其能力是否匹配做出评定。其主要体现在四个方面:常识、专业知识和其他相关知识,技能、技术和技巧,工作经验,体力。

(3) 态度考评:态度考评是考评员工为某项工作而付出的努力程度,如有干劲、有热情、忠于职守、服从命令等。态度反应"功劳"和"苦劳"之间的关系,最大限度使有"苦劳"的人成为有"功劳"的人,是旅行社使用人力资源的诀窍。

2. 选择考评方法

目前考评方法有两大类:定量考评法和定性考评法。定量考评法主要包括关键事件法、行为对照法、等级鉴定法以及目标管理法。定性考评法包括简单排序法、交错排序法、成对比较法、强制分布法等。

3. 确定评估人员

要打破由直接上级作为唯一重要评估人员的传统做法,力求多层次、全方位地对员工进行评估,保证绩效考评的客观、公正。

4. 制定考评程序

要确定一个清晰、明确的操作程序,来保证考评方案的顺利实施,做到周密细致、前后衔接,避免出现中断和前后矛盾。

5. 确定考评周期

确定适宜的考评周期,间隔时间过长或过短,都不利于绩效的改进,一般半年一次较为适宜。同时,保持绩效考评的连续性,注重记录关键事件,再结合定期考评同时进行。

二、旅行社人力资源的激励机制

(一)激励机制的含义

激励机制是指组织为实现其目标,根据员工的个人需要,制定适当的行为规范和分配制度,以实现人力资源的最优配置,达到组织利益和个人利益的一致。

旅行社能否制定出科学有效的激励机制,是能否调动员工积极性、发掘员工潜能、提高员工素质的关键。

(二)激励机制的措施

旅行社人力资源激励机制措施包括物质激励和精神激励。

1. 物质激励

物质激励是最基本的、首要的激励措施,以报酬为主要形式。一般包括工资、奖金和福利。如何设计既符合企业的经营战略和财务状况,又能体现员工的劳动价值的报酬制度,是旅行社人力资源激励机制中的重要问题。

(1)工资:旅行社员工的工资一般由基本工资、业务提成以及出团补助等构成。现今,大部分旅行社只给员工发很少的基本工资,甚至根本不发基本工资。这种工资制度,严重制约了员工的工作积极性和稳定性,也造成旅行社人员流动频繁的情况。

改变这种不合理的工资制度,可以采用结构式工资和岗位等级工资形式。其中结构式工资主要由基础工资、岗位工资、工龄工资、效益工资和津贴等部分组成。基本工资是工资中相对稳定的部分,岗位工资是根据不同的岗位差异确定,工龄工资根据员工在旅行社工作的时间确定,效益工资以浮动形式根据旅行社效益和员工完成工作任务的情况确定。结构式工资直观、明确、操作简单,比较适合规模较小的旅行社。

岗位等级工资是按照岗位中不同的等级确定工资标准的工资制度。例如,实行导游人员岗位工资与技能挂钩,在导游人员基本生活得到保障的前提下,突出体现不同等级导游的价值。例如,可以通过立法将初级、中级、高级和特级导游的基本工资分别定为 800 元、1000 元、1500 元和 1800 元等,并用法规约束旅行社的行为,保证这种岗位等级工资制度的贯彻实施。

(2)奖金:奖金是旅行社对员工付出超额劳动或优秀表现而支付的一种劳动报酬,是员工薪金的必要补充。奖金包括奖金种类、额度、对象、支付方式等内容。旅行社常见的奖金有综合奖和单项奖。综合奖需要先制定能够反映员工贡献的综合奖考核指标,按员工完成考核指标的情况作为计奖基础。综合奖覆盖面广,与旅行社的企业效益挂钩,对旅行社经营起综合促进作用。

单项奖以员工完成某项工作指标情况作为奖励依据。旅行社可以针对经营中的重点或者薄弱环节,设立多种单项奖,通过专项奖励,促进这方面工作的改进和提高。

(3) 福利:福利是指旅行社向员工支付的间接报酬,一般不直接以金钱的形式支付,而是以实物或服务的形式支付。福利通常不以按劳分配方式确定,员工之间福利差别不明显。福利的主要作用是培养员工对企业的认同和忠诚,满足员工的安全感等。

旅行社应该制定形式多样的员工福利制度,如为员工办理养老金、失业金、退休金、医疗保险、保健补助等。对连续工作满一定年限的员工,可享受带薪休假和更多福利;根据贡献和业绩,可以每月评出优秀员工,给予奖励等;考虑到女性员工较多,应该给女性员工办理生育保险,让女性员工拥有更多的安全感。

2. 精神激励

(1) 满足员工受尊重的心理需求。旅行社应该认可员工的"自我实现"的愿望,设法帮助员工明确并实现愿望,如可以选择增加员工工作的挑战性、丰富员工的工作内容、委以一定的责任等具体方法。这种奖励可以体现员工的个人价值,让员工觉得离自己的梦想越来越近。

(2) 帮助员工寻找职业定位。大部分进入旅行社的员工都有一种模糊的职业意识,并不知道哪类工作适合自己。为了帮助员工寻找适合自己的职业定位,旅行社可以采用"轮岗制"的方法,让员工在不同岗位都有锻炼的机会,熟悉各个岗位的工作职责和工作特点,以丰富工作经验,也便于找到自己最适合、最感兴趣的工作。"轮岗制"的做法也有助于旅行社培养"通才型"人才,使员工在相互理解的基础上更容易进行工作沟通,协调好旅行社内部人际关系。

(3) 帮助员工制定职业发展规划。旅行社的一些员工认为自己的工作是"吃青春饭",致使存在有"做一天和尚撞一天钟"的消极想法。旅行社要充分利用员工的聪明才智,发挥其积极性和创造性,就必须关心员工的职业发展前途,将员工的个人发展与旅行社的发展融为一体,促进员工和旅行社共同可持续发展。

(4) 授予员工适当的权利。为了保持工作灵活性,旅行社应当对员工适当放权,这样既体现出旅行社对员工的尊重和信任,又提高了员工的工作能力和自信心,从而促进旅行社的发展。

任务四　旅行社企业文化构建

案例导入

通用公司的机械工程师伯涅特在领工资时,发现少了30美元,这是他一次加班应得的加班费。为此,他找到顶头上司,而上司却无能为力,于是他便给公司总裁斯通写信:"我们总是碰到令人头痛的报酬问题。这已使一大批优秀人才感到失望了。"斯通立即责令最高管理部门妥善处理此事。

三天之后,他们补发了伯涅特的工资,事情似乎可以结束了,但他们利用这件为职工补发工资的小事大做文章。第一是向伯涅特道歉;第二是在这件事情的推动下,了解那些"优秀人才"待遇较低的问题,调整了工资政策,提高了机械工程师的加班费;第三,向著名的《华尔街日报》披露这一事件的全过程,在美国企业界引起了不小轰动。

事情虽小,却能反映出通用公司的"大家庭观念",反映了员工与公司之间的充分信任。

一、旅行社企业文化的概念

企业文化指在一定的社会历史条件下,企业在生产经营和管理活动中创造的具有本企业特色的精神财富和物质财富,包括文化概念、价值观念、企业精神、道德规范、行为准则、历史传统、企业制度、文化环境、企业产品等,其中价值观念是企业文化的核心。20世纪80年代以来,企业文化理论得到有效的总结和提升,在全球范围内广泛流传,对企业的经营与管理产生了深远的影响。旅行社的企业文化对强化旅行社员工思想行为的认识,提高旅行社人力资源管理工作的质量,有着重要的意义。

二、旅行社企业文化的特点

(一)服务意识

服务是旅行社经营管理中最重要的特点,也是经济效益、社会效益的主要源泉。旅行社的企业文化无论是从精神层面还是产品质量层面来看,都应该强化服务意识。在塑造企业文化时,一定要注意培养员工"向旅游者提供优质的服务是旅游业的生命"的良好服务意识。

(二)文化意识

旅行社是建立在旅游资源的基础之上,就旅游的特性而言,旅游消费的卖点就是文化,对文化差异的渴求与追寻促成了消费者旅游的欲望。因此,旅行社要着力于文化意识培养,使文化意识渗透在旅行社物质文化建设、制度文化建设、精神文化建设之中。

(三)情感意识

旅行社的服务对象是旅游者,服务过程是员工与旅游者交流的过程,需要真诚的情感。因此,旅行社的企业文化应该突出真诚的情感,在文化建设和员工培训方面都应对情感的表达沟通加以重视。同时,旅行社管理人员也应用真诚的情感打动员工,促成其产生对旅行社的归属感和忠诚度。因此,旅行社企业文化的情感意识可以归纳为对外真诚待客,对上忠诚工作,对下亲切关怀。

(四)创新意识

旅行社的产品缺少专业壁垒,尤其需要保持创新的机制和创新的能力,才能在工作中不断推陈出新。因此,旅行社必须要倡导创新,无论是高层管理者还是普通员工都应该强化创新意识,这在文化建设和员工培训中都应是永恒的主题。

三、旅行社企业文化的建设

（一）建设旅行社精神文化

1. 塑造以人为本的价值观

将人视为管理的主要对象和旅行社最重要的资源，这一价值观要求旅行社在经营管理中重视并积极协调好旅行社与普通员工的关系，这就需要从思想、情感上关心员工，了解其需求，尊重其意愿；需要重视员工的培养和应用，科学地激发员工的积极性，帮助员工实现个人价值的提升；需要为员工创造良好的工作、生活环境，解决其后顾之忧。

2. 塑造积极上进的企业精神

以集体主义精神、奉献精神、竞争精神、创业精神、服务精神为基础，提炼出旅行社有特色的、能被大家所接受的企业精神，并用简洁的语言来表达、宣传、推广。

3. 建立以市场为导向的经营哲学

改革开放以来，旅游业优先发展的是入境旅游，承担了为国民经济增加外汇收入的重要任务，因而受到很多优待，以旅行社为代表的一批旅游企业的竞争意识普遍较弱。随着旅游业的发展，入境、出境、国内旅游三分天下，外资旅行社已在国内立足，谋求发展，竞争越发激烈。因此，旅行社尤其需要强化企业文化中市场意识的培养；注重市场分析研究，要让员工理解主动适应顾客需要的重要意义和恰当的方法；注重创造性地引导旅游消费，将潜在消费转变为现实的消费行为；注重建立快速的市场反应系统，保持与市场的密切联系。

（二）建设旅行社行为文化

1. 建立旅行社外部行为规范

建立外部行为规范主要包括旅行社制度管理规范的确立、完善与执行。旅行社需要慎重考虑三个方面的规范：对社会的行为规范，因为旅行社的发展有赖于社会的支持，这是旅行社实现社会效益的重要因素；对顾客行为的规范，在产品设计、服务流程方面的规范可以保证顾客至上原则的实现；对竞争对手的行为规范，以恰当的竞争手段参与竞争，避免不正当竞争。

2. 建立旅行社内部行为规范

内部行为规范是外部行为规范的保证，包括员工行为规范、服务规范、企业内部管理规范等，是旅行社由经验管理走向科学管理的重要步骤。

（三）建设旅行社物质文化

1. 物质环境的塑造

旅行社的物质环境有建设的外观造型、办公室内部装修、光线色彩搭配及周围环境的美化和绿化。旅行社的物质环境是展现企业形象的第一要素，会在社会公众和顾客心目中产生重要的心理攻势,进而影响大家对旅行社整体的评价。但是旅行社的物质环境不是单一的,而应融入社会环境、地方特色和自然环境,综合地展示企业形象。

2. 旅行社名称与标志

旅行社名称、标志,包括文字、符号、图案、颜色等要素,是企业文化外显的途径,具有良好的可识别性和象征意义,容易引发顾客和社会公众的想象。这一内容的设计要符合简洁、明确、主色调突出、图案新颖等要求。

3. 旅行社员工形象

员工形象主要指容貌、姿态、服饰等外在表现,是旅行社形象的重要构成要素,反映了旅行社人力资源队伍的整体水平和企业的经营管理实力和风格。尤其是旅行社的接待服务部门,如门市部、导游接待部、销售部等,特别需要注意强化员工的形象概念,从着装配饰到言行举止都应加强训练、统一要求。

旅行社的企业文化建设是一个系统工程,需要协调精神文化、行为文化、物质文化三方面的建设和改善工作。这一工作又必须渗透到旅行社的人力资源管理工作中,通过员工招聘、培训、绩效考评等工作来向员工传递旅行社的文化理念和要求,规范员工的行为,实现企业文化建设的目标。

相关知识

中国国际旅行社的企业文化

中国国际旅行社(CITS)成立于1954年,是目前国内规模最大、实力最强的旅行社企业集团,荣列国家统计局公布的"中国企业500强",是500强中唯一的旅游企业。"中国国旅、CITS"已成为品牌价值高、主营业务突出、在国内外享有盛誉的中国旅游企业,品牌价值103.64亿元,居旅游业第一。中国国际旅行社形象口号是"中国国旅,天下一家"。这其中包含了三层含义。第一,"中国国旅,天下一家",意指"四海之内皆兄弟也"。旅游业是国际公认的和平事业,国旅总社在中华人民共和国成立后的民间和平外交事业中做出过重要贡献。在新的历史发展时期,中国国旅将继续为加强国内外公民旅游等民间交往和文化交流中的桥梁作用,为建设和谐社会、和谐世界奉献力量,这是全体国旅人的终极追求。第二,"中国国旅,天下一家",意指"天下第一家"或"天下唯一家"。体现了中国国旅在中国旅游业和旅行社行业中的地位,还可引申为"天下一甲""天下一佳"等相似的谐音和联想,传递出中国国旅秉承传统、追求卓越的敬业精神和服务品质。第三,"中国国旅,天下一家",意指"天下国旅是一家"。国旅集团成员经过60多年的风风雨雨、分分合合,一个以资产为纽带,以品牌为核心的新国旅集团已经形成。国旅集团成员社对于"中国国旅"这一核心品牌应有高度的认同感。总之,"中国国旅,天下一家"作为中国国旅企业的形象口号,对外具有感召力和亲和力,对内能够形成凝聚力和向心力,体现了中国国旅包容博大的企业气质、高质量的服务理念及国旅人孜孜不倦的追求。企业的形象口号作为企业对外宣传的口号具有极大的动员力和鼓动性,是塑造企业文化的必要因素。

任务五　旅游投诉及旅游事故处理

案例导入

> 李先生参加某旅行社组织的黄山游,第二晚入住山上某山庄,客人晚餐后要走5分钟的路程才能回到房间。当时天黑,李先生不慎扭伤了脚。客人返程后到医院检查,经拍片发现脚踝关节骨折。李先生向旅行社提出赔偿。出团前,旅行社已为客人投保了旅游人身意外险,但因没有当地医院医治报告,保险公司拒绝受理此案。李先生提出投诉,但已经超过投诉有效期了。最后,旅行社同意赔偿客人医药费及相关费用,其他费用不予赔偿,但客人不同意。
>
> 分析:根据《旅行社质量保证金赔偿暂行办法》有关规定,该案例投诉时已超过受理期限(90天)。考虑到旅游者的具体困难,旅游管理部门为双方进行协调达成协议,旅行社补偿医药费、护理费。
>
> 提醒:按照有关规定,旅游管理部门受理投诉的期限为90天,游客在旅游途中如遇服务质量问题应及时到旅游质监所投诉。

一、旅游投诉产生的原因

旅游投诉是指旅游者或者旅游中间商为维护自身和他人的合法权益,对损害其合法权益的旅游经营者和有关服务单位以书面或口头形式向旅游行政管理部门提出投诉、请求处理的行为。

在旅游服务过程中,产生旅游投诉的原因是多方面的,一般可以归纳为两个方面:一是工作人员主观上的问题,主要表现在对旅游者不尊重、不热情、讲解不好、态度生硬或工作不负责任、不及时满足客人的合理要求;二是客观问题,主要表现在住宿条件不理想、某些收费不合理、旅游过程中某些设施不符合要求、交通不方便或由于旅游者本身的性格习惯产生的问题。

(一)旅行社自身的原因引起的投诉

旅行社自身原因招致旅游者投诉,通常是旅游活动日程安排不当或接待人员服务上的缺陷造成的。

1. 旅游活动日程安排不当

(1)活动内容重复。有些旅行社在安排活动日程时只考虑本地特色,没有综合考虑整条旅游线路上各地的旅游景点情况,造成旅游活动内容重复的现象。例如,某旅行社在接待某海外团时,多次安排参观寺庙、庙宇,招来旅游者不满。旅游者在投诉中讽刺地说:"我们是来旅游的,不是来改变宗教信仰的。"

(2)活动日程过紧。有些旅行社安排活动日程时,不顾旅游者年龄结构偏大的特点,将旅游活动日程安排过紧,甚至一天参观三到四个大景点,结果造成旅游者要么疲惫不堪,要么走马观花,无暇欣赏。

(3)活动日程过松。有些旅行社在安排活动日程时,过分强调了旅游者年龄结构偏大的特点,将活动日程安排过松,往往早上很晚出发,下午很早就将旅游者送回饭店,使旅游者感觉到旅行社不负责任,浪费旅游者的时间和金钱。

(4)购物时间过多。有些旅行社只顾本旅行社的经济效益,将游览景点的时间安排得很紧,挤出较多的时间安排购物,结果造成旅游者不满。新《旅游法》中明确规定禁止旅行社安排购物,但并不意味着禁止旅游者自由购物。该条款旨在规范旅行社通过不正当手段获取利益的行为,并非禁止游客购物。旅行社可选择旅游地面向当地社会公众服务的商业区,合理、正当安排行程,满足游客的购物需求。若旅行社安排具体购物场所,须符合以下要求:不得以不合理的低价组织旅游活动,不得诱骗旅游者,不得通过安排这些活动获取回扣等不正当利益;必须与游客协商一致或是应游客要求;必须充分满足游客的知情权,包括具体地点、时长等情况,应向旅游者做出真实、准确、详细的说明。

2. 接待人员服务上的缺陷

接待人员在接待旅游者的过程中,由于服务态度不好或服务技能差而使旅游者产生不满并引发投诉的现象,在整个投诉中所占比例最大。

(1)擅自改变活动日程。有些旅行社的接待人员在接待过程中,未经与旅游者或领队商量并征得同意,也未向旅行社请示,便私自改变活动行程,如减少旅游计划中规定的旅游项目;擅自减少游览时间,增加购物时间;将旅游者带到非定点商店购物,使旅游者因购买假冒伪劣商品或高价购买低价商品而蒙受经济损失等。

(2)不提供导游服务。有些导游人员将旅游者带到旅游景点后,不是按照旅游合同的规定进行讲解服务,而是游而不讲,或只是做简单的介绍便不再理睬旅游者,或者在前往旅游景点参观结束后返回饭店的途中,与司机聊天,不进行沿途导游讲解。有些导游责任心不强,麻痹大意,敷衍了事,甚至出现漏接、误机、误车、误船等责任事故,给旅游者带来不便和损失。

(3)服务态度恶劣。有些旅游接待人员不尊重旅游者,在接待过程中不热情、态度生硬、经常顶撞旅游者或与旅游者大吵大闹;有些接待人员厚此薄彼,对特殊游客过于亲近,使部分旅游者产生受歧视的感觉。

(二)因旅行社相关旅游部门引起的投诉

在旅游者提出的投诉中相当一部分产生于旅游服务部门或企业,他们往往是旅行社的合作者,如旅游交通、旅游饭店、旅游景点、娱乐场所及购物商场等。但旅行社是整个旅游活动的组织者,所以这些旅游相关服务部门的原因,仍然与旅行社有着千丝万缕的关系。对于此类投诉,旅行社不可怠慢,必须妥善处理。

(1)交通部门。旅游交通是旅行社产品的主要组成部分,旅游者在旅游过程中能否乘坐合同中规定的交通工具,其服务是否安全、准时、规范,对于旅游活动是否取得成功具有重大影响。旅游者对旅游交通服务部门投诉的主要表现有抵离时间不准时、服务质量低劣、忽视安全因素等几个方面。

(2)住宿服务方面。旅游饭店是旅游者参观游览后可以享受轻松休息的地方,旅游饭店的设施与服务是否能够满足旅游者的正常需求,为旅游者提供优质服务,是旅游者活动成功与否的重要条件之一。旅游住宿服务方面招致旅游者投诉的原因主要有设施(设备)条件差、服务技能差、服务态度差、卫生条件差等几个方面。

(3) 餐饮服务方面。造成旅游者对餐饮服务设施方面的投诉,主要表现在菜肴质量低劣、就餐环境恶劣、服务态度差等方面。

二、旅游投诉的处理

旅行社作为服务性企业,其管理者能否妥善处理投诉,能反映出旅行社经营管理水平的高低。在处理旅游投诉过程中,旅行社既要平息旅游者的怨气,消除不满情绪,又要让旅游者转变对旅行社的看法,赢得旅游者的信赖。如果旅游投诉处理不当,就会激化矛盾,会给旅行社带来严重的经济损失。处理旅游投诉时,旅行社必须采用正确的方法和步骤,避免事情恶化。

(一) 处理的原则

在处理投诉时要把握好以下几个原则。
(1) 听取投诉要冷静,绝不与客人争辩,即使客人的语言因激动而偏激过火。
(2) 对客人所谈问题,不要转移目标、推卸责任;如果投诉的问题发生在其他部门,不要随声附和,贬低他人。
(3) 不损害旅行社的利益。处理投诉必须认真为客人解决问题,保护客人利益;同时也要注意维护旅行社的正当利益,客人的投诉并不一定都正确,并不是所有的要求都合理。

(二) 处理的步骤

(1) 认真阅读或耐心倾听投诉。
(2) 询问情况。
(3) 调查事实。
(4) 妥善处理。
(5) 及时答复并公布处理结果。
(6) 整理存档。

 案例

> 2016年12月18日,南京市民李小英与南京钟山A旅行社签订了《江苏省出境旅游合同》,其中约定,李小英和75岁的母亲王招娣共同参加由A旅行社提供的10晚11天新马泰旅游服务,由A旅行社提供往返飞机和当地旅行车辆接送等交通服务。另约定,由A旅行社替李小英和王招娣代办"旅行社责任险、人身意外险、航空意外险"等三项保险。合同签订之后,李小英交纳了包括旅游团费、保险费以及其他费用等共计9140元。但是,当12月21日出发时,却发生了意外。A旅行社通知李小英说,她和母亲将跟随B旅行社组织的旅游团踏上旅途,这叫拼团。12月26日,李小英和王招娣在泰国游玩,当日深夜11点左右,当乘坐旅游车由景点返回曼谷的途中汽车侧翻,李小英母亲当场死亡。泰国方面赔付共计66万泰铢,合人民币三万两千余元。然而李小英一家人准备向出国前投保的C保险公司理赔时,发现旅行社

没投保。几经交涉无果后,今年年初,李小英姐弟将 A 旅行社告上法庭,B 旅行社被原告列为第三人。同时被列为第三人的还有为 A 旅行社承保旅客"人身意外险"的 C 保险公司,以及为该旅行社承保"旅行社意外险"的 D 保险公司。

案例评析

在上面的案件中,李女士、王招娣一方同 A 旅行社签订旅游合同,合同双方就要按合同规定的义务去全面、诚信地履行。A 旅行社在收了王招娣一方的人身意外险保费后,却未给王招娣办理人身意外保险,致使游客在发生人身意外后,无法向保险公司索赔。这一责任完全是由于旅行社没有履行合同义务造成的。虽然旅行社辩解 75 岁以上老人保险公司不予办理人身意外险种,没为死者办保险是保险公司规定造成的。但是,对于此项保险的规定,A 旅行社事先应向合同相对方释明,并退还 30 元保费。因为这种告知是旅行社的法定义务。因 A 旅行社无法证明其已向当事人做出过解释,所以就要承担举证不能的法律后果。现在 A 旅行社既未能证明已告知合同相对方,亦未退还保费,合同相对方就有理由相信王招娣的人身意外保险也完成了投保。所以最后法院一审判决由 A 旅行社承担责任是正确的。需要注意的是,李女士一方只是与 A 旅行社有合同关系,而与 B 旅行社没有合同关系,根据合同的相对性原理,B 旅行社对于王招娣人身意外保险的纠纷不用承担责任。但是,因为 B 旅行社与 A 旅行社之间形成合同关系,这就可以认定,对于李女士一方的人身、财产的安全责任,已经由 A 旅行社转移到了 B 旅行社。所以在发生旅行责任后,A、B 两个旅行社应当对王招娣受到的伤害承担连带赔偿的责任。

三、旅游事故的处理

(一)旅游事故的概念

旅游事故是指在旅游过程中因主客观原因造成的可能影响旅游活动正常进行的问题、差错以及人身伤亡和财产损失。

(二)旅游事故的分类

1. 按事故程度划分

(1)一般事故:指经常发生而又能及时补救的差错、事故,如游客证件和物品的丢失、游客的一般走失等。

(2)严重事故:指突发的、性质严重的、处理难度较大的事故。严重事故往往会给游客带来较大的身体、精神伤害,对社会产生恶劣影响。

2. 按事故性质划分

(1)安全性事故:指有关游客人身和财产安全的事故,可分为轻微、一般、重大、特大事故四种(见表 9-1)。

表 9-1　旅游安全事故的分类

类　型	人员伤亡	经济损失
轻微事故	游客轻伤	1 万元以下
一般事故	游客重伤	1 万元(含 1 万元)至 10 万元之间
重大事故	多名游客死亡	10 万元(含 10 万元)至 100 万元之间
特大事故	多名游客死亡	100 万元以上或性质特别严重,产生重大影响

(2) 业务性事故:指旅游服务部门运行机制出现故障造成的事故,可分为责任事故和自然事故。

(三) 旅游事故的处理方法

1. 旅行社事故的处理方法

(1) 漏接事故的处理。

如果漏接事故是旅行社接待人员工作疏忽或内部沟通不及时造成的,接待人员应向旅游者诚恳道歉,求得旅游者谅解。

如果漏接事故是旅游中间商、组团旅行社在旅游者所乘坐交通工具或出发时间变更后未及时通知接待旅行社所造成的,事故的责任并非应由接待旅行社承担。尽管如此,接待人员除了客观地向旅游者说明情况外,还要向旅游者表示歉意,并要努力做好导游服务工作,挽回不利影响。

如果是交通工具出现故障或天气原因,旅游者临时更换其他航班提前或滞后抵达而造成旅行社漏接事故时,接待人员应实事求是地向旅游者说明原委,但是不能表明旅行社不承担任何责任,而是应该提供热情周到的服务。

如果接待人员按照旅游计划规定的时间抵达机场(车站、码头)后,发现旅游者所乘坐的航班(车次、船次)发生延误,未能接到旅游者时,应该立即和旅行社联系,查明原因,并将变更情况及时通知饭店等有关部门,以便采取适当的应变措施。

(2) 错接事故的处理。

错接是指导游接了不应由他/她接的旅游团。这是导游的责任心不够强,在接站时未能认真核实所造成的。错接事故发生后,原来的计划打乱了,还要进行导游员的交换,产生不好的影响。所以,导游必须向旅游者说明情况,诚恳道歉。

(3) 误机(车、船)事故的处理。

误机(车、船)事故一旦发生,导游和旅行社应尽快和机场(车站、码头)联系,争取让游客改乘下一班的交通工具离开。如果旅游团不能马上离开本地,导游应稳定旅游者的情绪,安排好滞留期间的食宿和活动,并通知下一站必要的变动。误机(车、船)事件,既耽搁了时间,又会造成经济损失,所以不仅应该立即采取补救措施,并且还应向旅游者赔礼道歉。事后必须查清事故原因和责任。

2. 旅游者个人事故的处理方法

(1) 旅游者丢失证件事故的处理。

当发现旅游者丢失证件时,导游人员首先应请失主冷静地回忆,详细了解情况并帮助寻找。如证件确已丢失,导游人员应马上报告旅行社,根据旅行社的安排,协助失主向公安部门报失,重新申领新的证件,费用由失主自理。不同种类证件重新申领手续是有区别的。

① 外国护照和签证的重新申领手续。

a. 由遗失地接待旅行社开具证明,失者持旅行社开具的证明去当地公安局报失,由公安局出具证明。

b. 失者持公安局报失证明,随身携带照片去所在国驻华使馆、领馆申办新护照。

c. 领到新护照后,再到当地公安局出入境管理处办理签证手续。

② 团队签证的补办手续。

a. 请外国领队准备签证副本和团队成员护照。

b. 重新打印团队全体成员名单,并填写有关申请表。

c. 到公安局的出入境管理处办理补领手续。

③ 中国护照和签证的重新申领手续。

若华侨丢失护照和签证:

a. 导游人员帮助失者去当地接待社开具证明;

b. 失主持旅行社证明,随身携带照片去省、市、自治区公安局(厅)或授权的公安机关报失并申领新护照;

c. 领到新护照后,去其侨居国驻华使馆、领馆办理入境签证手续。

若中国公民在境外丢失护照和签证,应该照以下程序办理。

a. 首先由当地陪同协助到接待社开具遗失证明,然后持当地接待社的遗失证明尽快到就近警察机构报案,取得警察机构开具的具有法律效应的报案证明。

b. 持当地警察机构的报案证明和失者照片及团队人员护照资料到我国驻该国使馆、领馆办理新护照。

c. 领到新护照后,携带证明和签证影印件等必备材料到所在国移民局办理签证。

d. 如果因时间关系,护照一时无法办妥,又必须回国,可持遗失报案证明及领队备用的护照资料,请求外国移民局和海关放行(也可请我国驻外机构协助)。入境时,可请其家人持失者个人的身份证明,到机场交给失者,办理入关手续。

④ 丢失港、澳居民来往内地通行证后出境手续的办理。

失者到当地接待社开具遗失证明,持证明到遗失地的市、县公安部门报失,经核实后,由公安机关的出入境管理部门签发一次性有效的《中华人民共和国出境通行证》。

⑤ 丢失台湾同胞旅行证明后,出入境手续的办理。

失者到遗失地中国旅行社或户口管理部门或侨办报失,经核实后,发给一次性有效的出境通行证。

⑥ 中华人民共和国身份证的补办手续。

a. 由当地旅行社核实后开具遗失证明。

b. 失者持遗失证明和照片到当地公安局报失,经核实后,由公安局开具身份证明。

为了防止证件丢失,导游人员要提醒外国领队帮助旅游者统一保管证件;导游人员需用旅游者证件时,要由领队收取,用完后立即如数归还,千万不可代为保管。在境外旅行期间,作为海外领队应时刻提醒旅游者保管好自己的证件,最好由领队统一收齐、保管。

（2）旅游者遗失行李事故的处理。

① 外国旅游者在来华途中遗失行李。一般是旅游者所乘飞机的航空公司的责任，但导游人员应尽力帮助其追回行李。具体做法如下。

a. 协助失主到机场失物登记处办理行李丢失和认领手续。由失主出示机票和行李托运卡，详细说明始发站、中转站、行李件数及丢失行李的大小、形状、颜色、标记等特征，并一一填写在失物登记表上。

b. 导游人员应将失主所下榻饭店或房间号、电话告诉登记处，并记下登记处的电话和联系人，记下有关航空公司办事处的地址、电话，以便联系。

c. 若旅游者在当地游览期间一时找不回行李，要协助失主购买必备的生活用品，并不时地打电话给失物登记处，询问寻找行李的情况。

d. 在旅游者离开本地前，行李还未找到，导游人员应帮助失主将全程旅游路线及各地下榻饭店名称和各地接待旅行社名称、电话告诉有关航空公司，以便行李找到后及时运往最适当的地点交还失主。

e. 如行李确定丢失，应由国内组团社负责帮助失主向有关航空公司索赔。

② 外国旅游者和国内旅游者在中国境内遗失行李。一般是交通部门和行李员的责任。导游人员应根据行李丢失的不同环节，采取相应的措施。若旅游者在出站前领取行李时，找不到所托运的行李，则有可能在上一站交接或行李托运过程中出现差错。这时，导游人员要采取的措施如下。

a. 带失主到失物招领和登记处办理行李丢失和认领手续。

b. 及时向旅行社领导汇报，请旅行社有关部门和人员与上一站旅行社、民航等单位联系，帮助寻找。若旅游者在抵达饭店后没能拿到行李，则可能是在饭店内或本地交接过程或行李托运过程中出了差错。此时，导游人员应采取的措施如下：和全陪、领队一起先在本团体成员所住房间内寻找，查看是否是饭店行李员将行李送错了房间或团内其他旅游者误拿了行李；若找不到，应与饭店行李部联系，在饭店其他楼层寻找；若还是找不到，应向旅行社汇报，请旅行社派人或行李员在其他环节寻找，查看是否送错了饭店或在运送途中遗失。

c. 安慰失主，并帮助其解决生活困难。

d. 经常与有关方面联系，询问行李查找情况。

e. 行李找到后，及时将行李归还失主。

f. 若行李确已丢失，则应由旅行社领导出面表示歉意，说明情况。

g. 帮助失主向有关部门索赔。

③ 中国公民在境外遗失行李事故的处理。在境外，发生旅游者行李丢失的情况，作为领队应采取的措施如下：

a. 首先向航空公司查询，看是否遗留在机舱内，或滞留在某一环节；

b. 若寻找暂时未果，应帮助失主填写一份《民航迟到行李报告》表格；

c. 协助失主在当地购买一些必备生活用品，可凭收据向当地机场报销；

d. 若在离开当地时行李仍未找到，则务必通知机场下几站目的地名称、所下榻饭店、接待社名称和电话，以便找到后，适时送往某站；

e. 若到旅游者回国时，仍未找到，回国后，由组团社负责帮助失主向航空公司索赔。

为防止遗失行李事故发生,作为旅行社方面有关责任人,地陪应与全陪、领队和行李员认真交接行李;行李员应严格按行李交接卡指定地点运送行李;领队应随时检查每件行李是否系上填写妥当的行李牌,注意行李增减情况,对境外有关行李工作人员要付给适当的小费。

(3) 旅游者走失事故的处理和预防。

① 旅游者在游览活动中走失。

a. 了解情况,迅速寻找。一旦发现旅游者走失,导游人员应立即向其他旅游者、景点工作人员和其他人员了解情况,分析走失者可能在何时、何处走失,并迅速组织分头寻找,请全陪、领队留下照顾其他旅游者。

b. 向有关部门报告。若一时找不到,导游人员应立即向游览地派出所或管理部门报告,请求他们帮助寻找。

c. 打电话与饭店联系。在寻找过程中,导游人员可与饭店的前台、楼层联系,请他们注意走失者是否已经回到饭店。

d. 向旅行社报告。经过认真寻找,仍未找到走失者,导游人员应打电话向旅行社报告,并请求帮助,必要时可报案。

e. 继续组织游览。导游人员不能因个别旅游者走失,放弃整个旅游团的游程,而应带领其他旅游者继续游览。

找到走失的旅游者后,导游人员首先应安慰旅游者,然后分析走失原因,如果责任在导游,则应向其赔礼道歉;如果责任在旅游者本人,则应婉转地提出善意的批评,讲清利害关系,提醒旅游者注意,以后不再重犯。

② 旅游者在自由活动中走失。

当导游人员得知旅游者在自行外出活动中走失的情况后,应采取如下措施。

a. 立即报告旅行社,请求指示和帮助。

b. 组织寻找。导游人员可发动全陪、领队与其他热心的旅游者一起寻找。

c. 若寻找未果,则应向事故发生地所在辖区公安部门或派出所报案,提供走失者的特征,请求帮助寻找。走失者回饭店,导游人员应表示高兴,问明情况,提出善意批评,但不必过多指责;可以此来提醒其他旅游者引以为戒,避免走失事故再次发生。如果在旅游团体离开本地时,仍未找到走失的旅游者,一方面由旅行社派专人负责有关寻找工作,与公安机关保持密切联络;一方面请旅行社有关部门与下一站联络,请对方注意走失的旅游者是否已自行前往有关饭店或已打电话给下一站接待社。

③ 出境旅游团的旅游者在境外走失。

a. 安顿其他旅游者。在境外活动期间,存在语言不通、环境生疏的情况,一旦发生旅游者走失,其他旅游者会焦急不安,所以作为海外领队一方面要与当地陪同进行分工,寻找走失者,一方面安定其他旅游者的情绪。

b. 立即报案。若一时找不到,特别是在自由活动时发生走失事故,应在当地陪同的协助下,及时向当地警察机构报案,请求帮助寻找。

c. 报告国内组团社。若在离开一地之际仍未找到,则应报告国内组团社,并向我驻当地外事部门报告,并再向警方确认尚未找到,请他们继续协助寻找。离开当地时,应留人继续处理此事,并妥善保管好走失者的行李、证件等。

项目九 旅行社人力资源管理

为了最大限度地避免走失事故的发生,导游人员应时刻做好提醒工作,对重要事宜要重申;时刻与旅游者在一起,切不可离团,并经常清点人数;要向旅游者交代清楚行程的具体安排;可向旅游者提供便条,写明所下榻饭店名称、地址、电话号码;告诫旅游者,一旦走散,应站在原地等候;作为领队还应与当地陪同配合,做好断后工作。

(4) 食物中毒事故的处理。

① 立即用车将食物中毒的旅游者送医院抢救;

② 在赴医院途中,应当让食物中毒者多喝水,以加速排泄,缓解毒性;

③ 如果一时无法找到车辆,要拨打电话给急救中心前来抢救;

④ 接待人员要及时向旅行社领导报告,并应陪同前往医院看望旅游者;

⑤ 及时写出书面报告,如实记述事故发生的全部经过。

相关知识

2016 年全国旅游投诉排行榜出炉

2017 年 1 月 11 日人民网旅游 3·15 投诉平台今日公布 2016 年旅游投诉数据,平台 2016 年全年共收到有效投诉 1477 条,较 2015 年增长了 0.68%,全年回复率为 47.94%,较 2015 年下降 10 个百分点。其中,涉及云南、北京的投诉数量居全国前二,广东和上海并列第三。针对在线旅游企业的投诉量达 46%,携程旅行网、去哪儿网、途牛旅游网投诉数量居在线旅游企业前三甲。

数据显示,2016 年旅游投诉集中在旅行社(38.6%)、景区(20.2%)、航空(15.8%)、酒店(15.1%)和导游(7.4%)等五个领域,旅游合同与行程不符、导游强迫购物、服务态度差仍是投诉的重灾区。从投诉对象来看,在线企业的投诉主要集中在机票和酒店领域,省市的投诉主要集中在景区和退货方面。

任务六 旅行保险及处理程序

案例导入

2016 年 8 月,高中生王某随父亲参加某旅行社组织的普陀山等地 5 日游。8 月 5 日下午,应一些游客要求,随团导游员同意游完普陀山和小西天两个景点后,留出一些时间让游客去海滨浴场游泳。王某等 7 名游客从普陀山、小西天下山后,在地接社导游的带领下,直接到了百步沙海滨浴场。由于初次下海,几个人就在海滩边的浅水处游玩。一阵海浪袭来,惊慌过后,人们才发觉少了王某。有关部门随即组织寻找,但没有结果。直到 9 日下午,才在普陀山朝阳阁附近的礁石间发现了溺水身亡的王某。普陀山海滨浴场依照门票上约定的人身意外伤害保险及相关责任,向王某家人支付了 5 万元保险金及 3 万元赔偿金。王某家人对此表示满意,不再向浴场提出其他要求。王某家人在有关部门的主持下,与旅行社就善后事宜进行了几次协商,要求依照旅游意外保险的规定,赔偿保险金。对于王某家的索赔要求,旅行社称:由于发团时间比较急,没来得及投保,但依据保险规定,被保险人的年龄应在16岁至65岁,而王某不属此规定;另外,普陀山海滨浴场不是旅行社安排的旅游项目,王某遇难属擅自活动而发生的意外,即使旅行社事先投保,保险公司也不会理赔。旅行社表示,出于道义上的原因,愿意向王某家人付数千元的补偿。王某家人以旅行社未给王某上旅游意外险为由,要求旅行社支付相应的旅游意外保险金。

点评:王某家人的赔偿要求于法有据,应该予以支持。旅行社未履行其法定义务,所辩称的理由不能成立,因此,应依法承担相应的法律责任。本案例中王某等到海滨浴场游泳,是经过地接社导游同意并在导游的带领下进行的。因此,不能认定系终止约定的自行旅游行为,而应视为双方约定增加的自费游览项目。凡旅行社认可的游览活动都应纳入旅游行程中,在此期间发生的人身伤亡事故,旅游者或者其亲属有权依法获得相应的保险金赔偿。

目前我国的旅游保险业滞后于旅游业的发展,旅游保险关注的焦点依然集中于旅行社责任险,对于其他类型的旅游保险缺乏认识和发掘。随着旅游市场的规范,旅游保险业在未来有很大的发展空间。

一、旅游保险的保障范围

旅游保险是在本国或者国际旅游中能够提供一种未来不确定地支付医疗费用和财务(如退还预先支付的资金)及其他损失的保险业务。一般旅游保险的保障范围大致分为以下几个部分。

(1)人身意外保障:由于意外造成死亡或永久性伤残而给予一笔预先约定的金额。

(2)医疗费用保障:即可按一定比例报销在旅途中因意外受伤而导致的医疗费用开支。

(3)个人财务保障:保障在旅途中,旅客财务因意外损毁或被盗窃所带来的经济损失。

(4)个人法律责任保障:即在旅途中受保人因疏忽而导致第三者人身伤亡或财务损失而被追讨索偿的保障。由于不同的保险公司发出的保单条款可能有异,因此保障范围可有不同。

(5)其他旅游保障:旅游保险除了上述四种外,还包括行李延误、取消旅程、旅程延误、缩短旅程等多种。

二、旅游保险的种类

(一)旅行社责任保险

1.概念

旅行社责任保险是指以旅行社因其组织的旅游活动对旅游者和受其委派并为旅游者提供服务的人员依法应当承担的赔偿责任为保险标的的保险。根据最新《旅行社责任保险管理办法》,国内成立的旅行社都要投保旅行社责任保险,具有强制性。

2.投保范围

旅行社责任保险的投保人是旅行社(也即被保险人),投保范围如下:

(1)旅游者人身伤亡赔偿责任;

(2)旅游者因病治疗支出的交通、医药费用赔偿责任;

(3)旅游者死亡处理和遗体遣返费用赔偿责任;

(4)对旅游者必要的施救费用,包括必要时近亲属探望等需支出的合理的交通、食宿费用,

随行未成年人的送返费用,旅行社人员和医护人员前往处理的交通、住宿费用,行程延迟需支出的合理费用等赔偿责任;

(5) 旅行者的行李物品丢失、损毁或被盗所引起的赔偿责任;

(6) 由于旅行社责任争议引起的诉讼费用;

(7) 旅行社与保险公司约定的其他赔偿责任。

这里的"赔偿责任"是指由旅行社的过错造成的游客财产、人身的损失。因而对于旅游者在旅游行程中,由自身疾病或个人过错导致的受损,如游客生病,走路不小心扭伤脚,或私自离团遭受意外,或者在旅行社组织安排的活动之外发生损失,旅行社是不承担赔偿责任的。因此,旅游者最好购买旅游意外伤害险。

3. 保险期限

旅行社责任保险的保险期限为1年。

4. 意义

"责任险"是旅行社为自身投保,投保人、被保险人、受益人均为旅行社。一旦因旅行社责任造成游客遭受人身和财产损失,保险公司代表旅行社承担赔偿责任,起到了既能保护游客权益,又使旅行社的责任风险得以转嫁的双重作用。

(二)旅游意外伤害保险

旅客在购买车票、船票时,实际上就已经投了旅游意外伤害险。其保费是按照票价的5%计算的,每份保险的保险金额为人民币2万元,其中意外事故医疗金1万元。保险期从检票进站或者中途上车、上船起,至检票出站或中途下车、下船止。在保险有效期内,因意外事故导致旅客死亡、残废或丧失身体机能的,保险公司除按规定付医疗费外,还要向伤者或死者家属支付全数、半数或部分保险金额。

对于旅游意外伤害险,旅行社并不强制游客购买。旅游意外伤害保险只是由旅行社代理发售,游客也可自行到保险公司购买。

(三)责任免除

旅游者参加旅行社组织的旅游活动,应保证自身身体条件能够完成旅游活动。因下列情形之一,造成旅游者身亡、伤残或财产损失的,旅行社不承担赔偿责任:

(1) 旅游者在旅游行程中,由自身疾病引起的各种损失或损害;

(2) 由于旅游者个人过错导致的人身伤亡和财产损失,以及由此导致需支出的各种费用;

(3) 旅游者在自行终止旅行社安排的旅游行程后,或在不参加双方约定的活动而自行活动的时间内,发生的人身、财产损害。

项目小结

在人类所拥有的一切资源中,人力资源最为宝贵,自然成了现代管理的核心。不断提高旅行社人力资源开发与管理的水平,不仅是当前发展经济、提高市场竞争力的需要,而且也是一个旅行社长期稳定发展的重要保证,更是让员工充分开发自身潜能、适应社会、改造社会的重要措施。

综合能力训练

一、思考题

1. 旅行社人力资源管理对旅游企业发展的重要意义是什么?
2. 旅行社人力资源管理的职能都有哪些?
3. 旅行社对员工进行的培训包括哪些内容?
4. 旅行社的精神激励都有哪些?请举例说明。
5. 旅行社企业文化的特点是什么?怎样建设旅行社的物质文化?
6. 旅行社该怎样处理旅游投诉?
7. 怎样处理因旅游者个人原因引起的旅游事故?
8. 旅行社责任保险是什么?其投保范围包括哪些?

二、案例分析题

案例1:某公司是上海的一家股份制公司,按计划,该公司人力资源部三月份要派人去深圳某培训中心参加一次培训。当时人力资源部的人员都想参加,不仅是因为培训地点在特区,可以借培训的机会到特区看一看,而且据了解,此次培训内容很精彩,而且培训讲师都是一些在大公司工作且有丰富管理经验的专家。但很不凑巧,当时人力资源部工作特别忙,所以主管权衡再三,最后决定由手头工作比较少的小刘和小钱去参加。人力资源部主管把培训时间、费用等事项跟小刘和小钱做了简单的交代。培训期间,小刘和小钱在一起,很少跟其他学员交流,也没有跟讲师交流。培训回来后,主管只是简单地询问了一些培训期间的情况,小刘、小钱与同事也没有详细讨论过培训的情况。过了一段时间,同事都觉得小刘和小钱培训后并没有什么明显的变化,小刘和小钱本人也觉得听课时很精彩,但是对实际工作并没有什么帮助。

问:(1)该公司的小刘和小钱的培训效果令人满意吗?

(2)该项培训的人员选派是否存在某些问题?为什么?

(3)根据本案例提出能够增强培训效果的有效措施。

案例2:白伟在读大学时成绩不算突出,老师和同学都没人认为他是很有自信和抱负的学生,以为他今后无多大作用。他的专业是日语,毕业后便被一家中日合资公司招为推销员。他很满意这份工作,因为工资高,而且还是固定的,所以不用担心未受过专门训练的自己比不过别人。刚上班的头两年,小白的工作虽然兢兢业业,但销售成绩只属一般。可是随着他对业务和他与客户的关系越来越熟悉,他的销售额也渐渐上升了。到了第三年年底他已列入全公司几十名销售员中前20名。次年他很有信心当上推销员中的冠军。不过公司的政策,是不公布每人的销售额,也不鼓励互相比较,所以他还不能很有把握说自己一定会坐上第一把交椅。去年,小白干得特别出色,尽管定额比前年提高了25%,到了九月初他就完成了这个销售额。根据他的观察,同事中间还没有人完成定额。十月中旬,日方销售经理召他去汇报工作。听完他用日语做的汇报后,日本上司对他格外客气,祝贺他已取得的成绩。在他要走时,经理对他说:"咱公司要再有几个像你一样的推销明星就好了。"小白只微微一笑,没说什么,不过他心中思忖,这意味着已经承认他在销售员队伍中出类拔萃,独占鳌头了。今年,公司又把他的定额提高了25%,尽管一开始不如去年顺利,他仍是一马当先,比预计干得要好。他根据经验估计,十月中旬前他准能完成自己的定额。可是他觉得自己并不舒畅。最令他烦恼的事,也莫过于公司不告诉大家干得好坏,没个反应。他听说本市另两家也是中外合资的化妆品制造企业都搞销售竞赛和有奖活动。其中一家是总经理亲自请最佳推销员到大酒店吃一顿饭;而且人家还有内部发行的公司通讯之类的小报,让人人都知道每人的销售情况,表扬每季和年度最佳销售员。想到自己公司这套做法,他就特别恼火。其实一开始他并不关心排名第几的问题,如今却重视起来了。不仅如此,他开始觉得公司对推销员实行固定工资制是不公平的,一家合资企业怎么也搞大锅饭?应该按劳付酬。上星期,他主动去找了上司,谈了他的想法,建议改行佣金制,至少按成绩给奖金制。不料那位日本上司说这是既定政策,拒绝了他的建议。第二天小白辞职而去,到另一家公司了。

问:(1)小白为何辞职?

(2)小白为何不同意公司现有的激励制度?

案例3:张先生参加了由某旅行社组织的从四川到拉萨线路的自驾旅游,交了7000元钱,公司收费后为他投保了旅游意外险。公司向四川一家汽车俱乐部租用了一辆"三菱"越野车。7月21日,三位乘客乘坐该车开到甘孜州巴塘境内318线,3172千米,600米路段。那里没有限速标志,当时车速为50~60码。此时前面突然出现了一块石头,司机情急下拉了一下方向盘,后来就翻车了。车祸造成张先生左臂骨折,受伤后他坐飞机回杭州医院治疗,共花去医疗费14000余元。张先生后来得知这辆三菱越野车没有营运资格,没有年检,也没有办理保险。旅游公司虽然给他投保了旅游意外险。但保险公司认为张先生是自驾游时出了意外,和当初投保的旅客意外险种不同,因此拒绝赔付。张先生又多次和旅行社协商赔偿事宜,都没有结果,只好将旅行社告到法院,要求赔偿各项损失共计46000余元。

问:本案例中旅行社该不该进行赔偿?

案例4:刘某等40人报名参加某旅行社组织的1月24日~1月29日赴泰国普吉岛5晚6日游。1月28日晚12时,这些游客到普吉岛机场等次日凌晨飞机回昆明。飞机原定凌晨2点多起飞,但直到5点多钟才起飞。这期间,游客等候在机场,又冷、又渴、又饿,要求相关人员对飞机晚点做出解释。航空公司说属于飞机运输调配问题。客人找到旅行社,领队认为自己的工作已完成,飞机晚点造成的损失应找航空公司,随即一走了之。游客对此很不满意。再加上在此前的行程中也存在一些问题,如游客认为合同中规定的景点没完成;泰国导游强行推销自费项目时,领队不尽其责,不维护游客的合法权益;当游客受伤时,领队不闻不问等。客人的不满越积越多,最终拒绝登机,一定要求旅行社给一个合理的说法并赔偿精神损失和经济损失后才肯登机。飞机在等待了4小时于9点左右离开。这些拒绝登机的游客在大使馆的协调下,自费乘汽车到曼谷,分别于1月30日、31日乘飞机回昆明。回国后,他们投诉到当地的旅游质监部门,要求旅行社赔偿精神和经济损失费,包括在境外滞留所发生的车费、餐费、机票费等。

问:如果你是旅行社的管理人员,应该怎样处理这次旅游投诉?

项目十 旅行社电子商务

学习目标

知识目标：1. 理解旅行社电子商务的概念、分类和特点。
2. 了解旅行社网站的各种功能。
3. 了解旅行社内部管理信息系统的组成。

能力目标：1. 会辨别传统旅行社和网上旅行社的区别。
2. 掌握旅行社电子商务的应用。

技能目标：1. 会灵活运用旅行社网站的各种功能。
2. 会熟练使用旅行社内部管理信息系统。

案例导入

没有门市部的旅行社

世界上绝大多数的旅行社都是通过门市部直接向旅游者销售旅游和度假产品，如今这一传统方式仍以其亲切、安全被广大旅游者所接受而占主导地位。在20世纪90年代末的法国，出现了一家名叫德格利夫的旅行社，它的知名度和营业额位居全法第二，然而，这个旅行社却有一个非常特别的地方——没有门市部。

没有门市，旅行社该如何销售产品？

1. 利用电子媒体开展业务，德格利夫旅行社是第一家利用电子媒体开展业务的旅行社，它利用互联网的普及率建立起了自己的旅游产品，可以说，法国的每一台联网电脑都是它的门市部，这种快捷、直观、信息量大、能更好地了解旅游产品特色的特点被广大旅游者所接受。

2. 在产品价格上狠下功夫，确保价格优势，以保证对旅游者的吸引力。

3. 推出多种旅游产品，并提供迅速、优质的服务。

4. 加强与各种媒体的联系，注重宣传，使广大旅游者熟悉企业的形象。

 **思　考**　1. 没有门市部的旅行社其实质是什么？
2. 没有门市部的旅行社和传统的旅行社在产品销售上有什么不同之处？

任务一 旅行社电子商务概述

一、旅行社电子商务的概念

旅行社电子商务(ETA)是旅游电子商务的一种类型,其通过精细化管理和网络营销,将传统的旅行社服务标准化,改善服务各个环节的协调性,通过网络打造品牌口碑,通过网站良好的表现形式招徕用户,借助电子商务方便业务信息的传递和整理。

综合上述旅行社电子商务的各种特征,可将旅行社电子商务定义为:旅行社电子商务是指一整套的、基于互联网技术的、有着规范的业务流程的在线旅游中介服务,是指专业从事旅行中介服务的企业组织建立并实施一整套基于规范业务流程的,以先进的计算机技术、互联网技术及通信技术为基础的在线旅行服务模式体系。这种服务模式的最大特点是在线、即时地为旅游者服务,在时间上体现出快捷和便利,因此被称为在线旅游服务模式(Online Travel Service,OTS)。旅行社应用电子商务,调整企业同消费者、企业同企业、企业内部关系,从而扩大销售,拓展市场,并实现内部电子化管理的全部商业经营过程。

它的五个基本特征如下。

(1)旅行社电子商务的主体或"载体"是旅行社或旅行中介服务机构。

(2)旅行社电子商务的核心是一系列规范的业务流程。

(3)旅行社电子商务的基础是互联网技术(Internet)和万维网(World-wide Web)技术的应用。

(4)旅行社电子商务的创新竞争力在于在线旅行服务模式。这种服务模式的最大特点是在线、即时地为旅游者服务,在时空上体现出快捷和便利。

(5)旅行社电子商务体系是一个人—机结合的系统,涉及企业运作的各个层面(产品设计、市场营销、企业管理MIS、客户管理CRM、资源管理ERP、供应链管理SCM),绝对不只是一个纯粹的"机器人"计算机系统。所谓的"鼠标+水泥",或"传统业务+现代手段"只是一种通俗的说法而已。

二、旅行社电子商务的分类

根据旅行社电子商务的应用实践来看,可从两个方面来对其进行分类。一方面就是从应用层面来分,可以分为旅行社外部电子商务和旅行社内部电子商务;另外一方面就是从旅行社电子商务的应用对象来分,可分为B2B(旅行社对交通、住宿、景点等企业间的电子商务系统)和B2C(旅行社对游客的电子商务系统)两种类型。

旅行社外部电子商务是旅行社面向市场,以交易活动为中心的旅行社电子商务类型。它主要包括促成旅游交易实现的各种商业行为——网上发布旅游信息(包含网络旅游新闻媒体)、网上广告宣传、旅游市场调研和实现旅游交易的电子贸易活动——网上旅游洽谈、售前咨询、网上旅游交易、网上支付、售后服务等。例如,广西国际旅行社网站就是旅行社外部电子商务的应用。

旅行社内部电子商务是利用旅行社业务流程重组和内部网络平台建设而形成的经营管理活动,实现旅游企业内部电子商务,包括旅游企业建设内部网络和数据库,利用计算机管理系统实现旅游企业内部管理信息化。例如,旅行社内部管理信息系统就是旅行社内部电子商务的应用。

B2B 是旅行社对交通、住宿、景点等企业间的电子商务系统,是旅行社用于电子信息公布、网上谈判和商品交易的一种电子商务应用类型。

B2C 是旅行社对游客的电子商务系统,是旅行社让旅游者足不出户获得旅游信息、购买旅游产品以及为不同的旅游者提供种种服务的一种电子商务应用类型。

三、旅行社电子商务的特点

相对于传统的旅行社门店而言,旅行社电子商务具有革命性作用,体现在业务的流程化、组织与管理的扁平化,以及在经营方式和业态、管理理念和手段、外部竞争环境和内部人员结构等方面都发生了显著性变化。

(一)专业化分工

专业化分工使员工能够专业运作相关业务,提高办公效率,同时又能将员工培养成为一流的专家型人才,从而实现大企业的人才高地战略。

(二)电脑化操作

以公民游为代表的旅行代理业务在国外同行和国内大型旅行社中都是依托电脑平台处理相关业务。世界电子商务协会的调研表明,旅游业是最适合电子商务的服务领域之一。电脑化操作能使信息快速和及时传递,并保持数据的一致性。

(三)规范化流程

旅行社行业人员流动性强,新进员工能够通过职业培训按照统一模式操作,从而保证了业务质量。

(四)规模化经营

借助信息平台,业务可以不受地域、员工人数、场地等条件的制约,快速扩大业务量,取得相应的利润。

(五)集约化管理

在流通领域,营业收入来自市场的开拓,但利润来自成本控制和采购技术。旅行社通过集中采购和中央支付将能大幅度提高旅游业务的毛利率。

(六）全局化控制

各层面的经理和业务人员都在信息平台上作业,就使得业务操作流程和相关知识及信息固化在企业的知识库中,董事会和总经理班子都能在平台上及时并准确地了解经营状况,达到控制企业资源(如客户资源、资金资源、知识资源等)的目的。

(七）一体化运作

整个企业的效率来自于各部门的协同。全体员工将所有业务都放入平台,就能大大减少内部沟通的成本,实现"无纸化"办公,降低费用。同时,也统一了各类统计报表,以便绩效考核。

四、旅行社电子商务的现状和发展趋势

（一）旅行社电子商务的现状及存在问题

旅行社电子商务是20世纪90年代以来利用计算机网络进行的旅游业务活动,20多年的旅行社电子商务发展经历了泡沫式迅猛快速的发展,严冬般的大浪淘沙,目前正朝着成熟稳健的方向发展。旅行社网络化已经成为一种必然趋势。旅游企业与旅游电子商务接轨,将从根本上改变旅游企业小作坊式的手工操作方式,使企业整体利益的最大化和运作效益的最优化成为可能。艾瑞咨询统计数据显示,2016年中国在线旅行预订市场交易规模达6026亿元,庞大的数字诱惑下,随着在线旅业这个概念被炒热,越来越多的创业者、传统旅行社开始扎堆进入这个领域。2016年旅游集团年度20强排名中,互联网旅游公司携程旅游集团位居第一。旅游电子商务的趋势又被引爆,大大小小的旅行社纷纷加入了旅行社电商化的潮流中,百舸竞流,场面很壮观。但是在这股旅行社电商化的大潮流中,也凸显了旅行社电子商务发展存在的一些问题。

1. 旅行社的电商理念很茫然

据调查发现,其实很多旅行社很早就已经迈出了电子商务的第一步,他们在2001、2002年的时候就建起了自己的网站,但是因为旅行社领导重视度不够以及当时市场不成熟,旅行社并没有对电商这一块做出长远的规划。而在其后的短短几年间,旅游在线市场迅速崛起,等到传统旅行社反应过来的时候,已经形成了今天的格局。于是旅行社开始大力投入电商方面的建设——买系统、建网站、开网店、开发APP……觉得别人有的自己应该也要有,胡子眉毛一把抓,恨不得在一夜之间就完成过去好几年需要完成的工作。但是,对于自己需要什么,却没有真正地去思考过。

2. 电商团队是软肋

当大家都在羡慕那些依靠电子商务取得的辉煌成绩的在线旅游企业,并投身于研究分析他们的业务模式以及发展历程的时候,却往往忽略了隐身于其后的电商团队。目前很多旅行社的电商团队基本都是临时组建的,有些还是七拼八凑来的"杂牌军"——技术、设计、编辑、客服……差不多都快组成了一家互联网技术公司。更重要的是,电商团队的组建往往是以不懂电

商的上层领导的意愿为主导,是领导觉得需要什么才有什么,而非业务的需要,这最终反而成了旅行社最大的掣肘因素。

3. 网络推广方式单一

随便建个网站,然后挑几个关键词往百度上一放,这恐怕是 90% 以上的旅行社正在做的事情。他们认为,除此之外,似乎再也没有其他的路子可走。如何获取到流量、如何提高转化率、如何建立网络品牌……这些对旅行社来说,似乎很遥远。旅行社涉足旅游电商,进行网络推广的方式过于单一,已经是不争的事实,对于这一点,旅行社有着更深的感触。

4. 自建站严重影响转化率

没有流量,或者是有流量却没有转化率,旅行社在电商上面的弱势,最终都集中体现在了网站上。随便打开几家旅行社的网站,你就会发现,这些网站性能落后、版面设计差、用户体验低,不支持产品的多样性以及产品间的智能关联,没有会员系统,也没有针对会员开展二次营销的功能,甚至有些站点还停留于展示型的功能阶段,而非电子商务型。可见旅行社现有的网站基本无法支撑起旅行社整个的电子商务业务,非常不利于旅行社在电商业务上进行更深层次的纵向拓展。

由于旅行社没有经营电商的思路,对电商化之路缺少清晰明朗的长远规划,导致电商团队的建设顾此失彼,因为缺少一个有力的电商团队,使得旅行社在推广上总是茫然不知所措,因为推广的问题迟迟突破不了瓶颈,网站最终无法给旅行社带来正常的效益。

(二) 旅行社电子商务的发展趋势

1. 旅行社电子商务的发展势在必行

(1) 市场规模不断扩大。据国家旅游局统计数据显示,2015 年中国国内旅游人数 40.0 亿人次,比上年增长 10.5%,国内旅游市场规模位居世界第一。2015 年我国出境旅游人数达到 1.17 亿人次,比上年同期增长 9.0%。同时,据比达咨询统计数据显示,2017 年上半年度我国在线旅游市场交易规模达 3547.8 亿元,增长率为 12.6%(见图 10-1、图 10-2)。

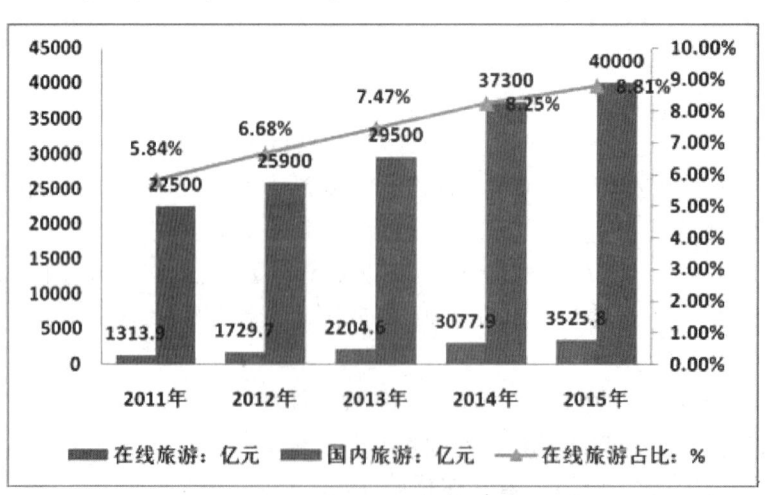

图 10-1　2011~2015 年中国在线旅游及国内旅游规模情况

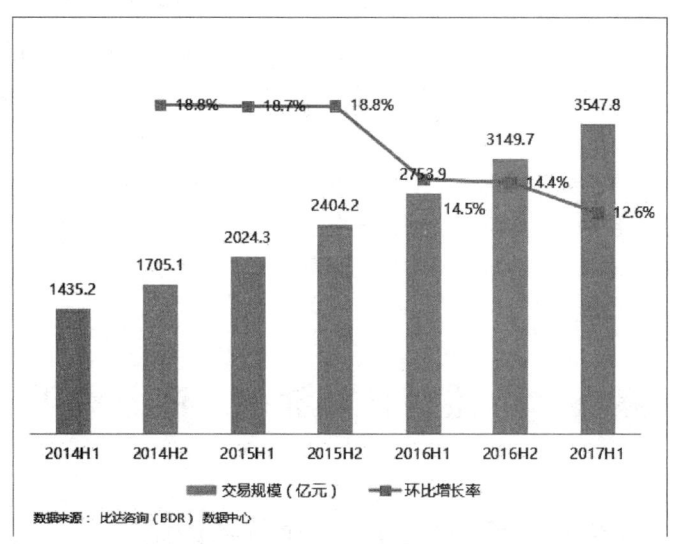

图 10-2　2014H1~2017H1 中国在线游市场交易规模

由这两组数据分析可知,旅游市场规模在不断地扩大,而且在线旅游交易规模逐年增长,在如此强烈的旅游市场规模冲击下,旅行社电商的发展势在必行。

(2) 旅游者日趋成熟。现在的旅游者日趋成熟,主要表现在以下几个方面。第一,旅游需求由从众需求向个性化需求转变。现代旅游者对自主、灵活、发挥个性等的追求,在参加旅游的形式方面体现出散客旅游市场开始迅速成长。由于国际互联网的普及,旅游者自己设计线路和网上预订更加便利,网上自行设计组合旅游产品,可以满足旅游者对产品多样性和个性化的需求。第二,旅游者主动搜寻信息和参与旅游产品设计的意愿增强。人们外出旅行时的信息搜集和比较选择意识增强,更多的旅游者不再愿意被动地接受市场上设计好的旅游产品,而是自己提出旅游要求,自行设计路线。从旅游者日趋成熟的趋势来看,信息获取途径更为简捷、旅游产品组合多样、旅游选择更富有自主性的在线旅游服务更能满足日趋成熟的旅游者的要求。

(3) 行业内竞争日趋激烈。前瞻产业研究院发布的《2013~2017 年中国旅行社行业市场前瞻与投资战略规划分析报告》分析认为,目前我国旅行社行业市场竞争的手段主要表现为价格竞争,旅游市场上低价线路满天飞,恶性降价使旅行社的利润空间下降。数据显示,截至 2015 年底,我国旅行社超过 27621 家,营业总收入 4189.01 亿元。与 2000 年数据相比,规模扩张了 3 倍多,收入增加了 1.3 倍,但是全行业收入利润率却呈现出逐年下降的现象。依靠传统的旅行社模式生存越来越艰难,必须要不断革新经营模式,才能在激烈的竞争中赢得一席之地。

2. 旅行社电子商务的发展空间巨大

(1) 旅游在线交易规模占旅游总收入比重尚小。2015 年,我国的旅游业总收入达 4 万亿元,比上年同比增长 12%。而据艾瑞咨询统计数据显示,我国在线旅游市场交易规模达 5402.9 亿元。从这两组数据来看,我国在线旅游市场的交易只占整个旅游业收入的 13.5%,在线旅游交易还有巨大的发展空间。

（2）制约旅游电子商务的瓶颈正得以解决。目前制约旅游电子商务的瓶颈主要表现在网络设施有待完善、消费习惯不符合和支付手段不健全等三个方面。但是随着国家加大对网络基础设施的投入、旅游消费者消费方式趋于现代化和电商化以及网上多种支付工具的出现，制约旅游电子商务发展的因素将不断削弱，旅行社电子商务的发展也将同时迎来重大的发展机遇。

（3）网上旅游相关业务多元化。随着旅游电子商务技术的成熟和在线旅游市场的不断发展，网上旅游相关业务也随着旅游消费者的个性化需求不断丰富。各类在线旅游服务商不断推陈出新，创新在线旅游产品和产品的消费模式，促使旅行社电子商务的应用也将越来越深入。

任务二 旅行社外部电子商务应用

一、旅行社外部电子商务应用——旅行社网站

旅行社外部电子商务应用最重要的形式就是旅行社网站。旅行社网站是旅行社将传统旅行社业务和现代销售方法相结合，以优质的服务满足旅游者需求的一种旅行社外部电子商务应用。利用旅行社网站，可以将传统旅行社的各种功能电子化、简捷化和快速化，因此，也可以将旅行社网站叫电子旅行社，或者叫网上旅行社，旅行社网站是未来旅行社发展的核心业务。

（一）传统旅行社和网上旅行社的区别

我国目前有超过20000家正式注册的传统旅行社企业，加之承包或开设分社，预计总数约在30~40万家旅行社机构。其中相当多数都是"散、弱、差、小"的旅行社，旅游产品是代理别家的，或者是从同行杂志上找的，预订的手法还是传统，即以电话、传真为主。而"网上旅行社"的概念又是如何的？现在还是一个笼统的说法。有称为在线旅游服务商，有称为电子旅行社，也有称在线旅游预订商。所以，有必要明确"网上旅行社"的确切定义。

"网上旅行社"应该是"在线旅游服务商"的一种简称。从旅行社行业的角度看，"在线旅游服务商"实质上是"在线旅游中介服务商"，所以，这样的经济实体应该符合以下三个基本特征。

（1）是旅游中介服务商，即通常意义上的旅行社，国外称为"Travel Agency"的企业，通过招揽、组织旅游消费者，获取相应的中介费用或旅游供应商的佣金。

（2）是应用于互联网技术、通信技术（如呼叫中心）等提供在线的实时服务，如在线咨询、在线预订、在线支付、在线评论、在线投诉、在线会员管理等。

（3）在线旅游是大概念，在线旅游服务是本质，在线旅游预订是在线旅游服务中的一种服务内容和方式。

就以上三个基本特征，中国旅行社行业中的"国、中、青"和"春秋""康辉"等骨干企业相当多数都已经具备。例如，由中旅总社、港中旅国际总社、招商国旅总社整合后的中国旅行社总社公

司,就是通过"信息化带动整合一体化"的战略完成了"三总社"的合并,运用金棕榈旅行社业务流程协同系统(V7.01 互联网版)将全国八大区域公司 105 家旅行社企业以及众多的营销门店前后台业务整合在一个平台上。又如,上海锦江国际旅游股份有限公司从 2004 年 1 月起就实行门店加盟,并与后台的旅游预订产品实时对接,2005 年 4 月就运用金棕榈的旅行社呼叫中心系统与网站、后台系统实现在线预订,今年锦江国际旅游股份公司全面升级了在线旅游预订平台,运用金棕榈旅行社电子商务平台(V7.02 互联网版)使电子商务网站(www.jjtravel.com)与呼叫中心(880-820-8286),以及上海国旅、上海锦旅和上海旅行社的三个后台业务部门,以及 65 个全市自营和加盟门店连接在一个平台,实现在线预订(包括旅游线路、订房、订票等)、在线支付等功能。锦江国际旅游这样的旅行社企业集团已经实现了在线旅游服务模式,绝对不能再说他们是"传统旅行社"了。2010 年锦江国际旅游公司实现了 20 亿元的营业收入和数千万的净利润。这样旅行社企业的价值与新兴的"网上旅行社"相比,哪个更有价值呢? 同样,春秋国旅也是一个老牌的旅行社,但他们的电子商务门户网站在线支付 2009 年的收入都已突破 10 亿元人民币,难道他们还是一个"传统旅行社"吗?

经过以上的论述,可以得出这样的结论,在当今的旅游中介服务中,传统旅行社也同样必须选择在线旅游服务模式(OTS 模式),通过线上与线下的结合,才能获得发展和成功。而传统旅行社选择在线旅游服务模式的最佳载体就是建立旅行社网站,开展网上旅游服务。

(二)旅行社网站的内容框架

经过上述的分析可知,旅行社网站是传统旅行社利用互联网技术开展的旅游中介服务平台。因此,传统旅行社具备的旅游中介服务功能在旅行社网站上都要基本具备。因此,在设计旅行社网站的内容框架时,既要充分考虑传统旅游中介服务的功能,又要考虑在线旅游服务的新特点。一般来说,旅行社网站的基本内容框架如表 10-1 所示。

表 10-1 旅行社网站的内容框架

关于我们	介绍公司的历史、背景、文化、资质等
旅游线路	对旅行社所经营的旅游线路进行详细的图文并茂、分类介绍
新闻动态	用于发布旅游行业的动态、资讯、公司促销活动等信息
旅游目的地指南	主要介绍旅游线路中所包含的旅游景点的历史、文化、特色、地理位置等
旅游酒店	按星级标准介绍各旅游景区的酒店情况,方便用户对住宿的选择
旅游票务	全面介绍火车、汽车、飞机、游船等交通方式和收费标准等
旅游常识	介绍出游中的一些小知识,为客户提供方便
旅游图库	通过照片充分展示旅游景区景点的旅游风光,让客户更直观地了解当地的旅游情况
预订中心	为客户提供线路预订、酒店预订、特产预订、票务预订等服务
在线客服	通过网站企业客户商务通软件,充分实现网站访客与客服之间的即时通信,并把网站的在线销售、实时客服和网站管理功能融合在一起,更好地服务客户

（三）旅行社网站的功能

由上述的旅行社网站的内容框架可以看出，旅行社网站所要具备如下的功能。

1. 旅行社网站的发布旅游信息功能

发布旅游信息是旅行社网站的基本功能。旅行社的工作人员根据本社的旅游线路的经营实际情况将国内游、境外游信息发布到网站，供旅游者查询、选择、确定自身感兴趣的旅游产品，如图 10－3 所示。而旅游者通过浏览旅行社网站，可以获得旅游产品的各个要素的详细信息，包括行程、报价等，如图 10－4 所示。

图 10－3　旅游产品分类信息

线路行程（线路编号：1535）

南宁，北京，西柏坡，承德，北戴河双飞7天游

日期	行程安排	用餐	酒店
D1	乘飞机赴【北京】，接入住酒店。	不含餐	北京
D2	早餐后赴西柏坡，参观解放战争最后的农村根据地，三大战役的决胜地——【西柏坡】（游览1.5小时），游览中共中央和解放军总部旧址（领袖故居，七届二中全会旧址），西柏坡纪念馆，西柏坡石刻园，观西柏坡湖光山色，自由活动，入住酒店。	早中晚	西柏坡
D3	早餐后乘车赴【冉庄地道战遗址】：参观古槐树、地道战纪念馆等，乘车赴安新，午餐后乘机动船游览——首批国家5A级旅游景区、华北地区最大的湿地-白洋淀，领略白洋淀春季芦芽竞出、满淀碧翠、岸柳如烟的清新美景，参观集水乡生态、历史文化、爱国主义教育为一体的综合文化生态旅游景点--【白洋淀文化苑】，到雁翎队纪念馆缅怀革命先烈的英雄事迹，重温抗日烽火，在祈福钱屏前为家人祈福，游康熙水围行宫、敕赐沛恩寺，了解康熙、乾隆两代帝王多次巡幸白洋淀的历史。	早中晚	西柏坡
D4	乘车前往承德(汽车约3.5小时)，午餐后游世界上现存最大的皇家园林【避暑山庄】（3.5小时左右），又称“热河行宫”。始建于1703年，是世界上最大的皇家园林，面积564万平方米，共分为宫殿区，湖区，平原区，山区四部分。	早中晚	承德
D5	游【普宁寺】（1小时左右）：观被列入世界吉尼斯世界大全千手千眼观世音菩萨……、为庆祝乾隆60大寿及他母亲皇太后80大寿仿西藏布达拉宫而建【小布达拉宫】（1.5小时左右），午餐后赴北戴河(汽车5小时)。	早中晚	北戴河
D6	游明长城三大名关之一的天下第一关【山海关】（1小时）、长城起点-【老龙头】（2小时）：龙武营、八卦阵、澄海楼、入海石城、海神庙等、中国民间四大爱情传说之一的【孟姜女庙】（1小时）、下午海滨浴场自由活动。	早中晚	北戴河
D7	早餐后乘车返回北京，下午乘飞机返南宁，结束愉快的行程！	早餐	
费用	住宿：全程双人标准间住宿；用餐：正餐八菜一汤，十人一桌（6早10正）；交通：空调旅游车；	费用未含	1、自由活动用餐及一切私人消费；2、儿童未含床位、门票；

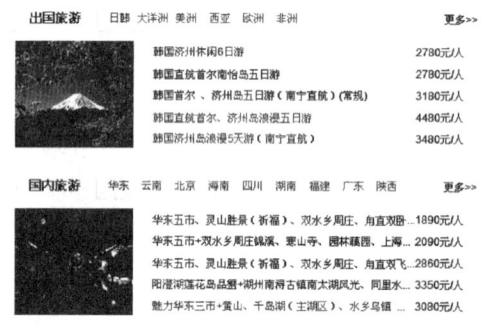

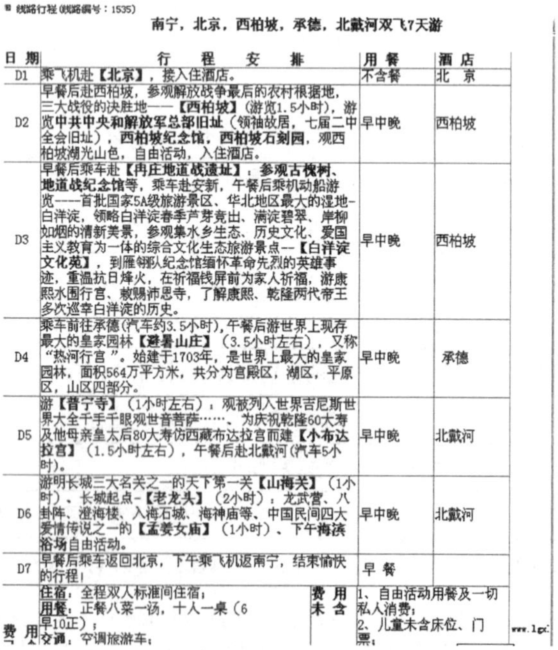

图 10－4　旅游线路产品信息

随着旅行社网上运营业务的广泛开展,旅行社可以发挥自己的批量采购优势和信息优势,根据自助游客的愿望,通过电子商务网站推出"自由行"旅游服务,将游程紧凑地安排好,房间预订好,车辆准备好,为自助游客节省金钱和时间,形成个性化的旅游线路产品。旅行社开展自由行的旅游业务,经营灵活,充分满足了各类不同旅游者的个性化需求,扩大了自身经营的效益,如图10-5所示。

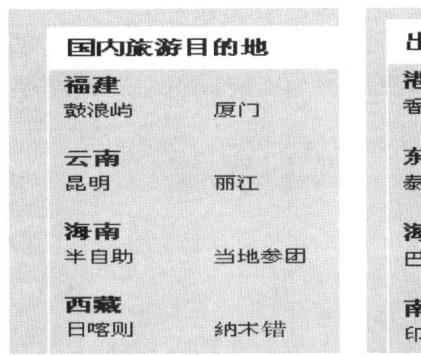

图 10-5　旅行社自助旅游服务

旅行社网站除了发布旅游产品和服务的信息之外,还提供越来越多的有关旅游目的地、旅游交通、旅游住宿等方面信息,通过分类编辑,设计成专门的网页,供旅游者查询,如图10-6所示。

图 10-6　旅游目的地、线路、旅游工具等信息

2. 旅行社网站的在线咨询功能

旅游者通过在线客服,可以了解旅游产品更详细的信息,而旅行社通过在线客服,解决消费者无法面对面咨询业务的难题,使客户能了解到更详细的产品信息,可以为旅游者提供有针对性的服务,从而达到营销的目的。一些大中型的旅行社,还可以利用在线客服与呼叫中心相结合的方式进行对客销售和服务工作,将旅游产品的销售工作通过网络、电话和门店全面展开。旅行社网站的在线咨询如图10-7所示。

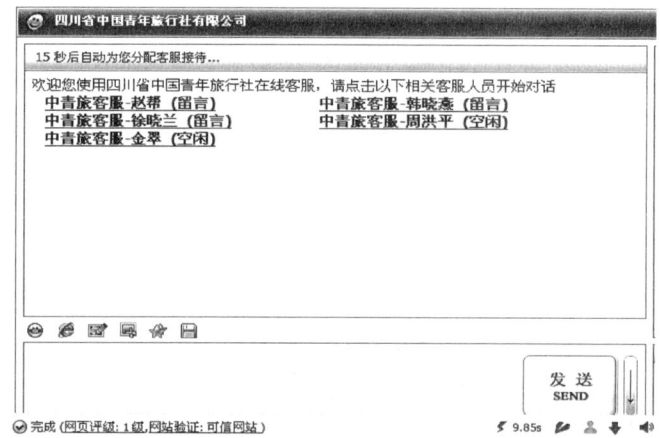

图10-7 旅行社网站提供的在线咨询服务

3. 旅行社网站的促销宣传功能

旅行社传统的宣传手段主要是印发小册子和做电视、报纸广告,这种促销方式的范围较狭小。由于是单向的灌输式信息交流,当接收者不需要旅游时对广告不在意,当需要旅游时又感到信息量不足,因此促销效果不理想。随着互联网电子商务的迅速发展,网上促销的运用也越来越多,旅行社网上促销的宣传面广泛、网页设计图文并茂、表现手法灵活、内容容易更新、成本低廉,而且与上网者可进行双向信息交流,引人入胜,说服力强,因而促销效果好。网上促销逐渐成为旅行社和旅游者之间进行信息沟通的桥梁,上网者不仅可以接收旅行社发出的信息,而且可以通过在线客服、留言板等提出自己的问题,以获得旅行社的解答;也可以和其他旅游者交流旅游体会和经验,这种方式对旅游者所产生的促销效果较好。旅行社网站的促销宣传功能如图10-8所示。

图10-8 旅行社网站的促销宣传功能

4. 旅行社网站的订购交易功能

旅游者进入网站浏览旅游产品与服务的信息,安排自己的线路,提出所需的交通方式和住宿条件等。选择完毕后,可以再重新选择所挑选的服务内容,当完全确认后再把预订信息通过网络发到旅行社。旅行社在接到预订信息后,通过客户留下的 e-mail 和电话信息,与游客沟通确认,然后将游客和产品信息送到银行认证中心进行电子签名认证,最后公司将预订的票据、凭证送到游客手中,并向银行清款。在旅行社网站订购酒店的功能如图 10-9 所示。

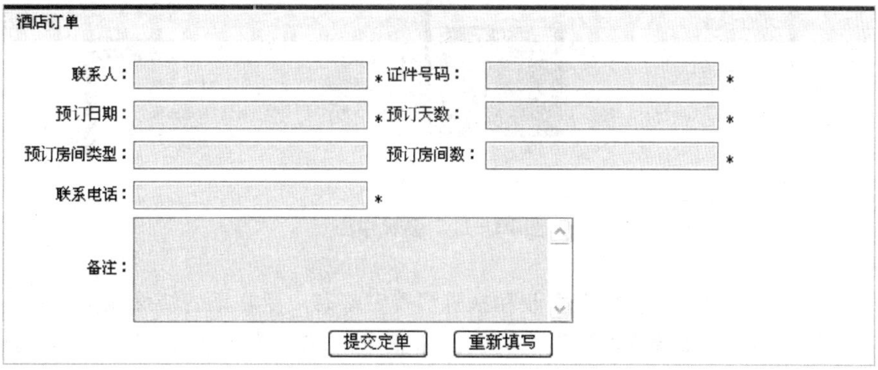

图 10-9 在旅行社网站在线预订酒店

5. 旅行社网站通过电子账户完善客户服务功能

旅行者通过注册成为网站会员,可享受特殊优惠和各种方便的服务。而旅行社也可根据还原资料有针对性地开展营销服务工作。如图 10-10 和 10-11 所示,注册成为四川省中国青年旅行社的会员后,就可以享受到四川省中国青年旅行社的各项会员服务了,同时,旅行社也通过旅游者填写的资料信息开展有针对性的营销工作。

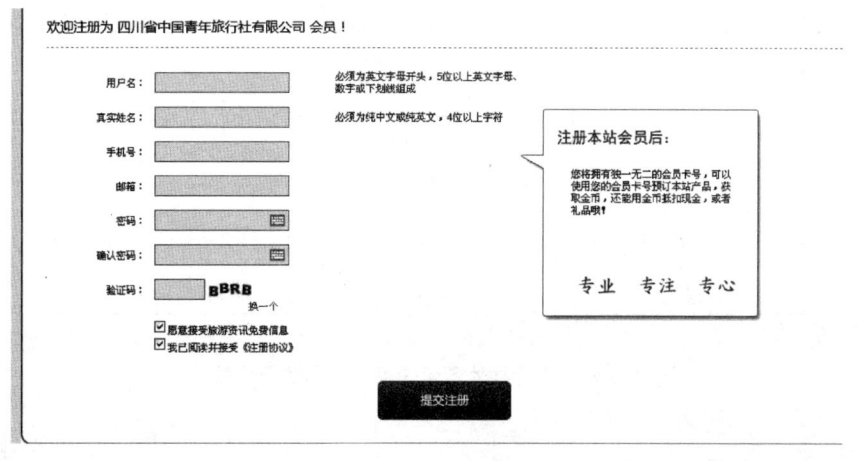

图 10-10 会员注册

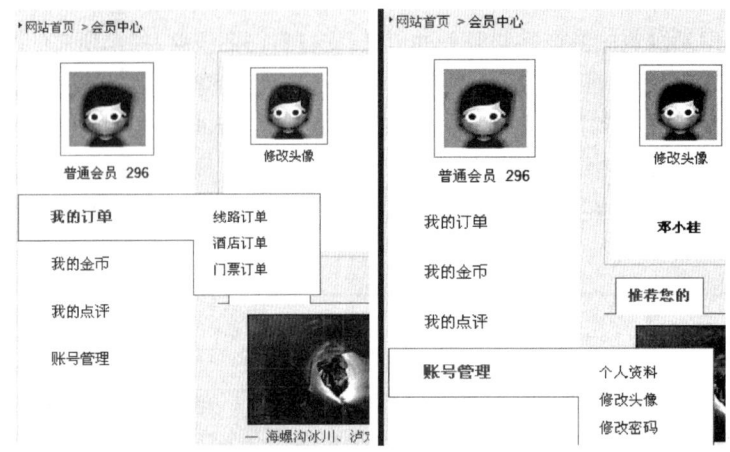

图 10-11 会员中心

另外,旅行社利用自身与各旅游企业和旅游消费者都有广泛联系的特殊地位,还可主动对买卖双方进行调查研究,逐步建立旅游需求和供给信息库,有偿向旅游企业提供,也可与市场研究公司协作,进行旅游市场趋势发展分析,以此逐步形成信息中心。

旅行社还可利用旅行社业务流程重组和内部网络平台建设之机,实现旅游企业内部业务信息化,包括建设旅游企业内部网络和数据库,利用计算机管理系统实现旅游企业内部管理数字化。

可以预见,成熟的旅游电子商务,将会使旅游企业外部电子商务和内部信息化进行无缝对接,极大地提高旅游业的运作效率。

二、旅行社外部电子商务应用的三个阶段

旅行社外部电子商务的应用经历了三个阶段,即旅游在线服务模式阶段、网络营销阶段和网络综合业务管理阶段(见图 10-12)。

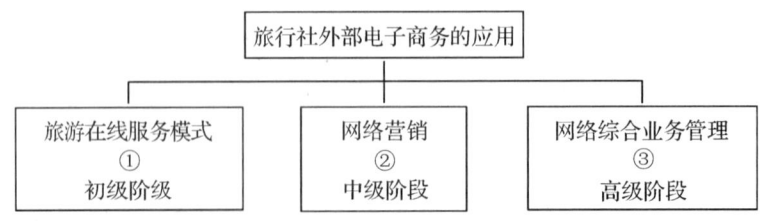

图 10-12 旅行社外部电子商务应用的三个阶段

(一)旅游在线服务模式

旅游在线服务模式是旅行社电子商务外部应用的初级阶段。所谓在线服务指的是在任何时间、任何地点、任何人都可以得到的服务。因此将旅游在线服务模式定义为:旅游在线服务是指旅行社通过互联网技术或其他信息传递渠道,实时向游客提供全面的旅游信息,最大限度地为游客提供即时服务并运用网站在线发布产品信息、处理业务订单,使旅游者能在任何时间、任何地点都可以得到在线旅游服务。

从市场竞争的角度而言,旅游在线服务不是网络旅游公司的专利经营,而是每个在 21 世纪开拓全球市场和全国市场的旅行社的一种竞争策略。

从目前各旅行社外部电子商务应用的实践来看,大多数的旅行社都是停留在旅游在线服务的这个阶段。

(二)网络营销

1. 网络营销概述

网络营销模式是旅行社电子商务外部应用的中级阶段,是指旅行社网站运用网站管理客户模块并进行网络互动营销,从而达到营销推广的目的。它具有如下几个特点:

(1)网络营销是一种以消费者为向导,强调个性化需求的营销方式;
(2)网络营销的互动性是实现全程营销的理想工具;
(3)网络营销能满足消费者对购物方便性的需求,提高旅游者的购物效率;
(4)网络营销能满足价格重视型消费者的需求。

2. 网络营销模式

网络营销模式主要包括了网络市场调研策略、网络促销、定制产品、网络分销联系以及网上直接销售五种模式(见图 10-13)。

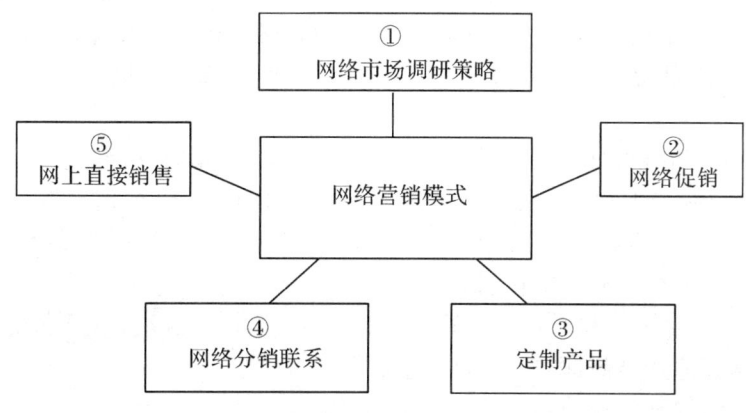

图 10-13 网络营销模式的内容

（1）网络市场调研策略。

要求访问者注册从而获得访问者的邮箱地址，通过电子邮件或来客登记簿询问访问者，给予访问者奖品或者免费商品，不要提及使潜在顾客不悦的问题，先测试访问者愿意回答问题的数目后再扩大调研规模。

利用旅行社网站进行市场调研。监控在线服务，请求访问者返回反馈信息，或直接发送电子调查表给目标对象。

（2）网络促销。

① 网络广告。网络广告类似于报纸上的分类广告，它可以让大众自由查询，遇到基本符合自身要求的内容可以进一步了解，向旅行社索取进一步信息。网络广告是一种即时互动式广告，即"活的广告"，查询十分方便。例如，美国纽约的一名游客想来中国游玩，他在网上浏览到"北京"栏目，单击"北京"，屏幕上出现了北京的自然和人文景观以及吃、住、行等动态影像、声音和方案等信息。他被北京的景观深深吸引，进一步单击吃、住、行等关键词，掌握基本情况后，他向国际旅行社发 e-mail 对某些情况做进一步的咨询。相应地，国际旅行社给这位客人提供更多相关信息，这位游客如感到满意，可通过 e-mail 订票，选定北京旅游路线。

② 双向信息交流。旅行社网络促销也是旅行社同旅游者双向信息交流的过程。传统旅行社通过印发小册子，在电视、报纸上做广告和参加旅游展销会来进行促销，这种方式属于单向灌输式的信息交流。而在网络促销中，旅行社可以通过聊天室、留言板与旅游者进行交流，潜移默化地把旅游信息传达到消费群，它具有效率高、人情味浓、成本低等特点。例如，目前各大旅行社在网站上开通网上呼叫（客服），客人可以通过聊天的方式咨询旅游产品信息，谈妥后由旅行社工作人员致电确认，这种直接对话的方式往往能收到很好的效果。

（3）定制产品。

在互联网上，旅游者可以提出自己特殊的旅游需求，旅行社及时做出反馈，为客人"量身定做"旅游产品，并提供有关签证、机票、客房、接送、导游等一系列的配套服务，这种方式更能满足旅游者的个性化需求，为消费者所接受。

（4）网络分销联系。

互联网所具有的即时双向沟通功能为加强旅行社和分销商的联系提供了有力的平台。旅行社通过互联网络构筑虚拟专用网络，将分销渠道的内部网融入其中，可以即时了解分销过程的动态流程和最终的销售状况，为旅行社分析市场特征、实时调整市场策略提供了帮助。

（5）网上直接销售。

网上直接销售（也称为网络直销）为上网者创造了实现消费需求的新机会，它不仅指旅行社同旅游者之间的交易，而且也指旅行社同旅游企业直接的间接交易（B2B）。网上直接销售是一种高效率、低成本的交易形式，一旦旅行社网站提供适销对路的旅游线路，旅游者就会及时购买。对于旅行社而言，这种模式不需要大量销售成本。

（三）网络综合业务管理

网络综合业务管理是旅行社电子商务发展的高级阶段。网络综合业务管理系统就是将旅行社内部管理和相关业务集成到网络上的一体化系统。在此系统中，业务人员可以不受地域和时间限制进行营销,并将信息即时反馈到系统中,管理人员可以远程管理公司的一切业务。它不仅满足复杂的 B2B 和 B2C 需求,而且能够实现在网上进行日常管理。它把旅行社带入了真正意义的"一网化"旅游经营的电子商务时代。它不但是旅行社业务协作的日常操作系统,更是旅行社同行协作信息的交换中心。网络综合业务管理系统的具体功能包括:实时发布、实时交易、销售管理、收支管理、客户管理、岗位管理、网上议价、预订管理退票、合作管理、自律管理和公告管理等。

任务三 旅行社内部电子商务应用

旅行社内部电子商务应用是指利用旅行社业务流程重组和内部网络平台建设而形成的经营管理活动。实现旅游企业内部电子商务,包括旅游企业建设内部网络和数据库,利用计算机管理系统实现旅游企业内部管理信息化。

一、旅行社内部信息化

(一) 旅行社内部信息资源系统的概念

旅行社内部信息资源系统是指面向市场化的经营运作,以业务流程重组为核心,以计算机软件和硬件为基础,以整合旅行社的外部信息(客源、旅游资源、组接团等),控制内部信息(资金、人员、应收应付、业务业绩、团队流量等),改善业务处理流程,提高工作效率和竞争能力为目的的业务一体化的管理信息系统。

旅行社内部信息资源系统的概念可以从以下几个方面去理解。

(1) 旅行社内部资源系统将信息资源作为企业的关键资源。旅行社只有不断地开发内外部的信息资源,形成源源不断的信息流,才能有连续不断的资金流。

(2) 旅行社的内部信息资源系统注重业务流程的重组。国内大部分旅行社的业务流程不合理、不规范,业务信息流被切割得支离破碎,业务重组已经提到议程上来。

(3) 旅行社信息资源系统是一个计算机硬件和软件集成的信息系统。它有一个以客户端/服务器结构为框架的硬件网络环境,软件界面为图形界面,数据库和数据接口支持开放系统。

(二) 建立旅行社内部信息系统的重要性

1. 改变组织结构,增强信息系统的重要性

传统的管理组织结构呈"金字塔"形,金字塔的塔尖为决策层,中部是上通下达的管理层,而塔基则是广大的作业层。使用网络技术后,决策层通过网络直接通向作业层,使得原先的管理层组织的作业削弱,减少了中间环节,提高了管理效率,节约了管理成本。

2. 实现旅行社资源共享

建立旅行社内部信息系统有助于实现旅行社内部资源共享。旅行社内部各个子系统,旅行

社下面各分社、门市部均可分享信息资源,信息既可以是外部旅游企业资源信息,又可以是内部决策、业务和员工的信息。资源共享有助于提高工作效率和实施旅游营销一体化的战略。

3. 提高工作效率和服务质量

内部信息管理系统由一系列的子系统组成,包括团队的业务处理、财务结算、旅游报价等子系统,对于繁杂的数据录入、传递和保存工作,其在准确性和速度上远超过手工操作。工作效率的提高从而带来服务质量的提高。

4. 节约成本,提高经济效益

计算机的数字化管理,有效地防止了人工操作出现的失误和漏洞,控制了不必要的成本浪费。工作效率的提高,单位时间内创造的经济效益增加,相应地降低了成本。

二、旅行社业务流程重组

旅行社业务流程重组(BPR)作为旅行社变革的创新思维之一,其核心在于改进后的流程提高了效率,避免了浪费,缩短了时间,提高了顾客满意度和公司竞争力,降低了整个流程成本。

(1) 在财务管理流程中:传统的财务人员主要精力忙于簿记、内部转账和对账;通过 BPR 之后,财务人员的工作重点放在对组团社的客户催账、减少应收款;加强单团结算,用经济杠杆(用毛利率等指标)考核业务人员,增加销售收入。

(2) 在旅游资源的采购流程中:传统的国内、入境、出境各部门有自己的流程,各自为政;通过 BPR 之后,旅行社对宾馆、餐厅、景点和民航等旅游资源统一采购、集中支付,降低采购成本,取得了市场竞争优势。

(3) 在线路销售流程中:由于水平分工,面对中国公民一些部门只销售国内游线路或出境、出国游产品;通过 BPR 之后,各营业部和零售店应用柜面销售系统和网络技术,通过网上销售,贴近最终客户,把握客户需求,使客户可以直接得到最丰富的旅游产品。

(4) 在收银流程中:过去各营业部和业务人员分散收银,会出现大量现金的沉资或坐支现象;通过 BPR 之后,独立的收银系统及时将资金信息汇总,并传递到总部,严格控制了现金流。同时,也使中国公民游业务的"先收后付"现金模式创造了良好的经济效益。

(5) 在旅游产品的设计流程中:过去存在"产品同质化,价格市场化,成本社会化"特点;通过 BPR 之后,可以及时把握游客的需求,为客户提供快捷的反应,设计差异性的和个性化的产品,提高客户满足度。

(6) 在入境游接待流程中:过去的接待流程为外国游客先到零售商处报名出游,再由批发商组团交给中国的中央社再转到地方接待旅行社,其中的经营利润已被层层削减;通过 BPR 之后,各家旅行社都有对外的互联网,以网上销售或多语种外联系统,直接面对客户,降低销售成本,提高接团效益等。

(7) 在出境游接待流程中:通过 BPR 和技术运行平台,出境、出国游的业务流程发生了根本性的变化。总经理和业务人员更加贴近游客,提高游客的满意度,供应商和游客的资源都汇聚在公司的系统中和平台上,得到了充分利用和有效监控。有了 BPR 和技术平台,中国旅行社行业的出境旅游业务才能实现批发、代理、零售三级架构的垂直分工,达到全行业的有序竞争和共同发展。

三、旅行社内部信息系统的构成

目前很多旅行社都根据自身的经营模式和业务规模，不断完善内部信息化办公的条件，但是旅行社内部信息管理系统基本上都由如图10-14所示的子系统组成。

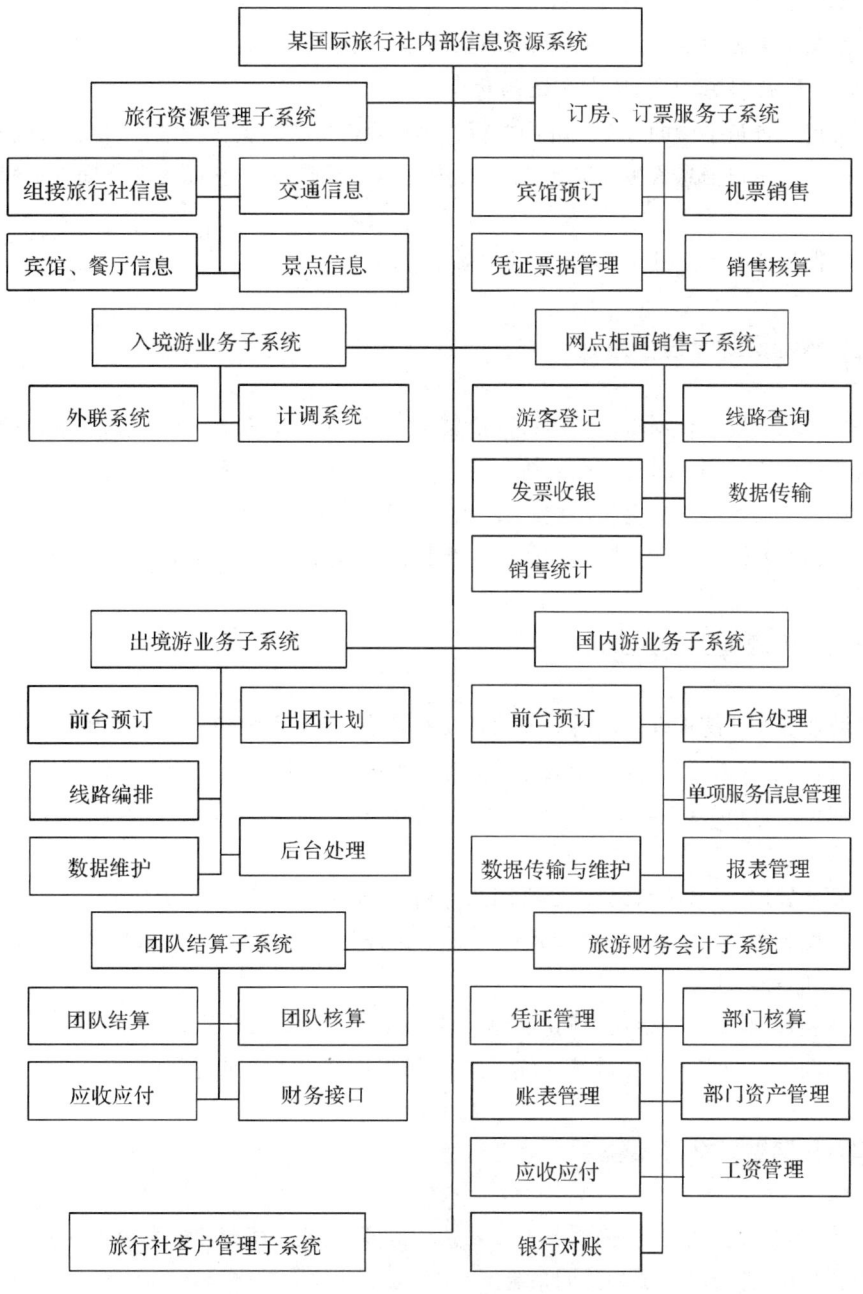

图10-14　旅行社内部信息资源系统图

（一）旅行社客户管理子系统

1. 传统旅行社模式内部管理面临的问题
（1）少数业务员掌握旅行社的"命脉"，业务员的频繁跳槽导致旅行社业务不稳定。
（2）部门协作不紧密。
（3）无法掌握客户信息，从而不能准确预计客户的消费行为。
2. 建立旅行社客户管理子系统的优势
（1）可把业务员手中的客户归并到旅行社客户资源库进行统一管理，防止客户流失。
（2）通过对客户信息资源的整合，在全社内部达到资源共享，从而为客户提供更快速周到的服务。
（3）在保持原有客户的基础上，有利于新客户的开发。

（二）旅游资源管理子系统

旅行社的信息资源包括组接团旅行社信息、交通信息、宾馆信息、餐厅信息、景点信息等。旅行社销售的旅游产品包含了旅游的六要素，即吃、住、行、游、购、娱服务。而旅行社必须通过组合这些要求形成旅游线路产品出售给旅游者，因此旅行社内部就要建立起对这些要素信息的管理系统，以便有效地读取、利用这些要素信息，达到为旅游者提供优质服务的最终目的。

（三）国内游业务子系统

国内游业务子系统根据国内游业务的性质和特点，整个系统包含了前台预订、后台处理、单项服务信息管理、报表管理、数据传输与维护等多个模块，具体各模块的内容如下：
（1）前台预订：包含线路查询、线路销售、游客资料登记、打印发票、游客资料查询、游客资料修改等功能；
（2）后台处理：包含线路设计、处理团队计划、团队结算、报表统计等功能；
（3）单项服务信息管理：主要包含订票查询，订房查询，订车查询，订房、订车、订票凭证打印，通知单打印等功能；
（4）报表管理：主要是根据不同的数据来源组成不同的统计报表；
（5）数据传输与维护：实时传输数据至中央数据库并对系统进行维护。

（四）入境游业务子系统

由于接待入境游客相比国内游客手续要繁杂得多，因此入境游业务系统较为复杂，该系统包括了两个分系统，即外联系统和计调系统。

1. 外联系统

旅行社的外联系统包含排线、定价及定位调整、团队落实、自组团结算和自组团统计等模块。各模块的功能具体如下:

(1) 直接安排旅游线路:适用于各部门对境外客户的排线、计价、报价服务;

(2) 团队计划:自动产生团队资料,打印、发给有关接待社和饭店;

(3) 小包价:可针对散客,进行订房、单接送等小包价服务;

(4) 自组团结算:搜集汇总各地各接待社结算单及陪同人员提供的费用清单,计算整团费用;

(5) 自组团统计:统计组团人数、客源分布、各地用房、各接待社送团情况、个人或部门组团情况等数据。

2. 计调系统

计调系统包含以下功能:

(1) 计划管理:团队计划的录入、查询、修改,实现对团队计划的统一管理;

(2) 订房处理:安排团队住房,可对任意时间内团队订房情况进行预报,并可打印订房单;

(3) 订餐处理:安排团队订餐,可对任意时间内团队订餐情况进行预报,并可打印订餐单;

(4) 订车处理:安排团队订车,可对任意时间内团队用车情况进行预报,并可打印订车单;

(5) 订票处理:预订旅游团队交通票,可对任意时间内团队订票情况进行预报,并可打印机票和用车预报表;

(6) 团队动态:打印任意时间内的抵达团队动态、离开团队动态,便于综合掌握团队接待的各种情况。

(五) 出境游业务子系统

出境游业务子系统与国内游业务子系统的功能较为相似,因此,其系统的功能模块也基本相似,具体内容如下:

(1) 前台预订:包括出境游游客查询、团队查询、收银;

(2) 后台处理:面向各类旅行社用户,实现前台接待、前台收银、后台排团处理、成团作业、账务处理、经理查询、公安联机审批等功能;

(3) 线路编排:可通过远程通信工具,远程查询异地团队组织情况、核算情况等,并可以设定查询者的权限,对线路编排做出决策;

(4) 数据维护:对包括线路、路程、发票、接待社、城市、景点、签证、附加费、飞机班次、汇率、机票价格、基本编码等在内的数据进行维护;

(5) 出团计划:包括制作报关名单、团队名单、照片名单、制证名单、出国游中文名单、出国游旅游事业委员会审计登记表、团队费用核价表、报表与样张。

(六) 团队结算子系统

团队结算子系统主要包括了团队结算、团队核算、应收应付和财务接口四个模块,各个模块的具体功能如下:

（1）团队结算：对旅行社的团队情况进行结算，打印出结算单；

（2）团队核算：对旅行社团队计划的成本、毛利进行预估与分析，统计实际成本，打印工作表；

（3）应收应付：包括按组团社的应收账款进行统计汇总、按旅行社客户的应收账款进行统计汇总、按旅游项目应付款的统计汇总等模块；

（4）财务接口：可将团队结算、核算信息按业务要求制成财务凭证，使财务自动入账。

旅行社在为旅行者提供旅游服务后，首要的工作就是要对每一个旅游团队已经提供的各项旅游服务进行结算，以便考察接待该旅游团队取得的利润。旅游团结算常使用旅游团队费用结算表。费用结算表的相关数据已经在旅游接待服务中形成。在计算机数据处理方式下，将常规的旅游团队费用结算表组织成旅游接待实现数据库，后续的结算和核算工作就是在这个数据库的基础上开展起来的。

（七）网点柜面销售子系统

网点柜面销售子系统主要包括了游客登记、线路查询、发票收银、销售统计、数据传输等模块。相关人员通过该子系统可以快速地对旅行社门市部的旅游产品销售进行处理和统计。

（八）订房、订票服务子系统

订房、订票服务子系统主要包括了宾馆预订、机票销售、凭证票据管理、销售核算等模块。该子系统可以快速地处理各种酒店和机票的预订销售业务，同时能够独立统计核算该块业务的经营情况。

（九）旅游财务会计子系统

旅游财务会计子系统主要包括了凭证管理、账表管理、应收应付、银行对账、部门核算、固定资产管理、工资管理等模块。通过该模块，将计算机引入到财务会计的数据处理过程将极大地减轻财会人员的工作量、工作强度，并提高工作速度和工作质量，使旅行社经营成果的核算更加科学、合理、高效。

项目小结

旅行社电子商务是旅行社现代化管理经营的重要内容。在旅行社的现代化经营活动中，要在坚持旅行社传统业务的基础上，抓准现代电子商务发展的趋势，积极利用电子商务技术，开展网上旅行社业务。同时，还要加强旅行社内部的信息化系统建设，确保实现旅行社的现代化经营。

本项目着重分析了旅行社电子商务的概念、旅行社电子商务的分类、旅行社电子商务的特点以及旅行社电子商务发展的趋势。并从旅行社电子商务的外部应用即网上旅行社的应用和旅行社电子商务的内部应用即旅行社内部的管理信息系统两个方面进行分析，要求学习者能够掌握旅行社电子商务的外部应用和内部应用的各项功能。

综合能力训练

•••• •••• •••• 基本训练 •••• •••• ••••

1. 如何理解旅行社电子商务的概念？旅行社电子商务可以怎样进行分类？
2. 如何理解旅行社内部信息资源系统的概念？
3. 旅行社内部信息系统包含了哪些子系统？
4. 旅行社外部电子商务应用经历了哪几个阶段？

•••• •••• •••• 技能训练 •••• •••• ••••

1. 上网实操练习旅行社网站的预订功能。
2. 上网实操练习注册旅行社网站会员,并模拟体验会员的各项服务功能。

参考文献

1. [美]彼得·格罗斯曼,郎丽璇等 译.美国运通:强大金融帝国的创造者[M].上海:上海远东出版社,2010.
2. 叶娅丽,王瑷琳.旅行社经营与管理[M].北京:北京理工大学出版社,2010.
3. 李晓标,解程姬.旅行社经营与管理[M].北京:北京理工大学出版社,2015.
4. 赵爱华.旅行社计调实务[M].北京:中国旅游出版社,2016.
5. 梁雪松,胡蝶,王伟,张建融.现代旅行社门店管理实务(第2版)[M].北京:北京大学出版社,2016.
6. 戴斌,杜江,乔花芳.旅行社管理(第3版)[M].北京:高等教育出版社,2010.
7. 陈波,朱德勇.旅行社外联与计调[M].北京:科学出版社,2011.
8. 钟丽娟.旅行社成本核算与控制[M].北京:清华大学出版社,2013.
9. 方法林.旅行社财务基础[M].北京:旅游教育出版社,2005.
10. 李晓铮.旅行社产品销售业务[M].北京:北京交通大学出版社,2015.
11. 廖建华.旅行社经营与管理[M].广州:广东高等教育出版社,2013.
12. 梁杰.导游服务成功秘诀:做好导游服务工作的新思维新理念[M].北京:中国旅游出版社,2006.
13. 吴丽云,刘洁.旅行社经营实务[M].北京:北京大学出版社,2013.
14. 冯国群,陈波.旅行社门市接待(第2版)[M].北京:旅游教育出版社,2017.
15. 巫宁.旅游信息化与电子商务经典案例[M].北京:旅游教育出版社,2006.
16. 黄恢月.旅行社服务纠纷案例详解[M].北京:中国旅游出版社,2016.
17. 万剑敏.旅行社产品设计[M].北京:旅游教育出版社,2014.
18. 黄瑞鹏.旅行社经营法律风险防范:百问答疑[M].青岛:中国海洋大学出版社,2014.
19. 张澜,徐经仪.组团业务[M].北京:机械工业出版社,2016.
20. 张红英.旅行社营销[M].上海:复旦大学出版社,2011.

打造学术精品　服务教育事业
河南大学出版社
读者信息反馈表

尊敬的读者:

感谢您购买、阅读和使用河南大学出版社的_____一书,我们希望通过这张小小的反馈表来获得您更多的建议和意见,以改进我们的工作,加强我们双方的沟通和联系。我们期待着能为您和更多的读者提供更多的好书。

请您填妥下表后,寄回或发 e-mail 给我们,对您的支持我们不胜感激!

1. 您是从何种途径得知本书的:
　　□书店　□网上　□报刊　□图书馆　□朋友推荐
2. 您为什么决定购买本书:
　　□工作需要　□学习参考　□对本书感兴趣　□随便翻翻
3. 您对本书内容的评价是:
　　□很好　□好　□一般　□差　□很差
4. 您在阅读本书的过程中有没有发现明显的专业及编校错误,如果有,它们是:
　　_____
　　_____
　　_____
5. 您对哪一类的图书信息比较感兴趣:_____
　　_____
6. 如果方便,请提供您的个人信息,以便于我们和您联系(您的个人资料我们将严格保密):
　　您供职的单位:_____
　　您教授的课程(老师填写):_____
　　您的通信地址:_____
　　您的电子邮箱:_____

请联系我们:

电话:0371—86059712　0371—86059713　0371—86059715

传真:0371—86059713

通讯地址:河南省郑州市郑东新区 CBD 商务外环路商务西七街中华大厦 2412 室

河南大学出版社高等教育与职业教育出版分社